小学语文阅读教学策略实践探究

马洪志◎主编
荀文娟◎副主编

首都师范大学出版社

CAPITAL NORMAL UNIVERSITY PRESS

图书在版编目（CIP）数据

小学语文阅读教学策略实践探究 / 马洪志主编. ——
北京：首都师范大学出版社，2022.5

ISBN 978-7-5656-5822-8

Ⅰ.①小… Ⅱ.①马… Ⅲ.①阅读课—教学研究—小
学 Ⅳ.①G623.232

中国版本图书馆CIP数据核字（2020）第094348号

XIAOXUE YUWEN YUEDU JIAOXUE CELUE SHIJIAN TANJIU
小学语文阅读教学策略实践探究
马洪志◎主编

责任编辑　禹　冰
首都师范大学出版社出版发行

地　　址　北京西三环北路105号
邮　　编　100048
电　　话　68418523（总编室）　68982468（发行部）
网　　址　www.cnupn.com.cn
印　　刷　河北鑫彩博图印刷有限公司
版　　次　2022 年 5 月第 1 版
印　　次　2022 年 5 月第 1 次印刷
书　　号　ISBN 978-7-5656-5822-8
开　　本　710 mm × 1000 mm　　1/16
印　　张　14.5
字　　数　228 千字
定　　价　48.00 元

前　言

当前，国内的课堂教学主要呈现这样几种状态：一是课堂重视形式的呈现，忽略对教材内容本身的理解；二是教师对课堂教学有自己的想法，能做出合理的预设，但是缺乏具体可操作的解决问题的策略；三是教师对教学目标把握比较准确，但是如何形成有效的教学路径是一个新的问题。综上所述，结合课堂观察的现状，我认为如何规范教学的路径是一个重要的问题，这个问题在统编教材使用后尤为凸显。

在使用原来的教材时，老师是"八仙过海，各显其能"，而统编教材后，语文要素的突出显现，让大家明确了教学的方向和落脚点。但是更实际的问题又来了，那就是如何显现由学情基础上搭建到达终点的路径，语文要素如何更好更有效地落实呢？

基于以上考虑，这两年来我带领老师们做了一些事情。首先就是我们读了两本书，一本是《如何培养良好的阅读品质》，另一本是《如何有效运用阅读教学策略》。围绕这两本书的阅读，我们开创了在通州区阅读工作坊研修的先河，组织老师研读书籍内容，结合日常教学实践，让老师们触类旁通，茅塞顿开，将书籍中的教学案例和教学观点为大家所用。除了开展阅读工作坊研修活动，我们还开展了一系列的课堂实践研究，运用相关阅读策略，和老师们一起研究如何指导日常教学，如何提升课堂实效。

其实对于阅读教学策略而言，前人已有很多的见解和认识，我们也不想做一个简单的"获利者"，我们更想结合教材的使用，结合课堂教学实际，总结出一些于现实既有效又接地气的做法，让我们的老师们能够少走弯路，使课堂教学的效果更理想。

比如我在书籍中提到了大声朗读的策略，通过大声朗读可以尽快了解故事基本要素、写作框架和逻辑，在故事中发现数据和事实。在我们的实际教学中，尤其是低年级，如何朗读课文是一个关键的教学点，如何读好轻声、读准变音，如何读出节奏和韵律，如何读出人物说话的语气，进而读出情感……这些都需要我们的老师以书籍阅读的内容为踏板。助力老师在实际教学中站位更高、看得更远，利用朗读教学策略去实现课堂教学的目标。

在阅读教学中我也谈到了高年级的图书分级教学指导策略，作为老师要能帮助学生预测某些阅读的困难，进而调整我们的教学，使图书的阅读既适应儿童的特点，又能适应这些书的特点。比如，每章节都有独立情节的图书要比需要通过一系列章节逐步展开故事情节的图书更加容易阅读；由大量对话组成的图书比叙述组成的图书更加容易阅读；越需要背景知识的图书读起来越困难；书中文学性语言及书面化表达手法越多，阅读难度就越高……

在实际教学中，我们老师通过阅读与实践，掌握了阅读教学的相关策略，能够做到学习、迁移、转化、运用，在阅读中提升了教学能力，在实践中找到了更好的自己，同时也更好地成就了孩子的成长！

当然，我们的所谓研究还谈不上多么的科学，多数只是我们教学中的点滴感受和收获。利用一种形式呈现出来也绝非自诩，而是激励我们的老师们继续潜下心来钻研，踏踏实实教书。如果我们的老师在备课的时候是在思考——语文要素在这节课中怎样体现、我设计的教学路径如何更好地优化……那将是我们的一种希望。

虽很稚拙，抑或会有瑕疵，但我想这将是我们研究的一个起点，"路漫漫其修远兮，吾将上下而求索"，因为教研一直在路上！

编 者
2019 年 10 月

目　录

第一部分　理论概述

第二部分　小学语文阅读教学策略之教学设计篇

第三部分　小学语文阅读教学策略之教学案例篇

第一部分 ——

理论概述

小学语文阅读教学策略的研究现状

在 2011 年颁布的《义务教育语文课程标准》中对"阅读教学"的含义进行了明确的界定，即："阅读教学是学生、教师、教科书编者、文本之间对话的过程。"与阅读是学生的个性化的行为不同，阅读教学的实质是一个对话的过程，是学生、教师、教科书编者和文本四者之间相互联系、相互沟通的多向化的过程。这个过程不应是教师向学生单向灌输的过程，也不应是学生脱离教师的指导独立开展阅读的过程，而是应该把教师和学生两者结合起来，既发挥教师的引导和指导作用，又尊重学生的主体地位和主观能动性的过程。学生只有在语文教师的引导下与同学、教师、教科书编者和文本展开充分而深入的对话，主动探索、积极思考，才能在阅读实践中锻炼自身的阅读能力，实现阅读教学的预期目标。由此可见，教师掌握科学高效的阅读教学策略是十分重要的。

一、阅读和阅读素养的含义

（一）阅读的含义

《中国大百科全书（教育卷）》对于"阅读"一词是这样界定的，"阅读是一种从印和写的语言符号中获得意义的心理过程，阅读也是语言和思维相互作用的智力活动，由此获得重要信息，从而提高认识世界和改造世界的能力"。[①]语文教育专家王荣生教授认为"阅读是学生利用自身经验（语文能力），对某一篇文章产生的理解和感受"[②]；韩雪屏教授则认为"阅读是读者与文本之间对

---

① 胡乔木：《中国大百科全书（教育卷）》，中国大百科全书出版社 1993 年版，第 189 页。
② 王荣生：《语文科课程论基础》，北京：教育科学出版社 2014 年版，第 288 页。

话的过程"[1]；王文彦教授认为"阅读是收集处理信息、认识世界、发展思维、获得审美体验的重要途径；阅读是教师、学生、文本和教科书编者间的多重对话，是思维碰撞和思想交流的过程"[2]。《义务教育阶段语文课程标准（2011年版）》（以下简称"新课标"）中将阅读定义为"阅读是运用语言文字获取信息、认识世界、发展思维、获得审美体验的重要途径"。

从对"阅读"一词的概念中我们可以发现共性：阅读是一个主动获取信息的过程，这一过程的进行涉及多方主体的对话，不仅包括读者、文本，还包括阅读环境等。在这一过程中，读者可获取文本信息，获得审美体验。"从阅读学的角度看，阅读是学生通过文本获取信息、处理信息和创造信息的过程，也可以说是学生根据自己知识和经验从文本中获取意义并对文本结构进行加工的过程。"[3]教师要充分尊重学生的主体地位，不以教师的分析来代替学生的感知，而是要对学生进行阅读方法的指导和阅读习惯的培养，让学生在阅读中充分感知、理解、提高。因此，笔者认为，阅读是读者借助文本获取信息、认识世界、发展思维的过程。作为教师应积极培养建构学生与文本间的对话，使学生在阅读的过程中进行发现、理解、深化和建构等一系列思维过程。

外国一些学者也对"阅读"提出了自己的观点。Rayner和Pollatsek（1989）认为阅读是从页面抽取视觉数据和理解篇章意义的能力。Vacca和Gove（2000）认为阅读是人类从书写文字中获取语言信息，并据以建构意义的历程及行为。

后现代主义认为阅读是一项融合了语言、心理和文化的复杂的心智活动过程，是阅读主体通过与阅读对象（文本）的对话和交流，寻求理解和自我理解，以达到构建"新我"的创造性活动。

综上所述，我们将阅读定义为读者通过与文本互动获取信息，并结合自身已有的知识经验和生活经验，对文本所传达的知识、情感和态度进行理解，进而建构出新的意义的过程。

---

① 韩雪屏：《语文课程知识初论》，江苏教育出版社2011年版，第191页。

② 王文彦，蔡明：《语文课程与教学论》，高等教育出版社2006年版，第198页。

③ 朱绍禹：《中学语文课程与教学论》，高等教育出版社2005年版，第233页。

（二）阅读素养的含义

本研究中，对阅读素养和阅读能力的概念不做具体的区分。国际流行的三项阅读素养研究对"阅读素养"分别列出了论述。

PIRLS：2001 年将阅读能力定义为"理解和运用那些社会需要的或个人认为有价值的书面语言的能力"。2006 年 PIRLS 进行了阅读目的的扩展，并沿用至今，在上述概念的基础上增加了"儿童可从阅读文本中建构意义。他们以阅读为手段学会学习，参与校内外的读书社团活动，享受阅读的乐趣"。

PISA：阅读能力是"为了实现个人目标，发展个人的知识和潜能，有效地参与社会生活而对阅读材料（或文本）进行理解、运用和反思的能力"。

NAEP：阅读能力是"理解和运用书面文本愉悦身心，进行学习，参与社会和实现个人发展目标"。

国内学者对于阅读能力的本质探讨一直以来备受教育界和心理学界的关注，总体来说可分为以下两种：一种是基于经验的分析，另一种是基于要素的分析。以经验分析为主将阅读能力定义侧重于阅读活动的外显行为，大多是从实际教育教学出发，对阅读的理解和分析更具有一定的推广意义。心理学工作者对阅读能力的研究则更多地采用要素分析的方法。他们以认知理论为基础，对影响阅读活动质量的部分因素进行了一系列的实验研究。这些研究并不着眼于对阅读能力的外显行为的描述，而是深入阅读活动内部，对阅读活动的内在机制进行探讨。

经验分析和要素分析对阅读能力的解读各有利弊，虽然对于阅读能力到底包含哪些因素，没有形成一个共同的观点，但是对字词的掌握、对语句含义的理解、对内容及中心意思的概括、评价鉴赏能力，这几个方面是阅读能力中不可或缺的因素，得到了大部分研究者的赞同。

综上所述，我们认为阅读素养是学生在阅读过程中与文本交互并主动建构意义的过程，是以阅读知识和阅读技能为基础，不断实践、发展和完善的心理及行为过程。它既包括学习者通过阅读学习与训练获得阅读基础知识、习得阅读基本思维、内化为阅读基本技能的过程，也是个人基本品质的养成过程与国家对国民素质的培养过程。

二、阅读教学的目标

（一）国际流行的三项阅读素养研究的相关论述

PIRLS（国际阅读素养进步研究）的测评对象是以 4 年级学生的阅读素养为评价核心，每五年进行一次。

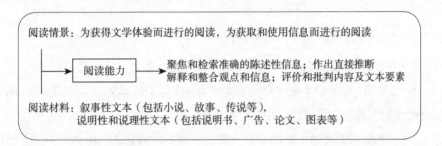

阅读情景：为获得文学体验而进行的阅读，为获取和使用信息而进行的阅读

阅读能力 → 聚焦和检索准确的陈述性信息；作出直接推断
解释和整合观点和信息；评价和批判内容及文本要素

阅读材料：叙事性文本（包括小说、故事、传说等），
说明性和说理性文本（包括说明书、广告、论文、图表等）

PISA（国际学生评估项目）的评估重点是"为了学习而阅读"，而不是"学习阅读"。评定的对象是 15 岁初中即将毕业的学生，不再进行基本阅读技能的评估。

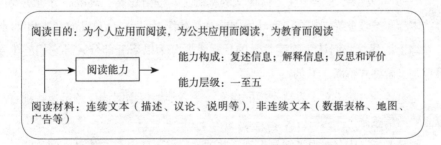

阅读目的：为个人应用而阅读，为公共应用而阅读，为教育而阅读

阅读能力 → 能力构成：复述信息；解释信息；反思和评价

能力层级：一至五

阅读材料：连续文本（描述、议论、说明等），非连续文本（数据表格、地图、广告等）

NAEP（美国国家教育进展评价）旨在向美国公众报告学生在不同学科的教育进展状况。其评定的对象是 4 年级、8 年级、12 年级的学生。

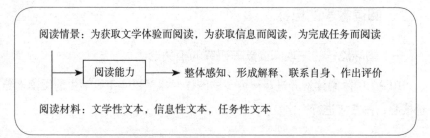

阅读情景：为获取文学体验而阅读，为获取信息而阅读，为完成任务而阅读

阅读能力 → 整体感知、形成解释、联系自身、作出评价

阅读材料：文学性文本，信息性文本，任务性文本

（二）语文课程标准中对此的论述

《义务教育语文课程标准》（2011 版）中对阅读能力评估的要求如下：

1—2 年级：要求学生能结合上下文和生活实际了解课文中词句的意思；阅读浅近的童话、寓言、故事，向往美好的情境。

3—4 年级：要求学生能联系上下文，理解词句的意思，体会课文中关键词句表达情意的作用；能初步把握文章的主要内容和思想感情。

5—6 年级：要求学生能联系上下文和自己的积累，推想课文中有关词句的意思。在阅读中了解文章的表达顺序，体会作者的思想感情。

7—9 年级：要求学生在通读课文的基础上，理清思路，理解、分析主要内容，体味和推敲重要词句在语言环境中的意义和作用；能提出自己的看法和疑问。

综上所述，我们认为阅读教学的目标主要分为以下五部分，且它们的难度系数是呈阶梯式不断上升的。

信息提取：基于文本直接呈现的事实，读者能够根据阅读任务迅速找到自己所需要的信息。

解释判断：从文本中了解并识别一些关键信息，建立文本信息之间的联系并进行转换，形成对文本的理解或得出合理的推论。

概括分析：读者需要关注多个局部内容和整体结构，将信息进行对比、分类，将各部分文本信息进行整合，通过对信息的加工，构建自己的观点。

评价鉴赏：能够以自己的价值观为基础，对文本中的人物、事件、观点等有自己的看法；能够对文章的语言、结构、表达方式、写作手法等作出评价。

创新运用：能够从多角度来思考问题，在原有文本的基础上联系生活实际或其他阅读经验，产生新的想法或将文本中的信息或观点运用于解决实际问题。

三、阅读教学策略的含义

（一）阅读策略与阅读方法的区分

关于"阅读策略"的概念界定，国外学者们的观点基本一致，古德曼（1967）指出"阅读策略是心理语言学的猜谜游戏"。[①] 强调的是阅读过程中的推测策略。而 Nutall（1982）从心理层面上定义"策略指读者在阅读过程中为理解文章而有目的地处理文章的心理操作"。[②] Wallace（1992）从文本类型的角度来定义，"阅读策略是根据文本类型决定的灵活地选择阅读的方式"。还有 Yong-Hyo Park（2010）从读者自我选择、自我监控的角度认为阅读策略是指阅读者为了加强他们对文本内容的理解而采取的一些技巧、方法、活动和过程。总的来说，大部分学者基本上都认为阅读策略是一种认知活动计划。

中国学者对"阅读策略"的概念也从不同的角度进行解释，有从认知理论出发的，如倪文锦指出所谓阅读策略是读者为了理解各种文章而有意识的可灵活调整的认知活动计划；周龙兴认为"阅读策略就是学生在阅读过程中，根据阅读文章的特点、阅读目标等因素，所选用的调控阅读行为及程序的恰当方式"。[③] 还有以阅读目的和阅读过程为侧重点的，如曾祥芹指出"阅读策略是阅读中的计策、谋略，也可称之为阅读方略。它是指阅读主体为保证阅读任务的完成、阅读效率的提高，对阅读活动进行调节和控制的一系列谋略"[④]。韩福领的观点是"为保证阅读任务的完成、阅读效率的提高、解决阅读中的困难而采取的对阅读活动进行调节和控制的各种方法、技巧和步骤"。[⑤]

依据国内外学者的界定，笔者对阅读策略界定为：阅读策略是读者为方便快速理解各类文本内容而有意识采用可以变通机动的认知活动计划，是读者在阅读历程中，依据不同的阅读目的和阅读文本类型等因素来选择适用的能够促进

---

① 韩福领：《阅读策略训练对学生阅读水平影响的实验研究》，《科技信息》2012 年第 12 期，第 5 页。

② 同上书。

③ 周龙兴：《小学生阅读的策略发展及教学研究报告》，《教学理论与实践》1999 年版第 3 期，第 47-53 页。

④ 曾祥芹：《阅读学新论》，语文出版社 1999 年版，第 56-58 页。

⑤ 同①。

理解的方法和技巧，其与过去广泛使用的阅读方法和阅读技巧相比较而言，更具有综合性、条件性和机动性。全国著名特级教师、全国知名儿童文学阅读推广人蒋军晶就曾经提出过七大阅读策略：预测和推论、启动先备知识、视觉化、整合资讯、自我监控、联结和问问题。

所谓阅读方法是指阅读主体为了实现阅读目标而在阅读历程中采用的一系列相关的办法，例如浏览、速读、精读等。阅读方法与阅读策略相比较要更加详细具体，并受阅读策略的统筹。在阅读历程中，阅读策略可以依据阅读目的和阅读文本类型的不同而支配运用何种适宜的阅读方法，也就是说阅读方法受制于阅读策略，在层次上要低些。从逻辑关系上分析，阅读策略具有整合性，而阅读方法更加具体。阅读方法是可操作的具体化的办法，而阅读策略里包括选择、评判、监控，所以阅读策略的外延要比阅读方法的大。由此可知，阅读方法是构建阅读策略的基础，当阅读策略被确定之后，接下来就是对阅读方法按照步骤来操作了。

（二）阅读策略和阅读教学策略的区分

阅读教学策略就是关于阅读的教学策略。那么，什么是教学策略呢？教学策略是关于如何教学的问题，它是指教师为完成一定的教学目标而采取的一系列教学方式和行为。乌美娜（1994）认为，"制定教学策略时需要综合考虑教学活动中的各种因素，如：教学的程序、方法、形式和媒体等，其目的是最终完成特定的教学目标。"

黄高庆（1998）等学者认为，"教学策略主要包括有效地解决教学问题所使用的方法，教授解决方法时的技术操作，以及在操作过程中需要注意的要求与程序这三个方面。"李芒（1999）给教学策略下的定义较为综合，他认为"教学策略是一套整体化的实施方案，该方案可以对教学进行具体化的指导且其目的是能够帮助教师完成教学目标，在这个方案实施的过程中教师会充分关注学生的学习"。

综合理解以上关于教学策略的定义，我们可以发现教学策略是一套可以具体操作的教学方案，它能够帮助教师顺利地完成一定的教学目标。从教师与学生层面上说，教学策略需要教师结合一定的教学理论与自身的教学经验去解决教学过程中遇到的问题与困难，并且需要根据不同的学生与教学内容来进行相应的操作，在该过程中运用的方法与谋略则是教学策略。在教学过程中，因为教学效果受多种因素的影响，例如：教学的内容与目的、学生学习的方式与风格、学生自身的背景、教师教学风格等，而这些影响因素会使教学产生不同的教学效果。因此，为了实现有效的教学目的，教师在教学过程中应该综合考虑各种因素，选择最适合、最有效的教学策略。

阅读教学策略就是在这种理念指导下进行阅读教学的行为，在阅读教学过程中，教师的教学方法需要根据不同的文章体裁、教学目标与任务、阅读目的等灵活地选择。

阅读策略属于广义的学习策略的一部分。学习策略就是个体为了提高学习的效率或者效果，有目的、有意识进行的有关学习过程的复杂活动。学习策略强调习得。"习得"是自然而然获得的，"书读百遍，其义自见"就是一个习得的过程。这就像没有谁教孩子怎么说话，但孩子在正常环境里到了一定年龄就自然而然会讲话了，生活在汉语的环境中就会讲汉语，生活在英语环境中就会讲英语。这种潜移默化就叫习得。

而"学得"是后天通过外显的教学干预来获得的。阅读策略就是学得的，首先要经过专家经验的外化，即掌握阅读策略的人（如教师）对阅读策略的概念、方法等进行讲解，再通过一定的学习训练，最后把这种外化的经验进一步内化成学生头脑中的阅读策略。

综上所述，阅读教学策略的施动方在老师，阅读策略的施动方是阅读者。阅读教学策略是教师为使阅读者掌握阅读策略所采取的原则、方法和技巧。

统编小学语文教材中新增的阅读策略单元中提到的重要的四类策略是预测、提问、提高阅读速度和有目的地阅读。

四、国内小学阅读教学策略研究现状

以中国知网"中国期刊全文数据库"为平台，以 2004—2019 年为时间段，以"小学语文阅读教学策略"为主题名进行精确匹配，筛选得到有效文献 371 篇。从中可以明显看出，关于小学语文教学中进行阅读策略的研究呈逐年增长的趋势，且从 2014 年开始文献数目增长最为突出。该研究最初多由一线教师结合自身的教学实践进行浅显的论述，篇幅较为短小，真正有学术分量的论文较少。从 2006 年开始逐渐有高校研究生将阅读教学策略作为学位论文的研究点，体现出研究者开始日益关注小学语文阅读教学。

笔者对大量论文进行分析研究后，主要从以下三个研究视角进行了总结归纳，以期为我们进行小学语文阅读教学策略研究提供更多参考价值。

（一）从阅读内容角度切入的教学策略研究

邸文娟（2018）和黄润灵（2018）基于绘本阅读教学中出现的问题并结合教学实际与名师课例进行归纳，分别在《小学低段绘本阅读教学现状及策略研究》和《小学低年级绘本阅读教学策略研究》中提出独到的观点。邸文娟认为，小学低段绘本阅读教学的实施策略拟采取以下几点：一是形成正确深刻的绘本认识，二是强调层次分明的教学目标，三是选择适合儿童的绘本作品，四是注重文本细读的读书方式，五是采用灵活多变的教学方法，六是设置多元解读的教学格局。黄润灵主张，用朗读法初识绘本，用角色扮演法体验绘本，用探究法探究绘本，用想象法充实绘本，用续编法续编绘本。

刘明（2016）在《小学低中段童话教学策略研究》中针对传统教学模式比较注重单一向学生灌注童话故事，学生只是被动接受故事情节这一现状，提出引导学生欣赏童话丰富的审美内涵，如品味童话语言美、体会童话意蕴美、领会童话人性美；完善童话教学内容，如注重阅读情境的创设、注重对重点情节的品读、将童话改编成课本剧、注重课外童话阅读指导、适当引进国外话剧；丰富童话教学方法，如讲故事、指导学生演童话和复述故事、拓展童话形象等。

化南南（2018）和曹爱华分别在《小学高年段叙事类文本批注式阅读教学策略研究》和《小学语文叙事性作品阅读教学策略研究》中提出了一些具有改革性的教学策略。化南南根据现状调查所发现的问题，结合分析案例中提取出的有效策略成果，将具体有效性策略的探索归纳为问题引领策略、细节研读策略和拓展比较策略三个方面。曹爱华指出，叙事性作品的教学改革策略主要包括以下几个方面：利用多媒体课件及影视资源、情节巧妙设疑等多种手段提高叙事性作品的教学效率；教给学生抓住描写人物的重点词句、抓住重点部分、联系上下文、诵读中加强感悟人物品质等多种叙事性作品阅读的方法；建立规范的叙事性作品阅读教学评价机制；读写结合，拓展学生思维。

金国娟（2018）在《小学中高段散文阅读教学策略研究》提出的阅读教学策略包括：巧用朗读，入情入境；紧扣文本，合理鉴赏；把握角色，深入体验；小组讨论，合作探究；读写结合，学以致用；拓展阅读，分析比较等。

郭小丽（2018）在《小学高年级语文现代文阅读教学研究》中总结了研究者们不断地研究课堂教学模式，不断地优化课堂教学的结构，提出如下策略：确立阅读目标，促进学生思维能力提高；养成复述习惯，实现工具性与人文性的交融；深化文本分析，提高学生阅读理解能力；激发合理想象，培养学生个性化阅读；改善评价机制，培养学生终身阅读的习惯。

柳玮媛（2016）和杨唯（2017）分别在《小学语文第三学段非连续性文本阅读教学策略研究》和《小学语文非连续性文本阅读教学现状调查与策略研究》中提到了非连续性文本的阅读教学策略。柳玮媛以国内外研究成果为参照，以M市G小学的第三学段的"非连续性文本"阅读教学为调查和实验对象，总结出有助于更好开展该文本阅读教学的优化性建议：第一，开发利用学科内外的"非连续性文本"资源，如整合语文课程资源、跨学科整合可利用的阅读资源；第二，创新"非连续性文本"教学理念，如有选择性地将两种文本相互转化，建立语文阅读资源库，善于引导迁移，激发阅读兴趣，培养图文间的逻辑推理能力，树立自主探究型的文本阅读理念。杨唯针对现状调查，通过整理分析国内外相关教学案例，从优秀教学案例中汲取了养分，分别从教材资源的开发利用、教学环境的创设、教学方法的选取以及教学评价体系的建立这四个方面提出了关于非连续性文本阅读教学的策略建议。在非连续性文本阅读教学评价方面，倡导对非考试类的非连续性文本采用质性评价，结合新课改中注重过程性评价的要求，重点提出了观察评价法和主题式非连续性文本阅读评价法。

周雪蕊（2017）在《小学语文实用文阅读教学策略研究》中，把实用文定义为以实用为目的和出发点，并与日常生活和工作学习有着紧密联系的一种文章体裁，其研究的实用文阅读教学策略则以科普文为例，提出的教学策略如下：激发阅读兴趣，注重情境创设；强化思维训练，搭建阅读支架；扩展阅读空间，丰富阅读类型；创用信息技术；迁移教学内容，落实阅读实践。

王敏（2016）在《小学群文阅读教学研究》第四章"群文阅读的教学策略"

中提到群文阅读的教学策略如下：引导学生使用阅读策略；巧妙提问、引导；尊重学生的阅读主体地位；结合知识积累和写作表达训练。任丽霞（2017）在《小学高年级语文群文阅读教学实施策略研究》提出，群文阅读议题的选择具有可议论性、开放性和多元性；文本的选择围绕议题要有结构性、围绕教材要有选择性、围绕学生要有针对性，教学评价要有利于营造民主和谐的氛围，还要尊重学生的独特性。章可欣（2018）在《语文核心素养下小学群文阅读教学实施策略研究》中提出了小学群文阅读教学的议题生成策略、文本组合策略和集体建构策略。

综合以上从不同阅读文本角度切入进行的研究，我们发现，不论文本内容如何，涵盖的阅读教学策略主要包括情境教学策略、读写结合策略、读思议导策略、对话策略、想象和联想策略、角色扮演策略等。

（二）从教学策略内容角度切入的研究

高媛（2011）在《小学语文整体性阅读教学研究》提出了整体教学的一些新思考：在不同学段的应用上高学段更适合；小学教材的文体基本适合整体性阅读教学，其中叙事性作品更为明显；统读法、注读法、品读法等整体性阅读方法还应该灵活使用；除了重视篇章的整体性阅读教学以外，还倡导了重视单元的整体性阅读教学。

王继红（2017）在《小学语文高年级阅读教学中问题意识的培养策略研究》中提出了小学高年级学生问题意识的针对性培养策略，包括：①提高教师教育素质，完善教学评价体系。语文教学应转变传统的教师主动教、学生被动学，以及注重知识传授、轻视能力培养的观念，教师应成为学生学习的参与者与引导者；提高教师知识素养和教师问题创设技能。侧重问题探究能力，实施个性化评价。②创设课堂问题情境，激发学生的问题意识。改变以教师为中心的做法，营造和谐课堂氛围，引导并鼓励学生敢问；构建冲突问题情境，诱发学生兴趣而想问。③改变阅读教学方式，培养学生的质疑能力。教会学生提问的技巧，教学生从不同的角度提出问题。

张丽娇（2017）在阅读了广泛的文献资料后，在《小学语文阅读教学主问题设计的策略研究》中，尝试对小学语文阅读教学主问题设计提出五个方面的策略，分别为：小学语文阅读教学主问题设计的依据；基于文本核心要素之切入设计；基于不同文学体裁之区别设计；基于主问题本身之内隐设计；基于主次问题关系之配合设计。

陈迎朔（2017）在《小学语文阅读教学的游戏策略研究——以保定市东马池小学为例》中提到：游戏策略是教师为达成课程目标，保证课堂中的教学游戏环节顺利实施，让学生在快乐中学习的一种方法、模式。其特征是以游戏为手段来组织、开展教学活动，让学生在快乐中学习。它既是为实现教学目标而使用的手段，又体现着创造的精神。这一策略要求教师应做到：提前进行游戏设计，保证游戏的适当性；游戏的实施应注重游戏过程中的互动与引导；及时总结拓展、引导学生思考；评价应体现丰富性和差异性。

凌雅为（2018）在《小学语文阅读教学提问设计优化策略研究》中论述了"好问题"的特征及其产生条件，对课堂提问观察结果进行分析，梳理出小学语文阅读教学提问设计中的优势与不足。此外，从教师课堂提问类型和提问水平两个维度对提问设计进行研究，主要是从技术专业化、程序精制化、研修机制化三个方面，对教师的阅读提问设计提出了具体的改进对策。

王丽莎（2018）在《小学语文有效阅读教学策略研究》提出有效性的阅读策略：第一，让观念变得有效：重视与学生的阅读对话。第二，让学习变得有效：提升学生的阅读素养，如激发身心的阅读兴趣、培养学生圈画批注的习惯、培养学生摘抄积累的习惯。第三，抓住文本的实质问题，挖掘阅读的思想意蕴，如：鼓励学生思考提问，由浅入深地教学生概括。

综合来看，关于阅读策略内容切入的研究，主要包括提问策略、整合策略、对话策略等。由此可知，直接从策略内容角度进行研究的还是不多。

（三）从新技术融入角度切入的阅读教学策略研究

随着现代信息技术的高速发展，多媒体技术作为现代化的教学手段越来越多地被应用到学科教学，对现代教育的影响十分深远。多媒体与语文学科的整合，为课堂教学注入了新的活力，对提高语文教学质量起到了积极的作用。在语文教学中，阅读教学一直处于重要地位。但是部分语文教师没有正确认识多媒体技术的本质，导致多媒体技术在语文阅读教学中的应用存在很多误区，这在某种程度上制约了多媒体语文阅读教学的发展。如何将多媒体技术与语文阅读教学有机结合起来，有效发挥其辅助教学的功效，已经受到广大教育工作者的广泛关注。

刘微雨（2007）在《卫星收视环境下小学语文阅读教学策略研究》中提出，合理使用多媒体创设问题情境、想象情境和迁移情境，激发阅读兴趣；以委婉的语言唤起学生的自信，让学生成为学习的主体；放飞学生的思维，让学生成为学习的主体；注重教师引导，培养学生阅读能力；巧妙筛选卫星 IP 数据资源，拓展阅读内容。

陈潇潇（2013）在《多媒体技术在小学语文阅读教学中的应用策略研究》中从多媒体技术与语文阅读教学的关联，多媒体技术在阅读教学中应用的现状出发，深入地研究，提到有效策略如下：第一，转变观念，明确学生主体地位；第二，提高素养，实现整合；第三，发挥优势，扬长避短；第四，把握时机，适当使用。

石雅茹（2016）在《微课在小学语文阅读教学中的应用研究——以呼伦贝尔某小学为例》中，围绕"如何将微课与小学语文阅读课堂深度融合，提高阅读教学效率"阐述了以下三种阅读教学策略：第一，教学内容情境化，激发阅读兴趣；第二，教学活动任务化，提高阅读能力；第三，阅读环境影响下，培养阅读习惯。

蔺雨婷（2016）在原有教学模式指导下，根据叶圣陶阅读教学思路，结合小学语文阅读教学的特点以及新课标对小学语文阅读教学的要求，在《基于电子书包资源的小学语文阅读教学策略研究》中提出课前、课中和课后阶段的教学策略，充分利用电子书包资源丰富、交互作用强等特性，在教师和学生能够接受的基础上，更大程度上发挥电子书包在教育教学中的优势。

陈静怡（2017）在《信息技术与小学语文阅读教学深度融合的策略研究》中就问卷调查中梳理出的现状问题，结合观摩学习及语文教学工作实践，总结出五项信息技术与小学语文阅读教学深度融合的实践策略：运用情景驱动策略，展开深度体验；运用多感官参与策略，激发深度认识；运用阅读思维引导策略，促进深度理解；运用课堂翻转策略，提高多维能力；运用虚拟社区探究策略，保障深度互动。

总体来看，从信息技术角度切入研究的阅读教学策略主要包括情境教学策略、整合策略、迁移策略等。

国内关于小学语文阅读策略的研究给我们的教学实践提供了良好的理论参考，同时也为我们的理论探究奠定了坚实的基础。

国外小学阅读教学策略的研究成果

针对国内小学语文阅读教学的研究现状，笔者参考了国外小学阅读教学的研究理论，重点借鉴了美国阅读与写作项目的开创人露西·麦考密克·卡尔金斯编著的《如何有效运用阅读教学策略》一书所阐释的理论。该书从图书的选择、评估、课程形式以及如何支持阅读困难学生等方面进行了深入讨论，着重介绍了众多阅读教学策略。笔者对书中论述的阅读教学策略进行梳理、概述，并结合语文阅读教学实际和中英文阅读对比进行阐述，希望能给教师们开展语文阅读教学提供一些参考。

一、图书选择分级

（一）图书分级的概念

图书分级，类似于最早的"分级阅读"。1836年威廉·麦加菲开发了第一套供社会广泛运用的分级阅读标准，即著名的"麦加菲读本"。分级阅读在世界各国也有长久的研究历史，英国牛津大学花了20年时间做了分级阅读研究，日本在20世纪60年代初的时候也开展了很多关于研究和推广分级阅读的活动，中国台湾在阅读分级上做得也是非常成功。欧美国家比较常见的分级标准有两种分级方式：第一种是指导型阅读分级，根据26个字母的排列，面对读者群分成26个级别；第二种是莱克赛尔的分级系统（蓝思分级法），从阅读初始者开始打分，最高到1700分。上述图书分级是教育研究者遵循研究理论对图书进行的分级，考虑的因素也有学生的个性兴趣等，但是《如何有效运用阅读教学策略》中提到的"图书分级"，作者一再强调是让学生自主选择图书，体现了学生的积极能动性，更遵循了学生的意愿和兴趣，因此，与之前的"分级阅读"是有区别的。[①]

图书分级不同于图书分类，图书分类是按照书的内容、形式、体裁和读者用途等采用逻辑方法将所有学科的图书按其学科内容分为几大类。而图书分级是按照阅读者的阅读水平不同分为不同级别，以提供更适合其阅读的书籍。

（二）《如何有效运用阅读教学策略》中对图书分级策略的阐述

在书中作者一再强调图书分级的重要性，并提出了分级的原则：是对图书分级，而非对学生进行分级；识字不是关键，阅读能力的培养才是关键。作者还提出了具体的图书分级的方法：给教室里的图书贴小圆点，部分书让学生自己决定贴什么样的标识，分好级后从各个级别的书目中选出几本有代表性的书作为这一级别书目的非正式评估用书。随后观察学生阅读这些评估用书，引导学生选择适合自己级别的书。书中作者强调分级的目的在于引导学生选择适合自己阅读水平的书目，教师引导学生寻找"速度图书"[②]，也就是说让学生选择那些容易理解的图书，而不是创建分等级的阅读小组。作者认为教育工作者不仅应该根据实际情况随时调整图书分级体系，还应鼓励学生探索自己的选择方式。针对小学高年级的图书分级，作者提出了一些实际有效的方法确定图书难度分级的特征。

总之，正如作者而言，图书分级就像是"教师帮助学生找到通往那些他们有信心也有能力阅读的道路"。

（三）我们的语文阅读教学中存在的缺陷

我们的语文阅读教学中教师往往会忽略图书分级，或者花很少时间研究图书分级，而把大量精力放在如何提高学生的识字量和阅读能力上；大部分老师都会不经过调查研究，直接采用教育部门或者知名专家推荐的适合各学段的书目，然后推荐给自己的学生，推荐理由是"专家推荐"；学校图书馆因各种原因对学生并不开放，而教室中的图书角书目很少且管理不规范，也并未进行图书分级，最多是对图书进行了不算科学的分类；教师并未通过观察，引导学生选择适合自

---

① 黄宁. 浅析图书分级对儿童阅读的影响［J］. 图书馆工作与研究，2015：3.
② 露西·麦考密克·卡尔金斯. 如何有效运用阅读教学策略［M］. 林玲译. 教育科学出版社，2017：3.

己阅读级别的书目；此项工作缺乏理论指导。

笔者认为图书分级对于语文阅读教学非常重要，是阅读教学的第一步，也是学生持续性阅读的关键环节，学生找不到适合他的图书，就会渐渐对阅读失去兴趣和信心。图书分级就像给学生一块敲开阅读大门的敲门砖，让学生走进书籍的殿堂。因此，希望能引起学校及语文工作者对图书分级的重视。

二、阅读评估策略

（一）阅读评估的概念

阅读评估，也叫阅读评价，是根据一定的评价标准，采取各种定性、定量的评价方法，对阅读者的阅读效果和阅读能力进行判断并寻求改进途径的一种活动。[①]

（二）《如何有效运用阅读教学策略》中的阅读评估策略

书中作者介绍了几种适用于英文阅读教学的阅读评估策略：口头评估以及流水记录、非正式阅读清单、错误分析三种正式评估策略。口头评估类似于我们教学实际中的口头评价，略有不同的是教师在学生开展阅读之前，通过询问学生的阅读习惯、答题，了解学生的阅读水平；为了获得学生作为阅读者的更全面的信息，教师则会采用流水记录、非正式阅读清单、错误分析三种策略。流水记录是对阅读行为进行编码和分析的一种工具；非正式阅读清单是教师利用一系列分级的段落或文本评估学生阅读水平的策略；错误分析是教师为阅读者选择一篇具有挑战性的文本，确保阅读者会出现错误，教师利用录音机记录、分析学生阅读中产生的错误和遇到的困境。笔者认为这三种阅读评估策略主要适用于阅读研究者进行实验性研究，因其时间延续性等因素，不太适用于教学，更不适合中国的语文阅读教学。在中国，语文教师们在课堂上也经常用到阅读评估，评估手段也渐渐多元化。

---

① 潘登. 阅读能力评估研究文献综述［J］. 才智，2015（24）：8.

（三）我们的语文阅读教学中经常用到的阅读评估手段

1. 按照评估媒介不同分

随机的口头评价是语文教师在课堂教学中最常用到的。得当有效的口头评价语历来是语文教育工作者和语文教师们研究的课题；与之相对应的是落在纸面上的测验式评价。现在的测验式评价形式不再仅限于试卷评价，还有随机阅读效果小测、抽测、专题阅读效果检验等。

2. 按照评估主体不同分

教师评价、学生自我评价、学生互评、小组评价、集体评价等。

3. 按照评估的时效性分

阅读中评价、延迟性评价、形成性评价、动态性评价。形成性评价是在阅读之后的评价，动态性评价是在阅读中随机的评价。[①]

4. 按照评估的方式不同分

激励性评价和批评式评价，鼓励教师使用激励性评价。

笔者认为，作为教师，不但要指导学生进行持续性阅读——这种持续性阅读不仅是指在学校的课堂阅读，也指在家庭中的阅读习惯的培养和保持；而且要时刻对学生的阅读进程和阅读效果进行关注和评估，也对自己的阅读教学实效进行评估，以此及时调整自己的教学策略，以促进学生阅读更加顺利和持久。

三、帮助阅读困难者的策略

（一）什么是"阅读困难者"

"阅读困难者"是指那些刚开始学习阅读，也可能正进入一个新的、难度更大的阅读阶段，或者是在阅读中出了差错，希望获得帮助的阅读者。

（二）指导阅读困难者的原则

《如何有效运用阅读教学策略》中指出教师在指导阅读困难者时应该严格要

---

① 张珍. 高中语文阅读评价的研究 [D]. 辽宁：师范大学，硕士，2010.

求，遵循以下原则：给阅读困难的学生制订一个连续的指导方案，给阅读困难的学生一些简单的图书，重新规划他们在课前、课中、课后的时间以便让他们沉浸在阅读中，教师要密切地指导这些学生，要给这些学生主动思考的时间，借助写作的方法，学生阅读过程中教师要对他们严格要求，让阅读困难学生参加大班额集会，教师可与同事合作，提供暑假阅读支持项目。

（三）不同类型的阅读困难者的解决策略

1. 针对注意力不在文本意义理解上的学生的策略

这类学生不关注他们生成的文本是否有意义，能读出词汇却不理解词义，或者无法复述故事，或者不能复述完整故事，总之，他们似乎把所有精力都放在词汇上面，而不善于理解内容。针对这类阅读困难者，露西·麦考密克·卡尔金斯除了给出一些实用性的建议之外，还提出了一些阅读教学策略：

（1）图文结合理解策略：在阅读之前教师引导学生通过书中的插图猜测文本内容；

（2）预测故事发展策略：在学生阅读前或阅读中教师引导学生预测故事情节的发展；

（3）间断回忆策略：教师指导学生在阅读中经常暂停，回忆刚才阅读的一段讲了什么；

（4）整体阅读策略：在阅读之前，教师先给学生做一个故事简介，使学生对书中的内容有所了解；

（5）复述故事策略：在今天的阅读之前先复述昨天阅读的故事；

（6）"架构故事"策略：重组故事，即教师提供一些有联系的文字片段让学生重组成完整故事。

2. 针对文字方面有困难的学生的策略

这类学生一般是一些阅读新手，他们在阅读中遇到不认识的词卡住了的时候，有的会寻求帮助，但大多数会束手无措，甚至慢慢地对阅读失去信心和兴趣。露西·麦考密克·卡尔金斯提出针对这样的学生，最好的方法是坐在他身边，陪伴他一起面对困难。同时还提出了让学生根据首字母和插图推测词义的策略，用已知的单词来解决生词的策略。这两种策略对于中英文阅读教学的词汇理解教学都有启发性意义。

3. 针对阅读流畅性有困难的学生的策略

这类学生通常采用逐词阅读的方法，并且在阅读流畅性和断句方面有困难。露西·麦考密克·卡尔金斯提出第一个干预的措施是确保他所阅读的书处于一个稳定的水平，是他能够轻松驾驭的；第二个策略是流畅阅读策略，就是让学生在阅读简单的章节图书时一眼就能看到一句话里更多的内容；第三，强制要求学生在阅读时不指读。

4. 针对阅读经验不足的学生的策略

露西·麦考密克·卡尔金斯提出的所谓"阅读经验不足"是指那些长时间停留在一个阅读等级上的阅读者，他们的阅读量远远不够，甚至正在阅读与他的阅读水平不相符的书目。这类阅读者在阅读更高级别书目的时候可能会遇到困难，但是通过教师引导，他们会有惊人的进步。针对这类阅读困难者，露西·麦考密克·卡尔金斯提出了导读策略，即学生在阅读之前教师先给学生进行简单介绍，帮助他们理解故事大意，帮他为阅读中可能遇到的问题做好准备。

（四）语文阅读教学实际中对"阅读困难者"的界定

语文阅读教学中对"阅读困难者"的界定可能稍有偏差，笔者认为可能分为以下几类。

（1）学生语文识字能力及理解能力不够，导致其在阅读中经常遇到障碍，慢慢失去信心，不再愿意尝试阅读。

（2）学生语文基础知识扎实，但是大脑形象思维不够活跃，导致其对语言文字理解不深，类似于作者所述"关注于文本文字，而不在于文字表达的深意"。

（3）学生对文字有恐惧感，而对文本中的插图十分感兴趣（形象感知敏感者），或者只对故事类图书感兴趣的学生。

（4）缺乏毅力，不能坚持阅读的学生，容易受外界干扰的学生。

（5）学生热爱阅读，理解能力也较强，但是仅对某一类文字理解题目存在障碍。例如概括主要内容，对某句话的理解等题目。

（五）《如何有效运用阅读教学策略》中提到的针对阅读困难者的阅读教学策略对于语文教学的借鉴意义

（1）图文结合策略，利用文本中的插图猜测文本内容，也是语文阅读教学中的好策略，不仅激发了学生兴趣，更调动了学生丰富的想象力，这其中还兼采猜测的策略。

（2）预测故事情节策略，与我们语文阅读教学中的预测策略异曲同工，在我们语文阅读教学中还经常用到相似的策略——推测。推测是根据文本中的文字，学生运用想象推断出一些结论。

（3）间断回忆策略、整体阅读策略、复述故事策略都是我们语文阅读教学中常用到的策略。整体阅读策略类似于我们第一课时的整体感知。

（4）架构故事策略，类似于我们检测评价中的语段排序题。

（5）在词汇理解上的利用已学词语推测新词的策略我们也经常用到。除此之外我们还经常让学生逐字理解和结合上下文理解。

（6）导读策略我们更是经常用到，我们在给学生介绍新书的时候经常会开展导读课。

四、指导性阅读与策略课

（一）指导性阅读与策略课的概念

指导性阅读是教师先为一群阅读水平差不多的阅读者精心选择一份文本，然后再由教师确定文本中学生需要了解的关键内容，以便帮助学生熟练掌握文本。教师事先要把文本的生词、难词、独特的图表和段落结构等内容教给学生，再让他们开始阅读。然后在某个特定的位置停下来，以便开展后续活动，比如提问—回答。

策略课是帮助一群阅读者运用某一特定的阅读策略阅读时运用的一种教学策略。在策略课中，教师告诉学生将要讲授的内容，把这节课与他们持续进行的学习联系起来。然后教师通常会借助教师自己的阅读或某个孩子的阅读来展示娴熟阅读者所使用的策略，同时教师去观察学生的行为，并提供支持和指导。

从某种意义上可以说策略课是一种创新型的指导型课程，教师在课程中起的作用都是引导的作用。

（二）指导性阅读和策略课在阅读教学中的作用

1. 指导性阅读的目的

指导性阅读对一些阅读启蒙者、阅读新手，或者在阅读中遭遇困难的阅读者来说特别有效；它还能帮助我们去指导一群想要稍微提高阅读等级的学生；指导性阅读对于熟练的阅读者对文本建构全面、整体的理解等都非常有帮助。

2. 策略课的优势

策略课类似于我们语文阅读教学中的专题阅读指导课，也类似于迷你的阅读工作坊。在策略课中教师会引导学生想象文本的世界，有助于学生想象能力的培养；教师还会教学生如何将不同文本联系起来形成自己的观点，培养学生关联阅读的能力；教师还会教学生在阅读非虚构类文章时，能把反映阅读者对书中重要思想的部分记录下来。

（三）指导性阅读与策略课的区别

策略课其实是指导性阅读的另一种形式，这说明两者之间有相似之处，例如都是召集一部分学生而非全部，教师都起指导者的作用等，这里不做赘述，主要简概二者的区别，主要有以下几点。

（1）指导性阅读中学生阅读相同水平的文本，但不一定是相同文本；而策略课是学生阅读相同文本完成相同任务。

（2）指导性阅读中学生今天和明天阅读的文本可能不同，而策略课中文本可能相同。

（3）在指导性阅读课中，教师开始会对文本进行导读，概括文本的主要内容，解释生词等；而策略课中一般不进行导读。

（4）在指导性阅读教学过程中，教师观察学生阅读，形成教学点；而策略课中，教师通过课前观察、评估，事先形成教学点。

（5）每一节指导性阅读课基本不存在联系；而策略课每一节之间存在联系，可以说今天的策略课是明天的策略课的基础。

以 5 年级下册语文教材中的一课《奇异的琥珀》为例，如果采用指导型阅读策略，是这样的教学思路：教学开始，教师会告诉学生这篇课文作者先写了这块琥珀的样子，然后作者根据琥珀的样子推测了当时发生的故事，接着教师提出问题：读一读这个故事，你觉得这个故事写得怎么样？合理吗？如果采用策略课策略，是这样的教学思路：教学开始，教师会给学生讲解"推测"策略，学生明白后，教师出示琥珀的图片，先让学生根据图片推测当时会发生什么？然后让学生走进文本，看看作者是怎么推测的？比一比大家谁推测得合理？

（四）实际运用中应注意什么

虽然露西·麦考密克·卡尔金斯是针对英文阅读教学提出的指导性阅读和策略课的教学策略，但是它们也是语文阅读教学中经常使用的阅读教学策略。指导性阅读类似于我们传统的讲授式阅读教学方法，遵循"读—思—议"的教学模式；策略课类似于我们的专题阅读课，教师给学生一个训练专题，让学生在阅读中得到相应的语文素养训练和提升。在实际的语文阅读教学中我们应将专题训练课与整合资源结合起来。再者教师要熟悉文本，做好导读工作，管理好班级其他学生。两者往往结合使用。

五、小学低年级词汇教学策略

（一）《如何有效运用阅读教学策略》中提到的关于英文词汇阅读教学中的教学策略

不管是英文阅读教学还是语文阅读教学，词汇教学都是基础。词汇教学在小学低年级阶段涉猎的比较多。在《如何有效运用阅读教学策略》中，作者提到了一些经过教育者研究并实践过的教学策略。笔者认为可以概括为两类。

1. 词汇理解："ABC 探索项目""创设情境词汇理解"

"ABC 探索项目"就是引导学生研究字母表，以构建学生对拼读的理解。

"创设情境词汇理解"就是教师创设一个与生活实际相关联的情景，以字母或者词汇为例研究与之相关的更多词汇的策略。

2. 词汇记忆:"闪亮的名字""唱读词汇""画词汇""读写结合""单词墙"

"闪亮的名字"是露西·麦考密克·卡尔金斯在其书中提出的词汇阅读教学策略。它是通过让学生研究自己的和同学们的名字掌握相应字母开头的许多单词,并延伸到其他以相同字母开头的单词的策略。"闪亮的名字"适用于一年级学生,有助于激发学生的阅读兴趣和词汇学习热情。通过研究名字也能让学生产生研究词语规律的欲望,有助于激发学生阅读。

"唱读词汇"是将英文词汇编成歌谣记忆的策略,在我们的语文阅读教学中类似于运用歌谣记忆词语的方式。

"画词汇"是教师引导学生通过画画的方式让学生记忆词汇的策略。在语文阅读教学中我们也经常让学生通过画图的方式掌握词语,充分体现了中英文阅读教学的全学科性。

"读写结合"是通过写作让低年级的学生掌握词汇。这一策略,毋庸赘言,在语文阅读教学中我们也经常用到,教师要在阅读教学和写作教学中搭建桥梁,通过仿写、片段描写、语用描写等方式让学生熟练掌握相关语言文字。

"单词墙",露西·麦考密克·卡尔金斯在其书中多次提到英文阅读教学中的高频词语,所以让学生把一些高频词写在教室后面的墙壁上面,让学生反复记忆、阅读,形成强烈的感知意识。在语言阅读教学中笔者认为"单词墙"类似于我们让学生抄写好词并加以记忆的过程。

这些策略主要针对英文阅读教学,对于中文阅读教学中的词汇教学策略有哪些,需要我们思考。

(二)低年级语文词汇阅读教学中的教学策略

1. 整体识字法,由音到形,由形到义

中国汉字本身具备音、形、义三部分,因此在词汇阅读教学中教师一定不能脱离其中一方面,必须将音、形、义三方面结合起来,让学生在这个梯度认知结构中掌握字词。

2. 以偏旁为基础衍生词汇,拓展学生词汇量

中国汉字的每一个汉字都有偏旁,同一个偏旁还有数不胜数的其他汉字,

以偏旁为基础，让学生想还有哪些字也是这个偏旁，这样就以点带面让学生掌握了更多生字，还能激发学生学习的热情。

3. 结合句子理解，结合上下文理解；字不离词，词不离句

汉字、词汇都需要在句子中使用才能表达完整的意思，因此，在让学生理解词汇时也应让学生在相对应的句子中理解，甚至联系上下文理解，长此以往，让学生形成看到词语就想到句子的意识。

4. 结合生活实际，情景还原理解词义

低年级学生的语言理解能力还较低，有些词汇如果单纯依靠教师口头表达，理论式的讲解，学生难以理解。但是学生的生活经验还是比较丰富的，因此将词汇与学生的生活实际结合起来，理解词汇就容易多了。例如，在学习《植物妈妈有办法》一课中对"炸开"一词的理解，直接解释，学生可能理解不深，让学生想想实际生活中什么东西也是这样迅速打开呢？学生可能会想到爆竹爆炸的时候也是这样，然后再让学生说说"炸开"的意思就容易理解得多了。

5. 结合字形偏旁，让学生猜测字词义

有一些中国汉字从它的偏旁上就能大体看出字的意思，比如在讲授《中国美食》一课"蒸、煮、烹、煎""炸、烤、焖、烧"这两组字的时候，教师可以让学生先发现规律，然后试着猜猜这两组字的意思，与什么有关？然后理解第一组可能与水有关，第二组与火有关。

6. 结合图片展示，从图片理解词义

图片是最直观有效地帮助学生理解词汇的手段，因为儿童大多是形象思维活跃者，图片能够引起学生更多的关注。比如在理解"暴跳如雷"这个词语时，教师可以给学生出示一张一个人"暴跳如雷"的图片，让学生先描述画面上的人物在干什么？他的表情怎么样？然后让学生用词语形容这个人此时的状态，最后引出"暴跳如雷"一词，让学生说说词语的意思。

7. 多种形式：偏旁组字开花、找形近好伙伴、成语接龙等

在语文词汇阅读教学中，教师应力求教学形式的多样性，以多变的形式吸

引学生主动学习，吸引学生的注意力，提高学习效率。

六、讨论式课程

（一）什么是讨论式课程

讨论式课程，是打破传统教学模式，充分调动学生的积极性和主动性，以小组讨论或个人发表意见的形式开展课堂学习的课堂形式。教师在课堂中起引导和组织的作用。

（二）讨论式课程的预期目的

开展讨论式课程是引导学生思考文本，表达自己观点的最好阅读形式，教师开展讨论式课程首先是引导学生学会自主讨论，会将自己的观点付诸口头和笔头；使学生学会归纳和总结文本内容，讨论最后达成共识或者形成延续性观点。

（三）《如何有效运用阅读教学策略》中涉猎的阅读教学策略

《如何有效运用阅读教学策略》中作者在阐述讨论式课程策略的时候，也介绍了几个有效的阅读教学策略：归纳总结的策略、自主讨论策略、激发不善言谈者的策略等。其中激发不善言谈者的策略时，具体对此进行阐述：让不健谈者先说，提醒健谈者并让其后说，不打断每一个发言者，鼓励学生思考如何更好地参与讨论，引导学生学会短句提示他人等。

（四）开展讨论式课程应注意什么

口头讨论与书面回应相结合，讨论课中学生的讨论最终要生成一致认同的观点，教师要为学生制定讨论的固定结构和框架，讨论中要始终引导学生扎根文本，讨论要全员参与，鼓励不善言谈者。

（五）讨论式课程在语文阅读教学中的运用

讨论式课程是能够激励学生参与课堂，活跃思维，生成见解，培养学生阅读兴趣的好策略，我们的语文教学实际中也经常会用到，比如我们在课堂中指导学生针对提出的问题批注、反馈的过程就是一个小的讨论；再比如我们在文本分析过程中遇到的一个小问题，为之设计一个小讨论，也无形中将学生带入讨论式课程。

下面笔者将以小学5年级下册的一篇课文《跳水》为例，具体阐述讨论式课程在语文阅读教学中的运用。

《跳水》是俄国作家列夫·托尔斯泰写的一篇短篇小说，文章故事情节紧凑，高潮迭起，人物形象较为鲜明。5年级的学生通过4年的语言文字积累已经有了自己独到的见解和分析解决问题的能力，也愿意参与探究，所以笔者认为该篇课文较适于以讨论式课程的形式呈现。在课堂的开始，让学生以复述故事的形式整体感知课文，引出文章的主要角色。第二阶段就进入讨论环节，讨论一：是什么原因使孩子陷入绝境？孩子陷入了怎样的绝境？学生分组讨论找原因：猴子无端生事，孩子自尊心太强，太要面子，水手们笑声的推波助澜（相关讨论：水手在文中的作用？）。讨论二：你有什么好的解救办法吗？你的办法可行还是船长的办法可行？讨论三：大胆想象修改结局（丰满船长人物角色）。

这样三个"大问题"让学生通过讨论，归纳总结自己的观点，感知船长的聪敏机智，体会作者对情节和高潮的巧妙处理。让学生在讨论中学会思考文本，表达观点，提高阅读理解能力和语言表达能力。总之，讨论式课程符合语文课程标准的"自主、合作、探究""教师是语文课堂的引导者和参与者，应把课堂还给学生"的理念，是应鼓励的课程模式，也是行之有效的阅读教学策略。

七、总述

研究策略的目的在于有效运用，露西·麦考密克·卡尔金斯从运用策略的角度谈策略，本文笔者对其观点进行总结梳理的目的是总结国外阅读教学策略理念，启发教师对语文阅读教学实践的思考。虽然《如何有效运用阅读教学策略》中叙述的阅读教学策略是针对英文阅读教学的，但是语言规律是有相似性的，其中一些策略确实给了我们的语文阅读教学很多启示。然而中国语言文字背后有多意义性、文化性、模糊性的特点，因此研究语文阅读教学策略应该是更加有意义的，语文阅读教学中也有更多策略值得我们研究和讨论，在下一部分内容中笔者将针对语文阅读教学提出更有针对性的教学策略。

小学语文阅读教学策略的研究

一、常用阅读教学策略的内容

教师的阅读教学策略在课堂教学中起到十分关键的作用。笔者结合国内外关于教学策略的理论概述，收集了大量优秀的课堂教学案例，将从整合策略、对话策略、联想与想象策略、转化策略、读写结合策略、诵读策略六个常用的内容进行阐述，以期为一线教师带来有意义的指导。

（一）整合策略

整合（Integration）在英语中首先是一个普通词，关键含义有综合、融合、成为整体、一体化等。在一般系统中，"整"即"调整"，指调整系统中各要素的作用或功能；所谓"合"即"协和"，不是简单的集拢，而是指协调调整后的各要素的作用或功能为一种和合整体。据查，英国哲学家赫伯特·斯宾塞在1982年阐述生物进化论思想时，最早将"整合"（Integration）作为专门术语使用。在哲学意义上，整合是"指由系统的整体性及其系统核心的统摄、凝聚作用而导致的使若干相关部分或因素合成为一个新的统一整体的建构、序化过程"。

20世纪80年代初，J.M.德·克特勒从整合教学法出发，将"整合"界定为一种操作，通过这一操作，我们使不同的、最初分散的因素彼此相互依存，以让它们按照某一既定目的、以一种联结在一起的方式运作起来。

综上所述，可以从以下四个方面来理解"整合"：①要整合必须有一个"核心"，且这个核心具有很强的统摄、凝聚作用；②"整合"伴随着系统内部各要素的分散和重组；③整合的过程就是系统各要素建构、序化的过程；④系统中的若干相关部分或因素重新组合后，系统具有 1+1＞2 的功能。

我们认为阅读教学资源的整合主要有人文主题、语文要素、文体三个维度的整合，是这三个要素之间的相互关联的结果。统编版教材注重人文主题和语言要素的整合，以往传统教材注重人文主题和文体的整合。在实际教学中，我们需要以更开放的视角进行自由组合，打开学生思维表达空间，提升语文核心素养。

1. 教材资源的整合（包括单元内部、单元之间等）

（1）课文与课文的整合

在小学中高段的教学过程中，很多课文本身就具有较强的联系性，因此教师需要通过高效率的整合教学措施，使学生能够迅速地掌握举一反三的能力，为学生语文学习水平的整体提升做出必要的保障。在整合阅读教学模式中，课文与课文之间的整合需要从主题整合、知识点整合以及技能整合三个方面入手。例如在《俗世奇人》的教学中，由于《泥人张》和《快手刘》和它有很多相似之处，因此教师可以把三篇文章放到一起，让学生进行整合阅读，促进学生语文学习能力的提升。

在整合阅读教学当中，对于知识点进行整合，首先要明确教学的知识点是什么，也就是明确不同教学阶段的主要教学内容，而在了解了具体的知识点以后，才能根据课本当中的具体内容来确定教学的方法以及该如何完成对知识点的提炼。例如，在小学人教版的教材当中，4 年级语文上册某一单元的主题是"作家笔下的动物"，该单元当中编入了 4 篇描写动物的文章，分别为《白鹅》《白公鹅》《猫》《母鸡》。通过对 4 篇文章的分析可以了解到，这 4 篇文章的主要知识点是引导学生通过阅读来学习作家的语言特点，让学生了解该如何表达自己对动物的喜爱之情。

（2）单元和单元的整合

在整合阅读教学模式中，单元与单元之间的整合需要从主题整合、知识点整合以及技能整合三个方面入手。从主题整合的角度来谈，虽然教材已经按主题组成单元，但是教师教学时，不需要机械地按照教材编排按部就班地实施教学，而是可以根据教学的需要打破教材原有的结构安排。学生在人教版 3 年级语文下册第六单元课文中学习了《太阳》一课，了解了有关太阳的科学知识，教师紧接着带领学生学习第七单元课文中的诗歌《太阳是大家的》，进一步感受太阳的无私奉献，这样的学习会更有效果。除了对教材的编排顺序作出适当的调整外，还可以对教材中主题相近，或在内容、写法上相似的课文进行合并。如4年级语文下册第三单元和第五单元，作者都是在描述了大自然中的现象后谈出自己的感受和启示，这两个单元可以同时学习，以便更好地指导学生在生活中要善于观察才能有所发现、有所启发。

2. 课内外资源的整合阅读（包括同题材的单元整合、同一作家的作品整合等）

（1）课文的课外延伸

教师在围绕单元主题、结合组内课文，选择能进行整合阅读的材料进行教学时，可以从以下四个方面入手。

一是从作者延伸出去。了解作者的人生经历、创作风格，阅读作者的其他作品。如在3年级上册学习李白的《望天门山》，课前可以布置学生收集资料，了解李白的生平，可课堂上交流一下李白的其他诗歌，从中体会李白的豪放不羁。还可以在学习了王维的诗后，将王维与李白进行一个简单的对比，引导学生初步领略不同的诗人创作风格是不同的。

二是从文本延伸出去。教材中不少课文是从中外名著中节选而来的，如《临死前的严监生》《林黛玉初进贾府》，如果学生没有对原著有一个整体的印象，就容易断章取义，扭曲对课文的理解。因此要尽量推荐、指导学生阅读原著，以从整体上把握课文的内容和主题。

三是从写作手法延伸出去。如3年级语文上册学习了《富饶的西沙群岛》和《美丽的小兴安岭》，了解了"总—分—总"的写作方法，可以让学生关注一下自己在课外读过的文章中还有哪些也是这种写法。

四是从其他课程资源延伸出去。课标对"语文课程资源"的定义相当广泛，不但包括课堂教学资源，也包括课外学习资源。教师在教学中一定要充分认识并利用课外的众多学习资源，如电影、电视、戏剧表演、网络、自然风光等。学习了"我国的世界遗产"一组课文之后，学生了解了长城、颐和园和秦兵马俑的壮观，感受到了其带来的震撼。教师再布置学生从网络或报纸、杂志了解我国还有哪些世界遗产，以及对这些世界遗产的评价，这样更能深化主题，增强学生的民族自豪感。

（2）"综合性学习"的课内外结合

新课程更加关注语文的综合实践性，从五年级上册开始，每一册都安排了一次以"主题"的方式整合单元的综合性学习。在进行"综合性学习"时，找出"整合点"，使其与课外阅读融合起来，可谓一箭双雕。下面以 6 年级上册的综合性学习"轻叩诗歌的大门"为例来讨论课内外整合的策略。

"轻叩诗歌的大门"综合学习活动，分成"诗海拾贝"和"与诗同行"两大板块。教师选择了"古诗"这一范畴，让学生围绕"与古诗同行"开展综合性学习活动。由于学生在 5 年级已开展过两次这种综合性学习，具备了一些综合性学习的基础，所以，本次活动教师主要抓好策划、活动、交流、评价等几个环节。

虽然六年来学生已经积累了一定量的古诗词，但要在活动中得到充分的体现，还是需要对古诗词有更深更广地积累。因此，针对本次综合性学习，从开学初教师可以有意识地为学生提供古今中外的优秀诗篇，希望能让学生在有一定的量的积累的基础上，达到质的飞跃。

这就是在学生已有一定的诗歌积累的基础上，引导他们进一步走近诗歌，去"轻叩诗歌的大门"。综合性学习开始后，教师指导学生分小组、按题材去收集诗歌、背诵诗歌，这样，学生的收集避免了盲目性，主题更鲜明，学习效果会更显著。

在活动展示环节，学生通过小组展示主题诗词、古诗知识竞赛、吟唱积累古诗、诗歌朗诵会、写总结等丰富多彩的环节，领略古诗的韵味，走进经典诗文，将课内外学到的经典诗词融会贯通，在活动中真正提高语文素养。

我们认为，综合性学习活动是学生进行课内外阅读整合的有效支架，学生在主题视野下，整合已有知识，是知识向能力的有效迁移，教师应高效利用这一形式。

3. 跨学科的阅读资源整合（音乐与语文、历史与语文等）

不同学科的阅读资源整合依然可以从人文主题、知识与能力等角度进行整合。

许多美术教师认为引导学生理解、鉴赏作品比传授技能技法还要困难，因为情感是美术教学的重要特征之一，然而引发学生的情感，使之和作品产生共鸣，需要一定的铺垫。阅读教学实验的开展，在这方面又创设了新的途径。例如，在5年级美术课《童谣童画》教学时，教师请大家去阅读一些童谣、儿歌方面的书籍，并要求同学去读一读、唱一唱这些童谣儿歌。学生纷纷说出《排排坐》《点卯歌》《摇到外婆桥》《老鼠偷油》等童谣。学生在自己阅读吟唱童谣的同时对童谣中的情节和过程进行了形象化，不同程度地为他们童年的生命增添色彩，提升了审美水平，提高了形象思维能力。这样以阅读吟唱童谣儿歌为背景的美术综合性活动课程，达到了学科之间的一种呼应、一种融合。

综上所述，整合策略是教师有意识地将教材进行深加工，从认知的角度将相关内容之间建立关联，从而使学生理解得更有深度，锻炼其思维能力。

（二）对话策略

在语言学领域里，对话是指两个及多人以语言为媒介进行的交流和沟通；从解释学的角度看，对话是指对话双方各自基于自己的前理解结构，再通过理解双方而达成的一种视域融合，它不仅发生在人与人之间，还发生于人与物之间，如"人与文本的对话"；从社会学的角度看，对话是指一种交往和互动、沟通和合作的文化。

对话教学是新一轮课程改革所倡导的富有时代精神的主题教学理念，它是以主体间的平等地位为前提，教师、学生、文本成为对话主体参与到教学的过程当中，在这个过程中对话主体可以借助包括言语等各种媒介进行平等的交流，从而实现自我建构的过程。

"阅读教学是学生、教师、文本、教材编者之间的多重对话，是思维碰撞和心灵交流的动态过程。"语文阅读教学过程是教师、学生、文本以平等的地位，以文本言语为中介展开认知、思维、情感共融的过程，最后在这个沟通、交流的基础上实现学生个性化阅读，学生积淀了独特的阅读体验和语感，学生的批判性阅读能力随着自主学习能力的提高而提高的动态过程。促进学生自主学习能力的阅读教学的多种对话可以包括三种形态：生本对话、师生对话和生生对话。

1. 生本对话

学生与文本之间的对话是指学生对以教材为主要载体的文本的认识、理解、吸收和转化。

生本对话主要介绍进入文本对话策略。

首先，提高学生的期待视野。进行有效阅读的条件之一就在于看读者是否能够融入文本，进行移情式的理解。但是"一千个读者就有一千个哈姆雷特"，每个学生的阅读经验、情感经验、个性气质是不同的，换而言之，走进文本之前，每个学生对文本的期待视野是不同的，所以教师要有效地洞察、提高学生的期待视野，激发学生的阅读兴趣，只有这样，学生才能有兴趣走进文本，这时学生不是带着学习任务读文本，而是带着学习需要与文本发生对话。

所以教师在这个阶段一定要做好指导工作，如根据学生兴趣指导学生查找预习资料等，学生本已经带着兴趣走进文本，通过查阅资料的准备工作可继续激发学生的学习兴趣，带着强烈的期待视野走进文本。如教授苏教版小学语文3年级下册《恐龙》时，教师可以在预习时就分小组布置学生查阅雷龙、剑龙、翼龙等各种恐龙的资料，在课堂上学生可带着自己查阅的图片、文字资料、模型来，一堂课上下来，学生的学习兴趣很高。

其次，指导学生深入阅读文本。学生对于文本的阅读不应该浅尝辄止，而应该是一种由浅入深、由内容到意境的认知。所以在这个过程中，教师必须指导学生运用一定的阅读方法理解文本的主题和意蕴，从而指导学生完成移情式的心灵碰撞的对话过程。这个过程必须是一个抽丝剥茧、循序渐进的过程，其实这遵循了小学生的心理发展规律：好奇—质疑—解疑—探究—解决，如教师在布置学生预习《池上》时，导学提纲可以这样设置：对照课文中的图画理解诗句，联系自己的生活实际重点理解小娃"偷"时的心情，查找诗人白居易的资料并联系时代背景，想想诗人所要表达的思想感情。我们平时在布置学生完成语文阅读教学预习时也可以遵循这样一条主线：字—词—句—段—主要内容—思想感情等。

最后，指导学生与文本完成对话。"来而不往非礼也"，学生不仅要融入文本发生对话，更要走出文本，反思文本，这才标志着生本对话的最终完成。

因每个人的兴趣爱好、生活体验所造成的阅读差异，所以导致每个学生对文本的反思不同，每个学生都有自主创造的空间。这可以表现为学生对文本的再次理解和加工，学生对文本的反思，学生对文本的批驳等。但不管是哪一种反思都不应该是脱离文本的再创造，而应该是基于文本的一种建构，所以这也离不开教师对学生生成理解的指导。

2. 师生对话

教师与学生对话是对话教学的核心，有效对话教学的最终实现需要得到师生对话的支撑。

（1）倾听式教学策略

倾听式的教学策略是一种最常见的师生对话教学策略，也是营造平等、真诚的对话教学氛围的基本需要，有效的倾听式对话应该做到以下几点。

第一，平心静气，适时鼓励。在倾听的过程中，如果想全面、客观地把握对方的观点，那么平心静气是非常重要的，不是每个学生（特别是后进生）都能完整、准确地表达出自己的观点的，所以这就要求教师能够特别细心并耐心地听取对方的观点，适时鼓励和引导，这样才能使学生有完整表达的愿望和与其他主体对话的信心。

第二，注意引导，把握全局。在对话过程中，引导是非常重要的，这就要求倾听者注意引导，把握全局。在师生对话中，学生因种种原因极有可能无法完整地表达自己的观点，甚至天马行空导致对话主题偏离，这时教师需要细心观察，审时度势，在适合的时机调控对话全局并表达自己最有意义的观点，一语中的，以此保证有效对话教学的顺利进行。

第三，循序渐进，注重思考。倾听过程中倾听者要注意把握对方观点的"弦外之音"并注意思考，因为倾听的最终目的是为了对话，所以带有思考的倾听是非常重要的，只有由表及里、循序渐进地把握对方观点才有可能产生之后的有效对话。所以，按照此观点，传统教学中"独白式对话"也不是完全被否定的，只要课堂没有成为"一言堂"，教师没有掌控话语的霸权，学生和教师思维同步、情感共鸣，学生在倾听时有思考的空间，那么就是有效的对话教学。

（2）问答式教学策略

问答式教学策略是一种最传统的教学策略，这种策略是为一些稍微复杂的课文所设置的。因为学生在学习有理解障碍的课文时往往不得要领，如果用讨论式的教学策略，学生无法在与老师讨论时提出相应的问题，如果用倾听式的教学策略，往往是教师费尽口舌，学生仍是一片茫然或是学生天马行空，课堂对话完全偏离教学目标。所以如果根据教学目标和重难点用问答式的教学策略，一方面学生能结合自己的实际情况理解课文，另一方面学生能根据问题导向突破课文重难点，理清课文脉络。

但是，问答式教学策略一定要具备导向作用，教师设置的问题一方面要有一定的难度，能够激发学生的学习动机和兴趣，让学生有继续探究的欲望。另一方面，问题要有一定的深度，能够启发学生更深层次的思考，让学生有自主建构的过程。所以在对话教学中的问题一定要是具有启发性、创造性、整合性的问题。

（3）讨论式教学策略

讨论式教学策略是教学中较为稳定且常用的教学策略，尽管问答式的教学策略能给予学生比较系统的知识，但是围绕课文中心的讨论式的教学比较灵活和切合教学实际，学生较为喜欢。在讨论过程中教师应该围绕教学重难点问题来设计话题，并依此设计出逐层递进的讨论话题，在循序渐进的讨论氛围中激发学生主动生疑、解疑的动机，从而激发学生的自主学习性。在执教3年级语文上册课文《无字词典》时，一位教师是这样根据教学重难点来布置她的讨论的：将全班分为两个大组，分别是无字词典组和有字词典组，两个大组的讨论任务是解释"骄阳似火""惊涛拍岸"两个词，说明这样解释的好处在哪里。通过师生讨论，课文的脉络更清晰了，课文重难点也逐一被师生们轻易突破了。

3. 生生对话

生生对话是指学生与学生之间的对话，即学生之间围绕教学话题所展开的讨论和交流。

（1）论辩式教学策略

论辩式的对话教学重点落在了"辩"字上。当学生之间的观点出现对立时，讨论式的对话就会被论辩式的对话所取代。特别是教学气氛较为民主、自由时学生会更加渴望思想的交锋。通过论辩，学生不仅能提高运用语言的能力，同时也会加深对文本的解读。但是在论辩时教师必须紧扣文本选择合适的主题，不能为辩而辩，辩论的目的依然是要传授知识，同时也要营造一个积极、民主的教学氛围，让每个学生都可以自由思考、自由发言，不然，辩论很可能沦为形式，难以产生真正思想的碰撞。例如，在《马背上的小红军》中，围绕"陈赓大将是否应该为小红军的牺牲负责？"这一问题，学生们各抒己见，在论辩中提升了个人素养。

（2）角色扮演式教学策略

角色扮演对话教学策略常用于基础教育阶段，因为具有表演性和趣味性，所以非常受学生的欢迎。角色扮演要求学生根据角色和情境说出合适的话和做出合适的动作，根据小学生特别是低年级的学生好奇、爱动的特点，这种形式可以极大地激发孩子们学习的热情。如在教学苏教版2年级语文下册《猴子种果树》这篇课文中，教师通过小组合作扮演、排练话本剧的活动，提高了学生的学习兴趣，更在小组合作对话学习的过程中培养了学生自主学习的能力。

总之，只有围绕教学目标生成的对话教学才是有效的，加之学生思维发展不完善，所以在小组合作学习的生生对话中，应明确目标，找准合作学习的重点。但是，如果缺乏教师的有效指导，生生对话很容易偏离对话教学的主题并流于形式，所以教师指导下的生生之间的合作对话，一方面教师要给予学生足够的合作学习、思考、表达的时间，另一方面教师要适时引导，随时随地进行调控，让生生对话有章可循。

（三）联想与想象策略

联想和想象是使学生获得理解、体验文本的重要途径。

"联想"是指在读书的时候，我们看到书本上所写的内容，往往自觉或不自觉地把它们和别的事物联系起来的思维活动。

联想的范围是非常广泛的。有时候是把书本上所写的事物和道理与现实生活相联系。比如，我们读了白居易的诗句："野火烧不尽，春风吹又生"（《赋得古原草送别》），就会由野草顽强的生命力联想到革命事物也是压迫不倒、摧折不了的。读了陶铸的散文《松树的风格》，就会联想到那些具有共产主义精神的人，进而也许还会联想到自己也应该学习那种大公忘私的高贵品质。有时，联想是把书本上写的道理和事物与其他书本相联系。比如，我们读了陆游的诗："死去元知万事空，但悲不见九州同。王师北定中原日，家祭无忘告乃翁"（《示儿》），也许会联想到文天祥的诗句："人生自古谁无死，留取丹心照汗青。"读了吴敬梓的小说《范进中举》，也许就会联想到鲁迅的小说《孔乙己》等。联想活动在读书过程中几乎是随时存在的。

"想象"是指在读书的时候，我们看到书本上的描述，有时头脑里自觉或不自觉地浮现出书本上所描述的情景，比如，读了李白的诗："朝辞白帝彩云间，千里江陵一日还。两岸猿声啼不住，轻舟已过万重山。"我们的头脑里就会浮现出一幅长江三峡的宏伟壮丽的图景，仿佛自己也置身于一叶小舟之中，听见了两岸猿猴的啼鸣，看见了两岸高耸的青山，箭一般地飞驶到了江陵。又比如，我们读了长篇历史小说《李自成》，在我们心目中就会出现一个叱咤风云、纵横驰骋的高大的农民英雄的形象。随着小说的情节展开，我们和他一起运筹帷幄，一起参加战斗，为他的胜利而高兴，为他的挫折而担忧。

因此，联想是由一事物想到与之相关的另一事物，而想象是在头脑中创造出新的形象。郭沫若的《天上的街市》，诗人把彼此相似或者相关的事物连在一起，做了许多美丽的联想，例如：远远的街灯、天上的明星、无数的街灯、美丽的街市。接着诗人又发挥想象，描绘牛郎织女骑着牛，提着灯笼，涉过天河，自由逛街的画面。由此，引导学生发现：联想是由实到实，想象则是由实到虚。但在实际阅读中，二者往往交织在一起，结合来用。广泛的联想引起丰富的想象，丰富的想象又引起新的联想。

在阅读教学中，学生的联想和想象越丰富、越切至，就越容易进入文本营造的意境之中，理解也就越深刻。可是，教师不得不面对的现实是：传统课堂培养出来的学生擅长的是"听说读写＋背记默考"，而不是"想"。教师在阅读教学中让学生展开联想和想象，这样才可以丰富文本体验，让学生更深入地理解和思考。下面，笔者结合教学实践来谈一谈阅读教学中如何激发学生展开联想和想象。

1. 借助经验，绘出画面

学生在进行想象与联想时，一定会借助已有的生活经验和认知能力，在头脑中构筑画面，这是符合小学生的思维习惯和能力的，有助于学生建立对文本的情感体验。《宿新市徐公店》一诗贴近学生生活，在学习过程中，教师为学生设置了郊游的情境，让他们用自己手中的相机拍摄喜欢的画面并进行描述。有的学生关注稀稀疏疏篱笆旁的农家院，有的学生描述落花的树木和油菜花，也有学生如此描绘：在一条弯弯曲曲的小路旁，开了许许多多的金黄色油菜花，油菜花旁有一棵大树，树叶还没有成荫，树上的花已经飘落下来。有一个穿红衣服梳着两个小辫的小女孩，看见树下有一只美丽的黄蝴蝶，刚要抓住它，蝴蝶就飞进了油菜花里。由于蝴蝶的颜色和油菜花的颜色相同，小女孩分不清哪个是蝴蝶、哪个是油菜花了，她心想：既然蝴蝶飞进了花丛中，它一定很快乐，我就不再捉它了！学生能够站在自己的视角将诗中情景描绘出来，说明已完全理解诗句，体会到了作者当时的感受，这样的想象教学效果就初步达到了设计的目的。

2. 替换字词，催发想象

文本中关于词语的运用，细细品味，总是能够给人丰富的想象空间。《义犬复仇》中，多处可以进行换词，引发学生思考如果换成其他词会有怎样的效果，激发学生的想象能力。

狗嘴里仍咬着两根罪恶的手指头。

"仍"说明时间长，表现了文尔内对仇人的仇恨之深。如果去掉，无法想到文尔内丰富的内心世界。此时，如果加入"文尔内此时最想说的话是什么？"学生会进一步走进文尔内的内心，体会为什么它是一只"义犬"。

文尔内伤好后，被分配给另一名战士去引导。可它却不愿服从新主人的指令，变得焦躁不安，老是挣脱链子，跑到斯达罗被打死的地方哀鸣不止。

抓词体会："焦躁不安""老是""哀鸣不止"表现了文尔内对主人的无限思念。在"哀鸣不止"之处，依然可以让学生充分想象：文尔内，你在哀鸣些什么啊？进而为理解"义"搭出支架。

3. 扣住细部，巧妙关联

学习《钱塘湖春行》一诗时，教师首先用"回忆与春有关的成语和诗句"来导入，在学生列举出"草长莺飞""春寒料峭"等成语和"阳春布德泽，万物生光辉""碧玉妆成一树高，万条垂下绿丝绦。不知细叶谁裁出，二月春风似剪刀""竹外桃花三两枝，春江水暖鸭先知"等诗句后，再让他们依据生活经验大致判断这些诗句描述的分别是早春、仲春还是晚春之景。接着学生自主诵读《钱塘湖春行》，从字词中寻找"蛛丝马迹"进行类似的推断。学生的学习热情十分高涨，不一会儿就找到了近十个线索来证明白居易游览西湖是在早春时节。在这个围绕着春景进行推理的过程中，积极、主动的学习氛围迅速消除了学生与新诗的心理距离，并在这种顺畅的心理联系中以阅读积累和生活储备为桥梁，成功完成了对知识新的建构。

随着赏析的推进，学生因为生活环境的原因，普遍对"水面初平云脚低"和"乱花渐欲迷人眼"二句感到不解。为此，教师启发他们到刚刚学过的朱自清的散文《春》里搜索可以照应的句子。他们很快发现"山朗润起来了，水涨起来了"能够印证"水面初平"一句是描写早春的景象（一个细心的孩子甚至马上联想到《次北固山下》中的"潮平两岸阔"同样也是在描画春潮涌涨的浩渺之景）。"野花遍地是：杂样儿，有名字的，没名字的，散在草丛里，像眼睛，像星星，还眨呀眨的"则生动地阐释了"乱花渐欲迷人眼"的含义。与此同时，学生还惊喜地发现"小草偷偷地从土里钻出来，嫩嫩的，绿绿的"也能细腻地展现出"浅草才能没马蹄"的质感。在这个环节中，教师以文解诗，联系熟悉的现代文来解读陌生的诗句，收到了意料之外的教学效果。

4. 发现空白，妙笔填补

《丰碑》歌颂了红军战士们一心为公、毫不利己、专门利人的崇高精神。文章以《丰碑》为题，教学难点和重点就落在"丰"字上，为何称之为"丰碑"？它和普通的碑有何不同？以这一问题作为主线进行探究，就要去文章中重点突破这座"碑"的样子和内涵。这时候，教师的重点教学内容就是"碑"：

> 一个冻僵的老战士，倚靠一棵光秃秃的树干坐着，一动也不动，好似一尊塑像。他浑身都落满了雪，可以看出镇定、自然的神情，却一时无法辨认面目，半截带纸卷的旱烟还夹在右手的中指和食指间，烟火已被风雪打熄。他微微向前伸出手来，好像要向战友借火，单薄破旧的衣服紧紧地贴在他的身上。

这一段细节描写虽然十分传神，但是依然离学生的生活实际比较远，学生体会起来也比较难。同时这里也留下一片空白。教师可以设计的学习探究活动是"军需处长最后一刻最想说的话是什么？"。通过这一言语活动设计，学生可以联系上下文、结合环境描写以及将军的细节这一侧面描写，主动建构自己的言语活动，这对于学生理解"丰"字有着更为直接、更为潜移默化的作用。

（四）转化策略

面对小学语文文本教育逐渐僵化，教师为了固定的知识教授学生，学生获得的便是"死的""过时的"知识，同时教师的教学策略也是僵化的这一现实问题，教师应以一种更加开放、主动的方式看待文本学习，让学生在整个教学活动中不仅仅理解文本，更多地是一种心灵、情感上的体验。

我们认为转化策略是教师对文本进行深加工，设计有效的、开放的阅读学习活动，使学生在情境中获得较大的语言发展空间，进而提升学生阅读素养的有效手段。转化策略使用的前提是对文本的深度整合。教学中的文本解读在某种程度上影响着教师最后教学的方式，进而影响学生学习知识的程度。教师所进行的文本解读为整个教学设计打下了基础。教师通过对于文本的解读，分析出学生对于整篇课文的理解难点以及重点，决定着教师采取何种教学手段进行教学。

在对阅读文本进行了深度整合，把握了转化策略的使用原则之后，转化策略的使用应该呈现的方式是多样的，这样才能够真正地激发学生的阅读兴趣，掌握阅读策略。以下主要介绍两种形式。

1. 让不同的内容在多方会谈中达成一致

想要对阅读内容进行深入地探讨，可以借助不同的文本创作主体之间的内在关系，引发学生思考，进而深入体会文本。例如，《示儿》和《题临安邸》中诗人的情感问题、心思问题不是靠老师干巴巴地问出来的，有时候需要教师做一些迂回的加工，尽可能地创设情境使它形成联系，帮助学生逐步发现解决问题的途径。要盘活课堂，这是教师教学的艺术。

《示儿》和《题临安邸》两首诗主要采取了一种对比式教学策略，在对比的过程中，我们看到了种种反差。学生通过对话的对比提出了一个相同点——无论是陆游的话还是林升的话都饱含着一种期望，期望南宋王朝的军队能早日收复失地，希望国家能够振作起来，希望那些达官显贵能早日觉醒。这是陆游和林升共同的话语，是在学生的对话中实现的。因此，在教学设计中可以加入：如果林升和陆游相见，他们两个会说什么？

陆游：_____

林升：_____

陆游：_____

林升：_____

陆游：_____

这样，就将"体会诗人的爱国情怀"转化为两人的会谈形式，潜移默化地达成了教学目标。可见，教师要有意识地将教学目标化解，运用转化策略，巧妙地生成学生的语文能力。

2. 借助非连续性文本体会文本主题

阅读教学最终能走近学生的生活，为学生的生活所用，这是我们应该探究的一个重要方面。非连续性文本有时是可以给学生建立理解抽象的文本主题的有效途径。

例如，《夏洛的网》讲述了夏洛一生四次织网就是为挽救威尔伯的生命，它竭尽全力拯救威尔伯是为了实现生命的价值。那么什么是生命的价值？这一问题距离学生生活遥远。我们设置了这样的问题：你能为这幅图起个名字吗？

有学生起的名字是"仰望"。其阐述如下：我们平时很少注意到的蜘蛛看起来很小，长相丑陋，却默默无闻地做贡献，付出爱，不计回报，不仅自己实现了生命的价值，还帮助了威尔伯懂得了奉献，学会实现生命的价值，所以他是伟大的，威尔伯才要仰望他、敬仰他。这就是教师运用非连续文本将文本主题"生命的价值"通过学生的语言表达，使学生体会到付出、感恩就是"生命的价值"。这一非连续文本的使用，体会其主题就是有效运用了转化策略。

（五）读写结合策略

"读写结合"在我国有着悠久的历史。根据《教育大辞典》的定义，"读写结合"就是把阅读教学和写作教学结合起来，通过阅读教学提高学生理解语言的能力，吸收思想和写作营养，等学生写作时就能以此为凭借，表达思想情感，提高写作能力。阅读是吸收，写作是表达，只有二者互促，才能有效提高学生的读写能力。胡适先生论述读写关系时认为："看书得来的或者是听来的知识和思想都算不上自己的东西，只有用自己的语言重新组织过了，动笔写过了，才能算是自己的。"叶圣陶先生对阅读和写作关系的看法与胡适先生的观点相同，他在《国文教学的两个基本观念》一书中认为："写作的根是阅读，阅读与写作有着密切的关系，如同是吸收与倾吐的关系，吸收与倾吐都要合乎于法度。"可见，语文研究者们大都认为读写可以结合起来，区别只在于有些学者较重视阅读一面，有些学者较重视写作一面。因此当代语境中的"读写结合"应当可以有这些内涵：阅读于写作有促进其发展的作用，写作能从阅读中获得借鉴；写作反过来也能促进阅读，有利于阅读的理解和深化；二者相辅相成，相互促进发展。

国际上谈论的读写策略是以理解为核心，以思考为着力点，帮助学生寻找文本信息、获得意义的方法和技巧。可以说，读写结合策略贯穿于所有阅读策略之中，能够在课堂上展开使用就很有意义。读写结合的内容也较为广泛，例如，做笔记的策略、摘要的策略、归纳主旨的策略等。我们认为，教师教授读写结合策略的步骤可以包括：教师解释并示范读写策略—学生合作学习，领悟读写结合内容—教师总结点评学生读写结合成果。由此可见，教师对学生的读写结合策略的引导作用极其重要。

1. 深入分析文本特色，确立读写结合点

教材中的文章是教育专家精心挑选的，风格不一，语言形式多样，包含的情感也是多方面的，它们都是文质兼美的范文。那么，怎样才能使学生更好地学习文本、运用文本？笔者认为，教师应该在深入解读文本的基础上，确定读写结合点，达成教学目标，为阅读与写作搭建一座沟通的桥梁。

（1）以读促写，引导学生更好地理解文章的表达方法。

人们常说，"读书破万卷，下笔如有神"。由此可见，读与写密不可分，读可促写，读是写的前提，可以为写提供参考范式，给写以更多的启发。在教学中，教师可以紧紧抓住"读"，设计读写结合点，引导学生更好地理解文章的表达方法。

如《桂林山水》的结构很有特点。第三段第一句用"峰峦雄伟的泰山""红叶似火的香山"跟桂林的山作比较，突出桂林山的奇特。第二句用排比句具体地写桂林山的奇、秀、险的特点。奇峰罗列，形态万千——山形，色彩明丽——山色，危峰兀立、怪石嶙峋——山势。其中有形态的描摹，有联想比喻，有亲身感受，把山的形、色、势写得非常生动逼真。因此教师可以将这段中的排比句确定为本段的读写结合点。

首先学生自读课文第三段，画出自己最受感动的句子，并在旁边简单地写写自己的体会。然后全班交流讨论，谈体会。接着采用师生配乐合作读的方式。在此基础上，让学生说说自己发现这些句子有什么特点？学生很容易说出运用了排比句式并且每个句子句式相似的特点，从而明白课文表达上的特点。教师可以引导学生进行小练笔、仿写练习，找一个景物，抓住几个特点写清楚、具体。

这样学生就更好地理解了文章的结构特点，而且还能够运用排比句写出自己的读书体会，从而为阅读与写作搭建了沟通的桥梁。

（2）以写促读，引导学生更好地体会作者的语言特色。

写是人们进行情感交流表达的一种手段。通过书写这一过程，学生要明确怎么写、为什么写等问题，是对所学知识进行消化和运用的重要过程。写的过程中，就会受到所读内容中的词语运用、篇章结构等内容潜移默化的影响。以写促读，使学生在从感性到理性再回到感性的训练活动中受益，发展学生的分

析思维能力和创造思维能力。

如《北京的春节》一课，著名语言大师老舍先生，用他那如椽的大笔，"俗白"的风格、京味的语言，描绘了一幅幅北京春节的民风民俗画卷，展示了中国节日习俗的温馨和美好，表达了自己对传统文化的认同和喜爱。如在描写除夕一段时，开头第一句便点明了"除夕真热闹"，接下来便如家常般地写出了春节的热闹，从声音、色彩、味道等方面来写，可以说是调动了作者全身的感官来写，不仅让我们了解了北京的春节习俗，还感受到家家户户都是这么热闹，感受到那浓浓的年味、浓浓的亲情，领悟到传统民俗文化的内涵。

在教学这段时，为了更好地深入体会老舍先生语言的特点，教师在学生初步理解这段内容的基础上，设计了一个小练笔：请你也调动起自己的各种感官，写一写你是如何过除夕的。学生动笔写作，真实地写下自己的"除夕之旅"。仔细看同学们的习作，不难发现，学生运用了许多比喻句来写除夕的热闹，同时又加上了自己家人的语言、动作、神态等描写，可以说是一幅"特写"的除夕图，局限在自己这一家上。在此基础上，再让学生读课文这一段，想想自己这样写好，还是老舍先生这样写好？在对比中，学生不难发现：原来，写作不一定非得用华丽的词句，朴实简洁的语言也可以体会到人们欢欢喜喜过春节的心情，而且还更耐人寻味！老舍先生就是用他那独具特色的"京味"语言，描绘了一幅幅生动的民俗画卷！

需要指出的是，要想找准读写结合点，必须要深入解读文本，明确训练目的，从教材文本具有的特点出发来设计读写结合点。因此必须深入分析学生的学习情况，了解学生已知的、未知的内容，不要纠缠于课文内容的理解，而是要引导学生通过读写结合，更好地领悟文章的表达方法，更好地领悟作者语言表达的特色，点拨学生所不懂的，使学生有"柳暗花明又一村"、豁然开朗的感觉。

2. 挖掘文本特色，促进读写互动

（1）抓住文本的空白点，在想象的天地中驰骋

"言虽尽而意无穷"，文中总有空白，及时捕捉这些空白点，可以丰富文本内涵，把人物形象读高大、厚实。在阅读教学中，根据课文内容，可以变换叙述角度，进行多向改写。有的可以改变人称，有的可以改变叙述的顺序，还有

的可以改变体裁。转换一种表现手法，进行合理的创造性表述，不但可以增强学生的习作兴趣，而且可以提高学生的表达能力。

《梅花魂》中莺儿在聆听外祖父寄语时才 5 岁，对于外祖父口中梅花的骨气、灵魂、品格是无法全部理解的，更无法明确什么是梅花的秉性。但是，外祖父的三次落泪与谆谆教诲都体现着外祖父浓浓的思乡情和爱国志。这样的志向需要传承，那么，长大后的莺儿懂了吗？因此教师在教学设计时创设情境，让文中的莺儿长大，提供陈慧瑛老人一生经历的资料，让学生在课外资料拓展的前提下进行角色交互，赋予学生主人公的角色，切实体会后辈对外祖父嘱托的理解，感悟外祖父眷恋祖国的心情。

（2）抓住文本的语言训练点，在仿写中领悟写作方法

《小学语文课程标准（2011）》指出：工具性与人文性的统一是语文课程的基本特点。简而言之，便是"文道统一"。"文"，是指文章的语言文字以及一切表现形式、表现手法；"道"，是指通过语言文字所表达的思想内容以及由此而体现出的作者的感情、倾向。在教学过程中，既要重"文"，也要重"道"。

如人教版 3 年级语文上册《秋天的雨》中，有这样一句话："黄黄的叶子像一把把小扇子，扇哪扇哪，扇走了夏天的火热。"在引导学生反复朗读、感悟的基础上，抓住这个句式的特点，可以设计练笔"_____像_____，_____。"，引导学生仿写，在仿写中体会秋雨所带来的色彩。有的学生是这样写的："红红的苹果像小孩的笑脸，笑啊笑啊，笑来了秋天的丰收。""雪白的棉花像天上的白云，飘啊飘啊，飘来了秋天的凉爽。""紫色的葡萄像珍贵的玛瑙，串啊串啊，串出了秋天的项链。"……你看，学生的练笔多么形象，多么生动！这样抓住文本的语言训练点，既加深了对课文内容的理解，又让学生在仿写中体会到这样写的好处，领悟了文章的写作方法，可谓一举两得。

（3）抓住文本的拓展延伸点，开阔学生思维，用我手写我心

拓展延伸点既是课内阅读与课外阅读的衔接点，也是文本理解向习作练笔过渡的有效落脚点。拓展延伸点或关注文本的背景，或链接到相关的事件，或引申到类似的事物，总之，能够开阔学生的思维，起到事半功倍的效果。

如北京版 6 年级语文下册《我看见了大海》一课，讲述了一位平凡的继父想尽一切办法帮助"我"从一个身体畸形又从不出家门的女孩儿成长为独立

生活、自食其力的人的故事，表现了继父对"我"深沉的爱，以及"我"对继父的无比感激之情。这是一篇进行情感教育的好文章。学完课文后，就可以设计这样一则练笔：你在生活中从哪些平凡的事物中发现了父母亲那"看不见的爱"？用自己的笔写下那些平凡事物中的大爱吧！从而引导学生学会从日常生活中发现爸爸妈妈的爱，在写作的过程中有所感悟，抒写自己的真情实感，用我手写我心，表达自己的真情实感。

综上所述，在课堂教学中，读写结合要想收到实效，要想达到高效，教师的引导至关重要。既要重视预设，更要注重生成。教师要注意抓住时机来引导，多鼓励学生。只有这样，才能真正实现读写融为一体，以读促写，以写促读，读写互动，在互动中切实提高学生的阅读能力。

（六）诵读策略

在教学过程中，诵读是一项把书面语言转化为发音规范、声情并茂的有声语言的再创造活动。它能发展学生的思维，激发学生的情感，培养学生的语感，提高学生的语言表达能力，这是一项重要的语文基本功。因此要学生充分地读，在读中整体感知，在读中有所感悟，在读中培养语感，在读中受到情感的熏陶。在诵读教学中，应该采取的主要策略如下。

1. 巧妙设境——让学生产生诵读期待

让学生发自内心地愿意读、喜欢读，对诵读产生浓厚的兴趣，是诵读教学的第一要务。在教学中，要充分利用小学生好动、好胜、好奇等心理特点，巧妙地创设各种情境，从而提高朗读教学的效率与质量。如导语设疑：在执教《鸟的天堂》一课时，上课伊始，教师这样开场："同学们，今天我们要学习第十一课《鸟的天堂》，可奇怪的是，这个'鸟的天堂'却没有一只鸟，你说这是真的吗？为什么作者会这么说呢？让我们走进文本，去探个究竟吧。"一说完，学生已跃跃欲试，想争个头功了。此外还可以利用追问、反诘、幽默等手法调动学生的参与热情。比如，表演读，小学生强烈的好胜心使得表演读成了他们最喜欢的朗读方式。借助表演的方式进行朗读，是在理解课文的基础上进行的，它富于趣味性、形象性，学生通过丰富的语调，形象逼真的表演，再现了课文的情境，增进了对课文的理解和感悟。当然并不是每篇文章都适合表演读，它只适合于那些情节性较强的文章，如《将相和》《小珊迪》等。

2. 大胆取舍——把时间用在点子上

诵读教学也需要教师在课堂中将时间放在关键的内容上，这样才会充分发挥其作用。在对《鸟的天堂》一文进行诵读指导时，教师应重点抓住其中的第八自然段、第十一、十二自然段进行朗读指导。第八自然段作者运用了联想的修辞手法，生动地表现了大榕树的生机勃勃。最后一句"这美丽的南国的树！"更是在前面描写的基础上强烈地表达出了作者对大榕树的赞美之情。第十一、十二自然段，作者从鸟声、鸟影、"我们"的眼睛等几方面进行描写、衬托，没有用一个"多"字，却明显地让人感觉到"鸟的天堂"里有数不清的鸟儿。这与第一次经过"鸟的天堂"时的所见所闻形成了鲜明的对比。大胆、有效地取舍，避免了"一把抓"的广而不实，把精力和时间用在了点子上，目标更明确，品悟更充分，训练也更有效，切实提高了学生品悟语言文字的能力，积累了语感。

3. 品词析句，巧抓关键

在指导诵读中，我们要善于发现文章的"眼睛"，抓富有表现的词语，渗透技巧。如品读"烟花三月下扬州"中"下"之精妙：教师可以通过把"下"字换成"去、往"等词语的办法，体会有什么不同。再通过出示地图，了解黄鹤楼和扬州的地理位置，学生结合地图，可感受到：由武汉乘船到扬州是由长江顺流而下，是下行，所以说"下扬州"。一个"下"字，写出了行船轻快，一个"下"字也流露出了诗人对扬州的向往之情。此刻顺势指导诵读：那么"下"字就读得明快，不拖音，"扬州"尾音稍上扬，传达向往之意。诵读的技巧（重音）就在这品析词句中自然而入。

4. 发挥想象，再现情境

提升学生诵读的有效途径是有效发挥学生的想象，使其深刻进入情境当中，体会作品表达的情感。例如："孤帆远影碧空尽，唯见长江天际流"的诵读。教师先让学生通过借助生活的积累想象画面：诗人在黄鹤楼边送行，看着友人乘坐的船挂起风帆，渐去渐远，越去越小，越来越模糊了，只剩下一点影子了，最后终于消失在水天相接之处，而诗人仍然久久伫立，此时只看见那滚滚的江水向东流去……接着，教师再借用多媒体创设情景，以课件出示帆船远去、江流天际的浩瀚画面，当音乐响起时引导学生诵读——"孤帆远影碧空尽，唯见长江天际流"。若学生依然读不出其味道，教师稍做技巧提示就可以了。

二、本研究取得的教学效果

（一）课堂教学改变

教师的课堂阅读指导意识有了明显的提升。传统的语文阅读教学中，教师存在着为追求上课进度，采用"题海战术""代替学生阅读"等一系列问题。但是，在"如何有效运用阅读教学策略"研讨会之后，教师们对于阅读打开了全新的审视视野。教师能够在上课之前，做大量的阅读指导策略准备，在课堂上给学生充足的阅读时间，采取尽量有效的教学方式，提升学生的阅读成绩。在日常的阅读教学科研中，教师也逐步将研究重点转向"阅读教学策略"的研究，很多教师在一些杂志发表论文，还有的教师参加教师论文大赛，在大赛中取得优异的成绩。

教师的阅读教学策略运用理论素养逐渐深化。相比于之前对于"阅读策略"和"阅读教学策略"教师都存在认识模糊不清的现状，教师的理论素养不断得到提升，明晰了相关重要概念，并在策略内容方面有了自己的研究心得。工作坊开办期间，共收集到六十余篇论文，内容涵盖小学语文低、中、高三个学段，策略内容包括 12 种，可见，研究内容广泛。杨淼老师在《有效运用推想策略进行语文教学》中重点以《奇异的琥珀》为例，阐述推想策略的运用；荀文娟老师在《转化策略在小学语文高年级阅读教学中的有效运用》中，从转化策略使用的前提、原则以及呈现方式三个方面进行阐释，力图给小学语文高年级阅读教学方式提供有效参考；孙丽娜老师在《在创设情境阅读策略中培养学生的语文素养》阐述了创设自由的情境，扎实语文基础；创设问题情境，发展思维；创设实践活动情境，培养自主能力；创设构建联系的情境，提高审美情趣。除此之外，还有很多优秀的研究成果，这也充分证明，教师的阅读教学策略理论素养在不断提升。

教师的阅读教学设计能力不断提升。理论的研究一定要经历实践的检验。

参与研究的教师们还在一线教学中深入挖掘阅读教学策略的使用方法和路径，形成了一定的实践经验，不断修改并书写了一些教学设计。例如：卢红老师运用"关联策略"设计了《卖火柴的小女孩》，在课堂教学中四次出现相关资料，帮助孩子透过作品深入理解作者；张蕊老师在《草地夜行》中重点使用了"想象策略"，设计了如下的教学流程：情"境"导入，知路难—想象情景—渐入佳"境"，品人物—想象语言—"境"心敏行，悟表达—想象内心—人"境"迁移，巧拓展；唐胜楠老师在《梅花魂》中运用读写结合策略，在教学设计时创设情境，让文中的莺儿长大，提供陈慧瑛老人一生经历的资料，让学生在课外资料拓展的前提下进行角色交互，赋予学生主人公的角色，切实体会后辈对外祖父嘱托的理解，感悟外祖父眷恋祖国的心情。

经过教师们的读书、思考和交流，他们的自身素养不断加强，给课堂教学带来了诸多改变，学生能够在教师的指导下，更加全面深入地进入阅读状态，提高阅读能力，建立语文核心素养。

（二）学生阅读成效

在课堂教学状态改变之下，学生的阅读情况有了很大的改变，阅读成绩不断提升，主要有以下几个方面。

学生的阅读积极性大大提高。相比于之前的学生阅读兴趣不高的情况，自从教师在课堂上有效运用教学策略，把大量时间交给学生，让学生立足文本，更要超越文本，学生的经验世界充分被激发，积极主动参与文本意义世界的建构。孩子在参与构建的过程中，感受到自主意识，这样也为拓展阅读的外延空间打下了基础，唤醒学生自我，实现有效的意义建构的新突破。很多学生在上完教师的一节阅读课之后，对与之相关的阅读书目产生浓厚的兴趣，班级阅读氛围提升很快。在荀文娟老师教完《义犬复仇》之后，很多学生对"狗"这一形象产生了浓厚的兴趣，纷纷找来相关的书进行阅读，比如《忠犬八公》《我在雨中等你》《巴别塔之犬》等。为让学生能够总结分享自己的读书心得，教师又开展了一次交流分享课，学生们各抒己见，积累了丰富的阅读体验。

学生的阅读方法更加全面有效。学生们在老师阅读教学策略的有效指导用下，深入阅读文本，发展思维能力，掌握了诸多的阅读方法和策略。例如，学生在自读《夏洛的网》之后，只能在故事方面了解人物品格，理解比较粗浅。在教师的分享课后，孩子们学会了读小说就是要读情节—分析人物形象—体会作品主题。按照这样的阅读思路，很多孩子放下了对阅读中长篇小说的恐惧，敢于拿起书，抓住作品的主线，进行这一线性思考。因此，学生在一部部作品当中运用所学的精读、泛读、批注、预测和想象等一系列的方法和策略，体会阅读的乐趣。

学生的阅读迁移能力不断增强。带着在课堂中的所学、所思和所想，学生逐步掌握了阅读技能，而阅读这一信息化时代重要的生存技能必将会为人的发展进步起到关键的作用。在一次春游活动中，得知活动地点是故宫之后，很多孩子自发去图书馆查阅相关资料，有的还去网上搜索信息，全面整合信息、挑选信息，形成自己的研究探索专题，并充分分析信息，形成了自己的研究视野和切入点。在出发之前，班级举办了"我眼中的故宫"展示会，学生们充分运用所掌握的阅读能力，完成了具有个人见解的表达。在游览之后，孩子们又分享了感受。这一从文本出发、主题探究式的项目式学习是学生迁移阅读能力的有效表现。由此可见，在教师有效运用阅读策略之下，学生的阅读迁移能力、解决问题的能力也在不断增强。

综上所述，教师有效阅读教学策略的运用，正在使学生透过阅读，全面提升个人素养，为学生发展成为一个更为全面的人奠定坚实的基础。

第二部分

小学语文阅读教学策略之教学设计篇

西门豹

北京市通州区于家务中心小学　史艳会

<table>
<tr><th colspan="6">教学设计基本信息</th></tr>
<tr><td>选择策略</td><td>关联策略</td><td>学　段</td><td>第二学段</td><td>年　级</td><td>4 年级</td></tr>
<tr><th colspan="6">指导思想与理论依据</th></tr>
<tr><td colspan="6">2017 年版《普通高中语文课程标准》中提道：“语文学科核心素养是学生在积极的语言实践活动中建构起来，并在真实的语言运用情境中表现出来的语言能力及其品质；是学生在语文学习中获得的语言知识与语言能力、思维方法与思维品质、情感态度价值观的综合体现。”基于此，我在本次教学设计中，注重创设语言学习的真实教学情境，通过文本内部联结引发学生思维的前后勾连，同时借助文本间关联，让学生从历史角度多元认识西门豹，借此突破教学难点。</td></tr>
<tr><th colspan="6">教学背景分析</th></tr>
<tr><td colspan="6">教材分析：
《西门豹》一课是京版语文教材第八册第六单元中的一篇。这一单元以中华传统文化为依托，通过古诗、历史故事、寓言等方式，引导学生感受传统文化的魅力。而《西门豹》一课作为历史故事，通过对西门豹巧使妙计、造福百姓的描述，让学生以事看人，了解到西门豹是个有智谋同时又一心为百姓考虑，敢于破除迷信的人。文章前后联系紧密，层次清晰，前文主要描述了西门豹向老大爷调查原因，后文则叙述了他为了解决这些问题都做了哪些事，由此我在教学设计中大量使用关联策略，让文章层层推进，步步落实。又因为本文文体是故事性文章，非常适合情境化教学，因此，学生在学习过程中代入感很强，能够为了解决问题而积极地学习语言。
学情分析：
4 年级学生虽然仍以段落教学为主，但大部分学生已经有联系前后文学习的能力，也有了逻辑段学习的能力。他们具备对重点句和关键词的查找分析能力，大部分学生有了一定的小组合作学习经验，对故事情节较强的文章学习兴趣浓厚。
但是，学生对建立文章内部一一对应的逻辑关联性思维能力还相对薄弱，因此本节课通过引导学生联系全文看待西门豹治邺的方法，进而体会西门豹人物特点是学习的突破点。</td></tr>
</table>

续表

教学目标
了解西门豹注重调查研究、将计就计惩办首恶、教育群众以及兴修水利的事迹。 　　聚焦人物言行特点,了解西门豹计谋的巧妙,知道西门豹是我国历史上一位敢于破除迷信、为民除害兴利的人物。 　　引导学生建立语文学习的整体联系,发展思维,受到中华民族传统文化的熏陶。 **重点:**联系前后文了解西门豹惩治首恶、教育百姓的过程。 **难点:**理解西门豹计谋的巧妙之处,能借助事件(多角度)评价人物。

教学过程

一、借助词语,回忆内容

1.上节课我们学习了《西门豹》这篇课文,这些词语你们还认识吗?读一读,你有什么发现?

田地荒芜　人烟稀少　提心吊胆　面如土色　开凿渠道　灌溉庄稼

2.你能根据这些词语的提示,回想课文分了几部分,每部分都讲了什么吗?

第一部分:调查原因。

第二部分:惩治首恶,教育百姓。

第三部分:兴修水利。

【设计意图】联系与课文内容相关的词语,通过词语的分类,引导学生能初步联想到课文每部分的内容,为联系前后文学习做好铺垫。

二、四问四答,调查原因

1.西门豹初到邺这个地方,就发现田地荒芜、人烟稀少,就找老大爷了解情况。我想找一位老大爷来跟我对话,其他同学想一想,从我们的对话中,你明白了什么?(师生对读第一次对话)

出示:西门豹问:"这里田地荒芜,人烟稀少是怎么回事?"

　　　生:他明白了百姓迷信。

2.接下来,请同学们默读后三次对话,想一想,西门豹又明白了什么?

出示:西门豹问:"这话是谁说的?"他明白了 ＿＿＿＿＿＿＿＿＿＿。

　　　西门豹问:"新娘是哪儿来的?"他明白了 ＿＿＿＿＿＿＿＿＿＿。

　　　西门豹问:"那么漳河发过大水没有呢?"他明白了 ＿＿＿＿＿＿。

　　　生:明白了——罪魁祸首:巫婆、官绅。

　　　受害者:穷家女孩。

　　　实际情况:闹旱灾。

【设计意图】了解邺地田地荒芜、人烟稀少的原因,知道西门豹是个注重调查研究、做事有准备的人。为后文西门豹解决问题的方法建立前提,初步引导学生发散思维,也为联系后文做好准备。

三、聚焦言行,了解巧计

1.原因找到了,让我们来看看西门豹是怎样做的吧,这本书中有这样的记载:

"西门豹为解谜团，于河伯纳妇之日将计就计，巧将吏巫投掷河中。百姓幡然省悟。"

（1）请同学们自己读一读，你读懂了什么？（西门豹是怎样巧施妙计解决问题的呢？）

（2）学习活动：请同学们默读课文第二部分，思考：你是从哪儿看出他计谋的巧妙的？在书中画一画，然后小组合作交流，把你的依据用简练的词句概括出来，写在学习单上。

2. 选择不同的小组结果贴在黑板前，并做交流。

预设一：巧救新娘

"不行，这个姑娘不漂亮，河伯不会满意的。"

请你读一读这句话，你有什么发现？（连用了三个不字）

西门豹连续的否定想表达什么？

你要是西门豹你会怎样说这句话？

预设二：巧惩首恶

"麻烦你去跟河伯说一声，说我要另外选个漂亮的，过几天就送去。"

"怎么还不回来，麻烦你去催一催吧。"

带着你的理解，读一读这两句话，有什么发现？为什么要这么客气呢？那我们应该怎么读？

你觉得，当时巫婆会不会挣扎或者求饶？百姓看了分别会有什么感受？

老师也想跟你们读一读，我读旁白，你们读西门豹的话。

（分角色朗读第十段）

预设三：巧育百姓

（如果学生找到这两处，就过渡到教育百姓上去。）

官绅们害怕的样子——引：为什么这儿体现出计谋巧妙？（官绅们为什么会这样？百姓看到他们的样子会怎样？）

或者"又要把他们扔下河"——引：扔了吗？为什么这次不扔了？（留着让百姓看到他们害怕的样子）

3. 创设情境，想象：

等了一会儿……

西门豹面对漳河站了很久。……

西门豹说："好吧，再等一会儿。"……

这一幕就发生在西门豹在漳河边站了很久之后，其实，课文中关于等待的描述一共有三次，每一次等待，西门豹的目的都不一样，让我们一起来到漳河边看一看吧。

图一（巫婆被扔）：

巫婆被扔进了漳河，你就是旁边的官绅，你在想……

你就是岸边的百姓，你在想……

等了一会儿，卫士把官绅头子也扔进了漳河，西门豹站了很久，这时岸边的官绅们纷纷跪地求饶，他们可能会说……

图二（官神求饶，百姓议论纷纷）：

看到这样的场景，百姓们议论纷纷，他们可能在议论什么呢？

4.这一天，漳河边站满了百姓，老百姓都明白了。（出示：读第12自然段）

【设计意图】抓住人物言行特点，了解西门豹惩治首恶、教育百姓的过程。通过建立文本内在联系的思维方法，了解西门豹计谋的巧妙。以开放式探究的方式，进一步培养学生思维发展。

四、借助关联，评价人物

1.现在让我们再来看看西门豹解决问题的办法，你发现了什么？你觉得顺序应该怎样放？为什么？（学生没发现：想办法是为了解决问题，那你能把西门豹解决问题的办法和他调查到的原因对应起来吗？）

2.兴修水利。

西门豹巧用智谋，解决了邺地的人祸，让我们看看还有哪个问题没有解决呢？（旱灾）

他是怎样解决的呢？兴修水利。（出示：齐读第13自然段）

想象一下：昔日的邺地……今日的邺地……

3.借助板书总结：西门豹先调查原因，了解了情况，然后巧施妙计，不仅解救了新娘，惩治了首恶，教育了百姓，还从实际出发解决了旱灾，你认为他是一个怎样的人？

4.练笔。

因为西门豹治邺有方，深受人民爱戴，后人还为他修建了西门豹祠，但是这座祠堂在战争中被损毁，现在要重建西门豹祠，你能通过他的故事，向人们介绍他吗？

正是因为他的智慧、谋略才被记载入《史记》这本书中"滑稽列传"篇。这一篇专门记载的是机智聪敏、能言多辩的人。

【设计意图】巧用调查原因和解决办法调序的方式引导学生建立语文学习的联系，发展思维，受到中华民族传统文化的熏陶。能全面地评价西门豹。

五、作业布置

1.推荐阅读《少年读史记》。

2.阅读西门豹的故事。

3.借助板书，讲故事。

板书设计		
调查原因	解决方法	西门豹
百姓迷信	教育百姓	
罪魁祸首：巫婆、官绅	惩治首恶	智　慧
受害百姓：穷家女孩	巧救新娘	
闹旱灾	兴修水利	为民着想
（黑板贴可移动）		

（续表）

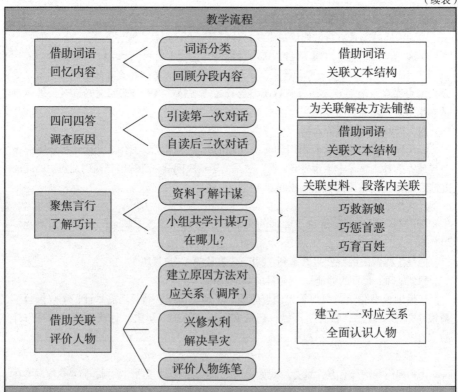

设计说明

一、文本内部的关联

【整体行文结构的关联】调查情况和解决方法的对应

西门豹初到邺地，与老大爷的"四问四答"让我们清楚地知道，田地荒芜、人烟稀少的原因可以分为天灾和人祸，又可以细分为：老百姓迷信、官绅和巫婆是首恶、受害的是穷人家的女孩、年年闹旱灾。

联系后文我们得知，西门豹的应对方法恰好与他了解到的这些原因一一对应。他用新娘不漂亮为理由，解救了穷人家女孩；又将计就计惩治了首恶巫婆和官绅头子；巧妙地借助了等待的时间，震慑了其他官绅，进而达到教育百姓、破除迷信的目的。这一计谋巧妙地让百姓看到了事情的真相，起到解决"人祸"的作用。那么天灾如何解决呢？西门豹又从实际情况出发，利用漳河水，带领百姓开凿了水渠。

【语言训练的关联】三个不、两次麻烦、两次投河、三次等待

三个不、两次麻烦、两次投河：

反复地否定，为的是让巫婆没有理由拒绝，可以看出西门豹解救新娘的坚定，而"麻烦"说明当时西门豹的态度客气，表面是在演给百姓看，实际上是为了让被扔的巫婆和官绅头子进退两难。

（续表）

三次等待：

第一次等待时间较短，是为了接着找理由把官绅头子也扔下河，第二次等待时间最长，这也是西门豹为达到最终目的而做的行为，长时间的等待能威慑官绅们，让他们自己露出马脚，这样百姓们就能明白了，所以最后一次等待，西门豹只是等了一会儿，看到百姓开始议论纷纷就让他们都回去了，说明他已经达到了最终的目的。

因此在教学中，可以借助这三次等待的机会，让学生体会官绅和百姓的心理变化，进而经历百姓明白的过程。

【事件与人物评价关联】

西门豹的每一次行为都能反映出他的人物性格，要引导学生全面评价：他去调查原因，说明他注重调查，是个做事前有准备、认真的人；他想到了一箭三雕的计谋，解决了问题，说明他是拥有智谋的人；他能从长远考虑，为百姓造福，说明他不仅有远见，而且是个为民着想的好官。

二、文本与历史资料的关联

1.《史记》中关于西门豹治邺的记载可以帮助学生理解文章内容：

"西门豹为解谜团，唤醒百姓，暂撤禁令。于河伯纳妇之日将计就计，巧将吏巫投掷河中。百姓幡然省悟。"

这段《史记》的原文，直接告诉我们西门豹将计就计，巧施妙计，解决问题，我由此处入手，关联核心问题，直接让学生发现他计谋的巧妙之处，进而体会西门豹是个有智慧的人。

西门豹的故事被收录在《史记·滑稽列传》中，可见，司马迁认为，西门豹拥有"谈言微中，亦可以解纷"的非凡讽谏才能。

关于西门豹的故事还有很多，我们也可以查询到：

西门豹为臣:《西门豹罢官》——尽职尽责。

西门豹治军:《寓兵于农，藏粮于民》——有勇有谋、不欺百姓。

进而我们可以联想到：

西门豹为官:《西门豹治邺》——足智多谋、为民着想。

因为时间关系，这部分内容我作为课后作业，为学生拓展关联。

关于西门豹祠：西门豹因为治漳河有功，深受百姓爱戴，后人为他修建祠堂，该祠于1924年毁于战火，现仅存宋、明、清和民国时的石碑，但是大部分石碑上字迹漫漶，难以辨认年代了。

以此为情景，创设练笔环节，介绍西门豹，让学生能够全面了解和认识西门豹。

螳螂捕蝉

北京教育科学研究院通州区第一实验小学　于子洋

教学设计基本信息					
选择策略	关联阅读	学　段	第三学段	年　级	6 年级

指导思想与理论依据

　　课标要求，在完成教学任务的过程中，加大学生自主学习的空间，继续培养听说读写的能力及良好的学习习惯。阅读是个性化行为，应加强对学生阅读的指导、引领和点拨，但不应以模式化的解读来代替学生的阅读实践、体验和思考。教师要善于通过学生合作学习解决阅读中的问题，但也要防止用集体讨论来代替个人阅读。因此，本课中有自主学习，也有小组讨论，根据学生的实际情况进行引导、提炼和提升。

　　关联理论认为人与人之间的交际过程是一种"明示—推理"的过程，通过寻找对话中的最佳关联得以实现。文章作者通过书面的文字表达自己的想法与意图，读者对作者的思想感兴趣，并通过书面文字试图找出一种对作者意图的合理解释。关联理论把语境看成理解某个话语所使用的各个前提的集合，而构成语境的内容主要包括上下文、会话含义和百科知识三方面内容。本课抓住文本内部关联、课内外关联来帮助学生理解文本。

教学背景分析

教材分析：

　　本课是本册教材的第六单元的第二篇课文，属古诗文阅读专题单元。本单元围绕主题安排了两篇精读课文：《古诗四首》《螳螂捕蝉》。它们分别属于古诗和寓言，意在让学生受到传统文化艺术的熏陶，进一步培养热爱祖国传统文化艺术的思想感情。本课强调在完成教学任务的过程中，加大学生自主学习的空间，继续培养听说读写的能力及良好的学习习惯，因此在突破难点——"为什么'螳螂捕蝉'的故事改变了吴王的想法"，也就是在少孺子的劝谏技巧的使用这个问题上，给学生提供充足的历史资料，帮助学生学会在资料中提取有效信息，通过自主学习，解决问题。

学情分析：

　　对寓言故事，学生非常乐于阅读。但学生往往只注意故事的情节，不善于思考其中蕴含的道理。本课情节简单，语言通俗易懂，让学生通过自读并从中明理并不难，

（续表）

但学生对春秋时期诸侯争霸的形势缺乏了解，所以有必要给学生补充相关的背景知识。在此基础上，帮助学生认识到少孺子是个爱国、有谋略、机智、勇敢的人。他的巧妙劝谏让吴王心悦诚服，放弃了攻打楚国的决定。

教学方式：

1. 自读自悟。

2. 小组合作探究。

教学手段：

1. 提供视频资料及文字资料，了解历史背景。

2. 提供自学空间，让学生自主思考。

技术准备：

1. PPT 课件。

2. 视频资料。

教学目标

1. 理解课文内容，在懂得做事情全盘考虑的基础上，体会少孺子巧谏的方法和意义。

2. 能够对少孺子的形象作出评价。

教学过程

一、复习导入

1. 自读课文，根据课文的起因、经过、结果复述课文。

【点拨】我们把课文的三要素串联起来，就知道了主要内容。

2. 文章开始说：吴王欲伐荆，结尾吴王却罢其兵，这是为什么呢？

【点拨】解释"谏"字。

3. 出示春秋时期历史资料视频。

【设计意图】

1. 加深对课文内容的理解，发展逻辑思维，提高口头表达能力。

2. 整体感知课文内容，为具体学习少孺子的话做准备。

二、理解少孺子的劝谏

（一）理解劝谏的内容："螳螂捕蝉"的故事

1. 学生自读课文，填写表格。

2. 交流答案。

3. 核对答案。

4. 成语及寓意。

【板书】螳螂捕蝉，黄雀在后。

（二）学习劝谏的效果

1. 为什么吴王听了"螳螂捕蝉"的故事以后会放弃攻打楚国呢？

2. 读资料，想想吴王听了这个故事心里会想些什么？

3. 对于吴国而言，眼前的利益和隐伏的祸患分别是什么？

【板书】吴王伐楚，齐越在后。

4. 引出"此三者皆务欲得其前利，而不顾其后之患也"的道理。

【点拨】学习古诗文的时候，查阅历史资料是一种关联学习的方法。以后遇到类似的课文，可以在自学中补充资料，加深对课文的理解。

【设计意图】

1. 理解蝉、螳螂、黄雀的利弊各是什么。

2. 初步感受只顾眼前利益，不顾身后威胁的寓意。

3. 学会"画、批"资料，提取自己需要的信息。

4. 通过资料，理解吴国当时的处境，帮助学生理解吴王将"螳螂捕蝉"的故事与自己的实际联系在一起，从而明白了伐楚的危害。

5. 通过两次总结出的道理，让学生深刻认识到"此三者皆务欲得其前利，而不顾其后之患也"的道理。

三、体会少孺子的人物形象

1. 大臣们都看到了攻打楚国的祸患，为什么只有少孺子进谏成功了？

【点拨】巧谏。

2. 对比人教版白话文课文中大臣的劝谏，体会少孺子的形象，说出理由。

【点拨】聪明，机智，勇敢，爱国，有勇有谋。

3. 思考吴王是否昏庸。

【点拨】少孺子的巧谏让吴王自省自悟，明白了攻打楚国的想法不合适。

不识庐山真面目，只缘身在此山中。

【设计意图】

1. 通过一个问题，引出学生对于"巧谏"的认识，通过少孺子的劝谏，体会少孺子的人物形象。

2. 体会出吴王并不是昏聩的君王，他在少孺子的故事中醒悟了。

四、练笔

吴王从听到"螳螂捕蝉"的故事，到最终下定决心"罢其兵"，这期间吴王可能会怎样想，怎样说，怎样做？

以"听了少孺子的故事，吴王……"为开头，写一段话。

【设计意图】发展学生的想象力和思维能力，以及语言运用能力。

五、作业

1. 请联系生活实际，举几个使用巧谏的事例。

2. 背诵并默写课文。

【设计意图】让学生将学习与生活进行关联，真正做到学以致用，让语文服务生活。

（续表）

板书设计
螳螂捕蝉，黄雀在后 吴王伐楚，齐越在后 巧谏 此三者皆务欲得其前利，而不顾其后之患也
教学流程
检查预习，整体感知（习） ↓ 小组合作，自学探究（研） ↓ 精讲点拨，内化运用（讲） ↓ 拓展延伸，升华主题（练） ↓ 积累运用，丰富收获（记）
设计说明

　　本教学设计的特点是依据关联理论，让学生关联课内外知识，关联课外学习与课外生活。课上有三处重点关联，帮助学生理解寓言寓意，并将学到的道理应用于自己的生活中。

　　第一次关联是在于突破文章的难点——理解吴王为什么听了少孺子所讲"螳螂捕蝉"的故事便放弃攻打楚国时，引入了相关历史背景资料，让学生意识到吴国面临着和螳螂相似的处境，从而体会出"此三者皆务欲得其前利，而不顾其后之患也"的道理。

　　第二处关联在于引入人教版课文，通过比较认识到少孺子的"巧谏"以及他的机智、勇敢、爱国的品质。

　　第三处关联是将课文内容与自己的生活相关联，意识到生活中面对的许多事情都要瞻前顾后，通盘考虑。让学生将语文引入自己的生活，真正学以致用。

赵州桥

北京市通州区中山街小学　陈囡茜

教学设计基本信息					
选择策略	关联策略	学　段	第二学段	年　级	4 年级

指导思想与理论依据

　　《义务教育语文课程标准（2011 年版）》指出："努力建设开放而有活力的课程体系。"语文课程具有开放性、关联性，要根据文章特点与需要适时关联各种材料，达到对文章理解的深化与升华。

　　格式塔心理学认为，现象的经验是一个整体，不可分解为感觉元素，因为整体不仅仅是部分之总和。任何一个整体都具有其特定的内在结构。学习就是通过认知重组把握这种结构。格式塔心理学认识的"整体"是关联教学的心理学基础。

教学背景分析

教学分析：

　　《赵州桥》是北京义务教育课程改革实验教材小学语文第七册第五单元的第一篇课文。课文用简练的语言介绍了赵州桥的雄伟、坚固、美观，重点介绍了赵州桥没有桥墩和能使洪水分流的特点，强调了这种设计在建桥史上是一个创举，赞扬了我国古代劳动人民的智慧和才干。

学情分析：

　　学生初读课文之后，能够从整体上把握赵州桥具有雄伟、坚固、美观的特点，但是对于作者把这些特点写具体的方法并不理解，本节课就是要围绕这些问题展开深入地研究。在理解赵州桥的雄伟时，学生虽然知道作者运用了数字说明的方法，但是将抽象的数字转化为直观的事物还需要老师的引导。学生能够很容易理解赵州桥很坚固，但是对于它坚固的原因，也就是设计上的创举难以理解，需要老师引入课外资料，在对比中让学生明白赵州桥设计上的优势。对于赵州桥美观的特点，则需要让学生发挥想象，并借助形象图片直观感受赵州桥栏板上图案的精美。

教学方式与手段：

　　整体回顾，引发探究—研读文本，总结写法—拓展延伸，提升能力。

（续表）

学生在"自主、探究、发现"的学习方式中，理解课文内容。在这一过程中，学生通过联系上下文、生活实际，对比探究，理解作者将赵州桥的特点写具体的方法，并在拓展阅读中进一步提升能力。

教学目标

联系生活实际，理解赵州桥的雄伟。

了解赵州桥的坚固以及设计上的特点，感受我国古代劳动人民的智慧和才干。

通过想象赵州桥栏板上雕刻的精美，体会赵州桥的美观。

教学重点：了解赵州桥的坚固以及设计上的特点，感受我国古代劳动人民的智慧和才干。

教学难点：通过想象赵州桥栏板上雕刻的精美，体会赵州桥的美观。

教学过程

一、整体回顾，引发探究

1.齐读课题。

2.整体回顾。

问题：赵州桥有三个特点？

【设计意图】通过回顾赵州桥的特点，直接切入本节课的教学重点。

二、研读文本，总结写法

（一）理解赵州桥的雄伟

1.指名读第二自然段，其他同学边听边勾画：你从哪些词句可以感受到赵州桥的雄伟？

2.学生交流。

引导学生联系实际：九米多大约是学校教室的长度，五十多米大约是学校教学楼的长度。

【设计意图】引导学生联系生活实际，把文中抽象的数字转化为具体可观的熟悉的事物，从而让学生真切地体会到赵州桥的雄伟。

3.指名读、齐读，感受赵州桥的雄伟。

（二）理解赵州桥的坚固

1.指名读课外资料，感受赵州桥的坚固。

出示：赵州桥建于 605 年，距今一千四百多年，经历了 10 次水灾、8 次战乱和多次地震。1963 年的水灾，大水淹到桥拱的龙嘴处，据当地的老人说，站在桥上都能感觉桥身有很大的晃动，但是赵州桥没有被损坏。1966 年 3 月 8 日邢台发生 7.6 级地震，赵州桥距离震中只有四十多公里，依然完好无损。

2.默读第二自然段，思考赵州桥的设计有哪些独特之处？这些独特的设计有什么作用？

3.这些独特的设计与它们的作用是相对应的。

（续表）

对比：

（1）有桥墩的石桥和赵州桥。

出示桥墩的缺点：发大水时阻挡洪水流泻；桥墩容易被流水冲毁，桥身也就随之坍塌了。让学生对应着说出赵州桥没有桥墩的好处。

（2）桥顶两侧没有小桥洞的石桥与赵州桥。

学生根据课文内容说出小桥洞的好处。

【设计意图】在赵州桥与别的石拱桥的对比中，让学生理解赵州桥在设计上的优势，进而理解赵州桥之所以能够如此坚固的原因，以及知道赵州桥的这些设计在之前的建桥史上是没有出现过的，所以是一个伟大的创举。

指名读第二自然段，感受赵州桥的雄伟、坚固。

（三）理解赵州桥的美观

1. 自由读第三自然段，思考：作者是抓住什么来具体描写赵州桥栏板上精美的图案的？

引导学生说出"抓住龙的姿态来具体描写栏板上精美的图案"，龙的姿态有："相互缠绕""吐出""前爪相互抵着""回首遥望""双龙戏珠"……

【设计意图】学生找出各种龙的具体姿态，进而想象栏板上龙的样子，感受赵州桥的美观。同时，让学生学会可以通过抓住事物的姿态将事物写具体。

2. 出示各种龙的图片，师生对读，在读中体会赵州桥的美观。

3. 根据提示背诵第三自然段。

4. 教师借用诗句及名人名言进行总结，学生在读中感受古代劳动人民的智慧和才干。

出示："水从碧玉环中过，人在苍龙背上行。"——刘百熙

"赵州桥高度的技术水平和不朽的艺术价值，充分显示出了我国劳动人民的智慧和力量。"

三、拓展延伸，提升能力

1. 每个兵马俑都是极为精美的艺术品，请你默读《秦兵马俑》，思考：作者是如何将兵马俑的精美写具体的。

引导学生说出"抓住兵马俑的神态并加上作者丰富的想象将兵马俑的精美写具体的"。

2. 师生配合读，感受兵马俑的精美。

3. 我们再来看赵州桥栏板上的这些图案，看到龙的这些姿态你想到了什么？

【设计意图】《秦兵马俑》节选段落与《赵州桥》第三自然段在写法上既有相似之处，又有补充提高，学生在学完《秦兵马俑》部分后，将"想象"及时运用于《赵州桥》的语言实践中，可以巩固学生对这种写法的掌握。通过关联策略的运用，深化了学生对构段方法的理解，提升了能力。

板书设计			
赵州桥		秦兵马俑	
雄伟	数字	具体	
坚固	创举	神态	
美观	姿态	想象	

（续表）

教学流程
整体回顾，引发探究 ↓ 研读文本，总结写法 ↓ 拓展延伸，提升能力
设计说明

　　在本教学设计中，我两次有效使用"关联"这一阅读策略，帮助学生深化认识，提升能力。

　　关联课外资料，帮助学生体会赵州桥的坚固。

　　"坚固"是赵州桥的三大特点之一，但是文本中重点讲述了坚固的原因，对坚固的表现没有充分地阐述，因此我适时补充了课外资料（赵州桥建于 605 年，距今一千四百多年，经历了 10 次水灾、8 次战乱和多次地震。1963 年的水灾，大水淹到桥拱的龙嘴处，据当地的老人说，站在桥上都能感觉桥身有很大的晃动，但是赵州桥没有被损坏。1966 年 3 月 8 日邢台发生 7.6 级地震，赵州桥距离震中只有四十多公里，依然完好无损。）课内外形成关联，让学生充分感知了赵州桥的坚固，为后面的学习做好了铺垫。

　　关联写法相似的文本《秦兵马俑》，促进学生能力的巩固提升。

　　《赵州桥》的第四自然段阐述了赵州桥美观的特点，其写法是抓住了栏板上龙的姿态进行了具体的描写。为了让学生深入理解并巩固这种写法，我关联了《秦兵马俑》的片段（每个兵马俑都是极为精美的艺术珍品。仔细端详，神态各异：有的额（hàn）首低眉，若有所思，好像在考虑如何相互配合，战胜敌人；有的目光炯（jiǒng）炯，神态庄重，好像在暗下决心，誓（shì）为秦国统一天下作殊死拼搏（bó）；有的紧握双拳，好像在听候号角，待命出征；有的凝视远方，好像在思念家乡的亲人……走近它们的身旁，似乎能感受到轻微的呼吸声）。在这一片段中作者不仅抓住了兵马俑的神态进行了具体的描写，还运用了想象。这样的关联不仅让学生巩固了抓住事物的形态进行具体描写的写法，也让学生了解了在描写的同时还可以进行合理地想象，这样会让形象更加丰满，文章更具有吸引力，这对于学生来说是能力的巩固与提升。并且我还设计了"让学生根据赵州桥上龙的形象进行想象"这一教学环节，让学生对"想象"这样的写法不仅停留在认识上，更要体现在运用上。学生在《赵州桥》与《秦兵马俑》两个文本的深度交叉、渗透与关联中掌握了文章的写法。

神奇的鸟岛

北京市通州区中山街小学　马伟红

教学设计基本信息					
选择策略	关联策略	学　段	第二学段	年　级	4年级
指导思想与理论依据					

　　语文阅读教学作为语文教学的重要组成部分，阅读教学的质量对整个语文教学的质量起到了决定作用。《义务教育语文课程标准（2011年版）》也对语文阅读教学提出了全方位和科学的设计要求，明确指出阅读的性质和功能："阅读是收集处理信息、认识世界、发展思维、获得审美体验的重要途径。阅读教学是学生、教师、教科书编者、文本之间的多重对话，是思想碰撞和心灵交流的动态过程。"新课标强调阅读教学是学生、教师、文本之间对话的过程，阅读教学由此开启了新的篇章。作为一种新的教学形态，以阐释学和接受美学作为理论基础的阅读对话教学，试图让学生在对话中成长为具有能动性、创造性，以及富有民主、平等和合作精神的现代人。

　　《义务教育语文课程标准（2011年版）》明确强调了语文教育的特点，"应该重视语文的熏陶感染作用，注意教学内容的价值取向，同时也尊重学生在学习过程中的独特体验"。但是在实际教学中，学生自主阅读的机会极少，教师往往以自己的思考和经验代替了学生自身对文本的感悟和思考，师生对话、生生对话虽然多了，课堂虽然热闹了，但学生与文本的对话却少了。阅读过程由教师包办代替，学生只满足于听懂讲解和被动的训练，缺少举一反三、主动迁移运用的能力。这些都是由于没有注意加强知识发生过程的教学，从而导致阅读效率始终徘徊在低层次上。因此，在语文教学中，教师只有还原"阅读过程"，把阅读的主动权交给阅读主体即学生，才可能改变这种局面。

教学背景分析

教材分析：

　　北京版小学语文教材第七册《神奇的鸟岛》这篇课文以生动的语言介绍了青海湖中美丽的鸟岛是欢乐的鸟的世界。这里，一百多种、十万多只鸟不仅相处融洽，而且遇到敌害能团结抗敌，的确"神奇"。课文的重点为第二自然段，以"总—分—总"

（续表）

的方式生动而具体地描述了鸟岛的景色。学习这一部分，不但要引导学生理解岛上的景色如何令人眼花缭乱，体会到一百多种鸟能和平共处在一个岛上，实属罕见，为理解"神奇"作铺垫，还应该让学生体会到，围绕着总起句，课文从天空中、地面上、湖水里三个方面分别记叙，这是抓住"数量、颜色、种类"特点来把这段话写具体的。难点是"从哪些地方可以看出鸟岛是神奇的"。

学情分析：

《义务教育语文课程标准（2011年版）》指出："阅读教学是学生、教师、文本之间的对话过程。在阅读课上，学生的第一要务便是与文本对话，即通过自主的读书实践交流，从而内化课文的语言材料及其丰富内涵，并学会阅读。"学生年龄小，知识和生活阅历都有限，在阅读教学中，就需要教师为学生搭桥铺路，设计学习活动，引导学生步步深入地与文本对话。

《神奇的鸟岛》这篇课文所在单元都是写景状物类文章，领悟景、物的特点及其写法是本单元的重点。作为4年级学生，已经学习过多篇写景的文章，对描写景物的方法有了一定了解。教学过程中既要巩固前面学过的写景的方法，又要引导学生体会从多方面、多角度描述景物的方法。尤其是在描写"鸟多"的第二部分，基于文本内容，通过关联学过的课文、创设学习情境、文本拓展等环节让学生体会"鸟多"之神奇。

教学目标

1. 知识与能力：练习复述"鸟岛保卫战"这个故事，激发学生想象，培养学生的想象能力和口语表达能力。

2. 过程与方法：理解课文的第二部分，体会这一段是怎样写具体的。

3. 情感态度与价值观：有感情地朗读课文，了解鸟岛是个美丽的地方，是鸟的乐园，感受大自然的神奇，激发学生热爱大自然的情感，探索大自然的奥秘。

教学重点：体会课文的第二自然段作者是怎样写出鸟岛鸟多的，从而领悟文章把事物写具体的写法。

教学难点：利用文字再造想象，复述"鸟岛保卫战"的情景，感受鸟儿的融洽与团结。

教学过程

一、开启神奇之旅

1. 导入。

上节课我们随作者一起，翻过日月山，穿过倒淌河，来到了碧波万顷的青海湖。这节课我们继续跟随作者驾起一叶轻舟驶向那神奇的鸟岛。（伴着风光旖旎的画面，老师激情导入）

2. 理解课题。

提问："神奇"是什么意思？

（生七嘴八舌：非常奇妙、很奇特、不一般。）

（续表）

为什么说这个鸟岛非常奇妙呢？打开课本，让我们看看课文第二部分：踏上鸟岛后，有什么神奇之处？

【设计意图】通过生动具体的导语，描绘鸟岛的神奇，激发学生学习兴趣，并由课文第一部分过渡到第二部分。

二、领略神奇之"多"

1.打开课本指名读第二部分。

鸟岛神奇在哪儿？

（生初读感受：鸟很多）

师：神奇在鸟"多"呀！（师板书：多）

2.再细细地默读第二部分，画一画，你从哪些词句体会到鸟多呢？

3.全班交流阅读感受。教师根据学生学习情况随机点拨，加强朗读。

【设计意图】引导学生自主学习第二部分，解疑释难，通过品读重点词句来感受鸟岛的美丽与神奇。

预设一：

"踏上鸟岛，眼前的景色令人眼花缭乱。"

从这句话中的"眼花缭乱"这个词体会到鸟多，正因为鸟多，眼睛都看不过来了。

预设二：

"天上飞的是鸟，地上跑的是鸟，湖里游的是鸟，一个多么欢乐的鸟的世界啊！"

从这句话看到岛的天上、地上、湖里到处都是鸟，体会到鸟多。所以作者说它是"鸟的世界"！

预设三：

具体语句：

（1）"抬头望，天空中是一群群的飞鸟，红的、蓝的、白的、花的，组成一幅幅色彩夺目的锦绣画卷。"

指导理解"锦绣画卷"。"锦绣"本来是什么意思，在这里指什么，为什么把群鸟说成是锦绣画卷，从而让学生明白这句话是从颜色方面写出了鸟儿多。

我们在原来学过的课文《奇妙的鲤鱼溪》中也用到了"颜色"，溪中的鲤鱼都有什么颜色的啊？

出示：溪中有六七千条灰黑、墨绿、丹红、金黄、红白相间、红黑交错的各色鲤鱼，所以这条溪就叫作鲤鱼溪。

这里通过写颜色多体现鱼多，《神奇的鸟岛》也是通过写天空中鸟的颜色多写出了鸟多。（师板书：空中颜色）

你再读一读这句话，感受这色彩夺目的景象吧。

【设计意图】关联学过的课文，在已有知识的基础上，强化"抓住某一个方面把事物特点写具体"的方法。

（2）"低头看，满岛是各种各样的鸟、鸟巢和鸟蛋，几乎没有我们插足的空地。"

（续表）

学生先谈自己的理解。

边读边想象画面，体会从占地面积来写鸟儿数量之多。

创设情境：

在这里，

不敢昂首挺胸大摇大摆地走路，因为空地太少了；

抬起了脚，

（师边走边演示）

生：脚尖先着地，

生：小心翼翼地放下脚尖，（生怕一不小心踩到鸟蛋）

师：原来在地上都是鸟蛋啊！

生继续想象在鸟岛上走路时的情景（指名回答）：

脚尖点地，脚跟立着，怕惊扰了熟睡的幼雏；

抬起了脚，又放了回去，原来没找到插足的地方；

一动不动，我没找到落足的空地；

……

走走停停，

因为低头看。

师：地上鸟的数量真多啊！这真是一个奇观！（师板书：地上，数量）

【设计意图】通过想象画面，联系实际，体会鸟岛地上鸟数量多。

（3）"湖水里，那披着彩色花衫的是斑头雁，小巧玲珑的是燕鸥，张着长长的嘴东张西望的是环嘴鹬，还有洁白的天鹅，美丽的凤头潜鸭，迈着长腿踱步觅食的黑颈鹤……"

①读一读，湖水里有哪几种鸟？

②画一画，这些鸟什么样？

③湖水里有这么多形态各异、颜色不同的美丽的鸟，结合图片出示填空，再读。

④体会省略号的用法：湖水里只有这6种鸟吗？（不是），有一百多种呢，文中不能一一列举，所以用了省略号，因为鸟的种类很多。

⑤迁移运用：今天还有另外几种鸟也从遥远的青海湖来到了我们的课堂上，我们先来认识一下。它们什么样？有什么特点？用课文中的形式来介绍一下它们吧！

结合图片填空：（　　　）的（　　　）。

师：湖水中的鸟各有各的样子，各有各的特点，这可真有趣啊！

⑥补充板书：生观察板书，前一列是方位词，第二列是从哪个方面描写的，生补充板书：湖里，种类。

【设计意图】通过关联湖中其他的鸟，让学生不仅体会到省略号的作用，突出湖里鸟的种类多，还能结合文本的形式描述不同种类的鸟，及时运用语言。

（续表）

4.引导学生体会构段方式。

（1）天空中飞的是鸟，地上跑的、湖里游的也是鸟，现在请三名同学分别读出相对应的语句，让我们感受满岛都是鸟这一奇观吧！（指名读）

（2）岛上的鸟真多啊，（边说边出示图片）真是天上飞的是鸟，地上跑的是鸟，湖里游的是鸟，一个多么欢乐的鸟的世界啊！

（3）岛上的鸟真多啊，多得眼睛都看不过来了，文中用了一个词是"眼花缭乱"，（出示图片）表示鸟多。所以作者说：踏上鸟岛，眼前的景色令人眼花缭乱。

（这句话是咱们前面学过的重点句，也叫总起句；而后面总写鸟多的这句就叫总结句。一个总起，一个总结，这种构段方式就是"总—分—总"。）

小结：这一自然段作者从"天上飞的是鸟""地上跑的是鸟""湖里游的是鸟"三方面分别写出了鸟怎样多，并从颜色、数量、种类等方面具体写出了鸟的多。这么多的鸟却能和谐相处，真是神奇啊！更出乎我们意料的是它们还会一起抗敌呢！

【设计意图】让学生从不同的方位、不同方面感受鸟多这一奇观，并且了解文章的写作顺序。

三、叙说神奇之事

设计：以"自主合作学习，复述精彩故事"来学习第三、四、五自然段的"鸟岛保卫战"，体会鸟儿们的勇敢与团结。

1.学生自主学习课文第三部分，快速浏览圈出出现了哪些鸟。

（根据学生说的在黑板上贴相应图片：这里有鸟岛的入侵者黑鹰，保卫鸟岛的有大雁、斑头雁、鸬鹚、鱼鸥。）

2.生默读，画一画这些鸟是如何做的。

3.有感情地朗读。

4.指导复述。

（1）指导学生回忆复述方法。

找出书上描写大雁和黑鹰斗争的句子，读一读，再用你自己的话说一说大雁是怎样和黑鹰作斗争的。（指一学生说）刚才他用自己的话把大雁和黑鹰作斗争的过程描述了一遍，这种方式就叫作复述课文。看看剩下的这些鸟是怎样和黑鹰作斗争的呢？你也先读读课文，用自己的话讲给同桌听听。

（2）小组内复述与评比。

（3）全班展示，代表上台复述，再次感受"鸟岛保卫战"惊心动魄的情景。

5.从这场鸟岛保卫战中，你体会到了什么？

小结：群鸟没有指挥，也没有命令，然而却那样有组织、团结一心共同抗敌，真让人不可思议，令人称奇啊！

四、放眼神奇之境

这节课我们登上了神奇的鸟岛。作者通过写天空中的鸟颜色多，地上的鸟数量多，湖里的鸟种类多，让我们领略了岛上鸟多这一奇观，并且从"鸟岛保卫战中"群鸟团结一心、共同对敌的情节中感到了神奇，所以作者称它为"神奇的鸟岛"。同学们，

（续表）

世界之大，有很多神奇的地方、神奇的物种、神奇的自然景观，希望你多一份观察，多一份探索，用充满智慧的眼睛去发现这神奇的世界！

　　【设计意图】总结、迁移，让学生的学习从课本知识到课外，拓宽学生视野，提高学生的语文综合素养。

板书设计

神奇的鸟岛

多			团结
			大雁（图片）
空中	颜色	黑鹰（图片）	斑头雁（图片）
地上	数量		鸬鹚（图片）
湖里	种类		鱼鸥（图片）

教学流程

开启神奇之旅
↓
领略神奇之多
↓
叙说神奇之事　｛品评旅程，感受神奇
　　　　　　　　走近课文，品味特点
　　　　　　　　想象意境，发现写法
　　　　　　　　叙说神奇，提升能力
↓
放眼神奇之境

设计说明

　　在进行教学设计时，我力求在本课中体现阅读的关联性。关联性阅读一般体现为横向关联和纵向关联。横向关联一般为多篇课文的关联，可以是同向的关联，比如同一作者的、同一内容或情感基调的、同一文体的、同一能力训练点的。也可是异向的关联。纵向关联侧重前后知识与能力的勾连、照应。要更好地体现《神奇的鸟岛》这篇文章的关联性，找准关联点是关键。我力求在教学中体现两点关联：一是引导学生从不同的方面连段成篇，塑造景物特点。比如文本内从"鸟多而融洽"和"团结"等不同的方面来全方位地凸显鸟岛的"神奇"。二是让学生体会怎样把特点写具体。在课文的第二部分，我引导学生反复研读课文，通过抓住重点词句，搭桥建梁，关联原来学过的课文、创设情景联系实际、文本拓展等方式让学生充分体会"鸟多"这一奇观，实现了旧知识—实际生活—新知识的运用迁移。在这个过程中，倾听学生的声音，彰显学生的阅读思维过程。另外，由于是第一次在小学教材中出现"复述"这个词，结合例子渗透了复述的方法，通过"帮、扶、放"的方式达到这一教学目标。

071

送孟浩然之广陵　芙蓉楼送辛渐

北京市通州区梨园中心校　杜美霖

教学设计基本信息					
选择策略	对比策略	学　段	第三学段	年　级	6年级

指导思想与理论依据
诗，永远是美妙的代名词，古诗更是以其深邃古朴的意境感染着我们。华夏悠悠五千年的历史长河里，诞生的那无数脍炙人口的优秀诗篇，更是朗朗上口，韵味无穷。其中送别诗更以其独特的魅力感染众人，或直抒胸臆，或借景抒情，或寓情于山水，或沉醉于江湖。诗中离别依依之情跃然纸上，怎不叫人为之惊叹，为之折服。 　　《义务教育语文课程标准（2011年版）》指出："阅读是学生个性化行为。"古诗涵盖面宽，意韵深远，本课设计侧重从收集整理资料、潜心品析吟诵、互文拓展等方面提高学生的语文素养。让学生在读诗的过程中，自由地、充分地与文本进行对话，在师生互动的阅读实践中披文入境，让学生读出自己的理解，读出自己的体验，在读中悟美，在读中悟情。

教学背景分析
教材分析： 　　本单元为古诗文单元，包括《古诗四首》《螳螂捕蝉》《迎来春色换人间》《用奇谋孔明借箭》四个篇目，虽然题材不同，但都展示了中华传统文化的精髓。我所教授的是《古诗四首》中的前两首，它们在题材上同属于送别诗，在表达上诗人都选用了一些共同的景物来展现不同的情感。我抓住了这些相同与不同点，应用对比阅读策略，让学生在品词析句中自己去发现同为送别诗，诗人在表达情感上的方法和异同。 **学情分析：** 　　6年级学生通过6年的学习积累，已经掌握了一定的学习古诗的方法和能力。他们可以通过预习初步了解诗句的意思，粗略地感知诗人在诗中要表达的情感。但对于诗人表达情感的方法并没有明确、深刻的认识。在第一课时引领学生复现诗中情境的基础上，本节课重在关联与互文中深化感情，在语言运用中传承中国传统文化。

（续表）

教学目标

1. 抓住两首古诗即景生情、情蕴景中的写作特点，引导学生在品析与互文中体悟作者的情感和思想，并能感知不同送别诗在情感和表达上的不同。

2. 在情感体验中，有感情地朗读两首古诗。

3. 在积累大量送别诗的基础上，运用联想把生活中的语言和诗句关联起来，在语言运用中传承中国传统文化。

教学过程

一、朗读古诗、回顾内容

1. 古代交通不像我们今天这样便捷，亲人、朋友分别后相见十分不易，因此他们格外看重离别，他们把离别写进了诗中，就有了我们今天读到的送别诗。回顾一下这两首送别诗，谁愿意为我们读一下？

2. 让我们一齐读出诗的韵味。

【设计意图】回顾诗歌内容和大意，能初步读出古诗节奏。为下面走入诗歌情境，有感情地朗读诗歌作铺垫。

二、对比发现，建立联系

1. 通过上节课的学习你发现两首古诗有什么相同之处。

预设：同为送别诗；同为七言古诗；有相同的字"孤"和"江"；送别地点都在长江边；都有诗人对友人的情感……

2. 诗人要借诗中的景物表达什么样的情感呢？同样的字表达的情感又是否相同呢？我们一起去诗中寻找答案。

【设计意图】通过初步对比阅读，使两首古诗建立联系，为进一步体会送别诗的异同打下基础。

三、走进情境、品味诗情

1. 走进情境，品味李白不舍情。

（1）在这首诗中你看到了什么样的景，感受到了什么样的情感？把你的感悟批注在书上。

（2）汇报交流。

交流中引导学生抓住"孤"字深入体会不舍情。想一想为什么烟花三月长江上会只有一只孤帆。补充李白与孟浩然的友情故事。

（3）互文古诗《赠汪伦》《南行别弟》《金陵酒肆留别》，感受诗人们借助长江表达与友人的情感。你明白诗人李白借"滚滚长江水"表达什么了吗？

（4）表面看没有一个情字，细细地读我们却发现字字关情，看着这些景，想着这些情，再读读这首诗吧。

2. 走进情境，感悟王昌龄的玉壶冰心。

（1）通过小组合作交流的方式，自主品味王昌龄在前两句描写景的诗句中蕴含的情感。把感受批注在书上。

（续表）

预设： 诗中有王昌龄送别辛渐后的孤独；有友人离别时的凄凉。

（2）后两句诗句是什么意思？诗人为什么要这样说？补充王昌龄的资料。

（3）走进前两句的写景句子中，你又体会到了什么？诗人借助"孤"与"江"传达自己的志向。

3. 对比朗读两首古诗，总结升华：同样的景物传达着不同的情感，同为送别诗，一首友情之外更有志向。朗读中体会不同。

【设计意图】通过对比使学生发现同为送别诗，相同的意象也可能表达诗人不同的情感。让学生在对比朗读中体悟诗人情感，让古诗学习入情入境。

四、关联运用、传承文化

根据老师创设的小学毕业离别时的情境，运用联想的方法，关联相应的送别诗句。

小学毕业时，我的同学小丽就要回到老家继续去读初中，我十分舍不得与她分开，她安慰我说："虽然我们距离远了，但只要我们的心还在一起，就像诗中说的那样＿＿＿＿＿＿＿＿＿＿＿。"

她接着说："我就怕在新的学校、新的地方再遇不到像你这样的好朋友。"我也拉着她的手说："＿＿＿＿＿＿＿＿＿＿＿。"

到了她要走的那天，阴雨蒙蒙，我特意起早让爸爸开了一个小时的车，专程到火车站去送她，她感激地说："＿＿＿＿＿＿＿＿＿＿＿。"

看着天空中飘落下来的雨滴，我的一颗心被寒冷笼罩着，想着她即将离开，孤独涌上心头，随之而来的是那句"＿＿＿＿＿＿＿＿＿＿＿＿。"

小丽转身离开，看着她走进人群中，我感觉身边的一切仿佛都消失了，只能看到她的身影在一点一点慢慢变小，直到消失不见。我站在那里久久不愿离去，看着越走越远的列车，我不禁吟诵道："＿＿＿＿＿＿＿＿＿＿＿＿＿。"

【设计意图】在语言运用中，使学生对于已积累的送别诗建立联系，并形成古诗在生活中的实际应用意识，也是自己情感的进一步升华。

板书设计

送孟浩然之广陵	芙蓉楼送辛渐
孤、江	
不舍	忧伤
深情厚谊	孤独
言情	言志

（续表）

教学流程
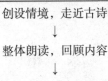创设情境，走近古诗 ↓ 整体朗读，回顾内容 ↓ 对比发现，建立联系 ↓ 走进情境，品悟诗情 ↓ 对比朗读，总结升华 ↓ 关联运用，传承文化
设计说明

1. 在对比中渗透整体学习古诗的方法。站在单元整体阅读的角度，这两首诗无论从内容、语言、方法、情感都有一定的关联性和可对比性。因此在教学设计中主要抓住两首诗的关联性让学生抓意象、想画面、悟情感、巧比较，从而让学生感知两首诗的异同。通过对比策略的应用让学生掌握同类古诗的学习方法。

2. 在对比策略中拓宽视野，深化情感。对比策略的应用，抓住了学生学习的生长点，突破了古诗教学的重、难点。本节课通过借助诗中"江"这个意象，先对比学生熟悉的送别诗《赠汪伦》，又进一步对比两首通过江水表达情感的古诗，帮助学生理解"江水"这样一个意象在送别诗中所表达的情感。这样不仅有助于解诗语，还有助于悟诗情。同时，还拓展了学生的阅读视野。

3. 在对比语言运用中传承中国传统文化。学生积累了大量送别诗，却并不会把它们应用在实际生活中。因此本节课创设了一个故事情景，引导学生联想学过的古诗，并在运用中对所积累的古诗进行对比区分，巧妙地培养学生学以致用的能力，让学生获得一种学习的成就感。

瀑　布

北京市史家小学通州分校　王海建

教学设计基本信息					
选择策略	对比策略	学　段	第二学段	年　级	4 年级

指导思想与理论依据

　　《义务教育语文课程标准（2011 年版）》指出：语文教学要以学生的发展为本，为他们终身学习、生活和发展奠定坚实的基础。同时，开发学生的潜能，使他们掌握学习方法，学会学习，养成良好的学习习惯。努力构建灵活开放的语文教材体系，重视课程资源的开发与利用，沟通课本内外、课堂内外、学校内外的联系。课标中对于第二学段的阅读教学有几点要求："①初步学会默读，能边读边思考。对课文中不理解的地方能提出疑问。②能借助字典、词典和生活积累，理解生词的意义。能联系上下文，理解词句的意思。"这两个要求提示我们教师在教学中要培养学生阅读、思考、理解的能力。

　　我们语文教师在课堂上应为学生的终身学习打下基础，通过一个个的教学活动让学生掌握学习方法，让学生掌握学习的工具，这是我们基础教育的重点。

　　"对比"在《现代汉语词典》中第一个解释是：（两种事物）相对比较。可见对比是一种方法，把事物之间进行比较，而笔者认为这也是一种思维习惯，学生运用对比这种方法能够发现语言文字的妙处，赏析语言，训练语感。赏析能力是学生的一种高阶能力，"赏析"的意思是欣赏并分析，通过鉴赏与分析得出理性的认识，既受到艺术作品的形象、内容的制约，又根据自己的思想感情、生活经验、艺术观点和艺术兴趣对形象加以补充和完善。我们语文学科非常需要这种能力，到了中学这种能力尤其重要，因此我们高年级的语文教师更要注重培养学生的赏析能力、思维能力，而运用对比方法可以很好地培养学生这种能力。

教学背景分析

教材分析：

　　《瀑布》是叶圣陶先生写的一首小诗。诗歌语言凝练，形象性强，具有一定的节奏感，在教学中要多练少讲，在大量朗读的基础上感知诗歌特点。就《瀑布》而言，动态灵动之美贯穿全诗。位置的移动，用"叠叠的浪涌上岸滩和阵阵的风吹过松林"的画面来描绘瀑布的声音，"烟、雾、尘"的缥缈感都使人如在画中游。教学中要积极调动学生思维与感官，通过想象、联想、对比等教学手段使学生通过朗朗书声体会动态的画面。

《瀑布》中很多词语和字眼都值得细细品味，但4年级学生年龄较小，分析有一定难度，改为通过图片直观感知，通过朗读与仿写内化理解。

学情分析：

学生在预习时能够解决生字的认知，能够基本正确地朗读课文。在揭示课题时，能够从课题提取相关信息，根据课题质疑。阅读文章能够基本了解文章写了什么，什么文体，了解文章的表达顺序。最重要的一点是学生的质疑能力有提高，能从课题内容、写法、材料安排、人物心理上提出有价值的问题，能够扣住课文重点和难点。但4年级学生阅读写景文章是弱项，不如写人记事的文章好理解，尤其是这篇写景文章是以诗歌形式呈现的，学生在理解内容、赏析语言这两个方面都存在问题。教师需要深入浅出地引导学生理解内容，体会景物特点，赏析语言的妙处。

教学目标

教学目标：

1. 学生能够展开想象、联想，对比感受瀑布的雄伟、美丽。
2. 学生能够感受作者对大自然的热爱之情，能够有感情地朗读课文。
3. 学生能够参照文章写法进行仿写实践。

教学重点：

学生能够展开想象、联想、对比感受瀑布的雄伟、美丽。

教学难点：

学生能够感受作者对大自然的热爱之情，想象瀑布的画面，能够有感情地朗读课文。

教学过程

一、导入（1分钟）

学生活动：读课题、写课题。

教师活动：复习旧知识。强调"瀑"字右下的写法。

二、整体感知（2分钟）

学生活动：读文，思考：这是一座（　）的瀑布？是从（　）感受到的。

教师活动：出示PPT。

三、学习第一小节（5分钟）

1. 激发兴趣，引发思考。

教师活动：播放瀑布的声音。

提问：这是什么样的声音？你来形容一下。

学生活动：思考，发言。（预设："哗哗"的声音、响亮的声音……）

2. 初步学习用画面描写声音的写法，引导想象，指导朗读。

（1）质疑回顾。

教师活动：文章中叶圣陶先生是如何形容这种声音的？出示PPT展示第一小节。

学生活动：自由读。

（续表）

（2）引导对比。

教师活动：哪个更好？叶圣陶先生写的好在哪？

学生活动：发言。（预设：用了比喻，很形象……）

（3）总结。

教师活动：叶圣陶先生为我们描绘出一个画面，让我们仿佛身临其境。

出示PPT。

学生活动：想象，朗读。展示读。

小结写法：这是叶老在用画面写声音呢，再读读这段文字。

四、学习第二小节（8分钟）

1.过渡：山路忽然一转，看到了瀑布的真面目。

教师活动：自己读读第二小节，看看作者看到了什么？

学生活动：读文。

2.建构矛盾，引发思考。

（1）定位重点内容，直观欣赏画面。

教师活动：这般景象没法比喻，"这般景象"是什么样的景象？（用书上的话回答）

学生活动：回答。（预设：千丈青山衬着一道白银。）

教师活动：出示图片。

（2）建构矛盾，联系上下文及课外资料进行理解。

学生活动：读到这里，你有什么问题吗？

教师活动：为什么开始说没法比喻，后来又比喻出来了？思考两个叹号所隐藏的信息。

出示PPT，降低难度。（此处可依学情灵活变动）

学生活动：默读思考，发言交流。（预设：兴奋、高兴、激动、震撼。）

教师活动：随机补充资料。这是我国第一大瀑布，高77.8米，宽101米。

指导朗读。

学生活动：有感情地朗读课文

（3）总结。

教师活动：因为作者被深深地震撼了，所以没法比喻，后来呢？（生：平复了情绪，进行形容。）

3.联系诗句，想象画面，通过朗读感知壮美。

（1）联系拓展古诗。

教师活动：读到这句话，让我想起了一首古诗。

学生活动：齐背《望庐山瀑布》。

教师活动：这首诗中哪句话最凸显庐山瀑布的气势？

学生活动：回答。（预设：飞流直下三千尺，疑是银河落九天。）

（续表）

（2）感知画面，指导朗读。

教师活动：课文描写的瀑布比庐山瀑布还要大，还要美！出示PPT。

学生活动：齐读第二段。

教师活动：再次出示图片，理解："衬"。青山让白银更亮，白银令青山更青，好一座壮美的瀑布！

学生活动：展示读。

五、学习第三小节（5分钟）

1.学生自主品读，体悟有感情朗读的方法。

教师活动：过渡。赶紧走到瀑布脚下去看一看吧！谁来读一读？

学生活动：读书，评价。

教师活动：适时点拨。

（1）烟、雾、尘的特点。

（2）联系古诗《九华山谣》中"千丈玉"和文章中"珍珠屏"，感受柔美温润的水珠。

2.总结。

教师活动：通过想象画面，读出瀑布的特点。

六、小游戏。整体感知（5分钟）

教师活动：分别出示四幅瀑布图片，组织"火眼金睛"小游戏："哪个是文中的黄果树瀑布？"

学生活动：选择、判断并说出依据。

整体读文，试背诵。

仿写。（15~19分钟，可根据实际情况自由伸缩）

仿写1：用画面写声音。

方案1：

教师活动：出示第一小节，播放泉水的声音，创设情境（提供图片）。

学生活动：试仿照第一小节写一段话。

教师活动：指导仿写画面的美丽。

学生活动：展读、修改。

方案2：

出示图片，仿照第二小节写画面，写出颜色的对比。

仿写2：仿照"千丈青山衬着一道白银"，描写草原的景色。

板书设计
听　　　　　　　瀑布 看　　　　　雄伟　壮丽　柔美 想

（续表）

教学流程
感知声音 ↓ 想象画面 ↓ 感悟柔美
设计说明

  《义务教育语文课程标准（2011年版）》中在阅读方面指出学生诵读优秀诗文，要注意在诵读过程中体验情感，展开想象，领悟诗文大意。并要积累课文中的优美词语、精彩句段，以及背诵优秀诗文。在口语交际中要求能清楚明白地讲述见闻，说出自己的感受和想法。

  《义务教育语文课程标准（2011年版）》建议老师要注重激发学生的好奇心、求知欲，发展学生的思维，培养想象力。应注重培养学生感受、理解、欣赏和评价的能力。要让学生在朗读中通过品味语言，体会作者及其作品中的情感态度，学习用恰当的语气、语调朗读，表现自己对作者及其作品情感态度的理解。

  对比这种阅读策略能够让学生在对比中发现语言文字的妙处，赏析语言，训练语感。在理解"好像叠叠的浪涌上岸滩，又像阵阵的风吹过松林"时，学生很难理解，只是读又读不出妙处，让学生自己形容那种声音，再与作者的话作比较，就能体会语言的精妙、表达的巧妙。同时让学生学习写法，用画面写声音。在讲解第二小节时，学生无法想象画面，不能读出瀑布的壮观，适时补充李白的《望庐山瀑布》，学生在齐诵的过程中能够体会庐山瀑布的壮观。此时，我出示资料，黄果树瀑布比庐山瀑布还要大，还要美呢，学生再读，就能读出黄果树瀑布的壮观、雄伟了。在学生学习到了疲惫期时，我出示了几幅图片，让学生来猜测哪幅图片是黄果树瀑布，此时学生依据文中内容对比判断图片，既理解了课文，又缓解了学生的疲惫，效果很好。

  这节课运用对比这种阅读策略帮助学生体会瀑布的特点，朗读瀑布的特点，领悟到了表达的特点，学生的仿写也特别好，既能突出景物特点，又能仿照文章形式，语言优美。

詹天佑

北京市通州区宋庄中心校　韩瑶

教学设计基本信息					
选择策略	讨论策略	学　段	第三学段	年　级	6年级

指导思想与理论依据

　　《义务教育语文课程标准（2011年版）》指出："学生是学习的主体。语文课程必须根据学生身心发展和语文学习的特点，爱护学生的好奇心、求知欲，鼓励自主阅读、自由表达，充分激发他们的问题意识和进取精神，关注个体差异和不同的学习需求，积极倡导自主、合作、探究的学习方式。"

　　"讨论"这一学习策略在小学高年级可以充分发挥学生学习的主动性，在讨论中激发学生的问题意识，鼓励学生自由表达。基于此，在小学高年级有关人物评价的阅读课上，我决定采用"讨论"这一阅读策略。

教学背景分析

　　教材分析：

　　北京版小学语文6年级下册最后一个单元是人物单元，由三篇课文组成，一篇精读课文《詹天佑》和两篇略读课文《我的伯父鲁迅先生》《小英雄雨来》。这三篇课文中的人物形象有历史年代感和时代特征，但这三个人物的共同点都是在当时历史背景下，作出爱国的选择。学生通过学习这三篇课文，可以了解人物，树立对人物的敬佩之情。所以在学习这一单元的过程中，把握人物形象就成了教学的重点和关键。又由于本单元的三篇课文篇幅较长，有两篇是略读课文，应以学生自学为主，可见常规的以老师讲评为主的教学策略显然是行不通的。

　　具体到《詹天佑》这篇课文，文章开篇就指出，"詹天佑是我国杰出的爱国工程师"，詹天佑的形象就是"爱国"和"杰出"，文章的谋篇布局也是围绕他这两个特点展开的。学生仅知道这两个词是远远不够的，应该让学生清楚为什么说詹天佑是爱国的和杰出的。

（续表）

学情分析：

这一单元的学习是学生在小学阶段学习的最后一组课文。所以首先需要考虑学生已有的认知基础。在学习本单元之前，本册书中学生已经学习了《唯一的听众》《母亲》《我看见了大海》《理想的风筝》等写人的课文，不难发现这几篇课文中都凸显了文中塑造的人物对"我"的影响。而本单元的三篇课文却更加客观，是站在现代人的视角去回望，以客观冷静和理性的视角去讲述人物的故事。所以和之前的学习相比，代入感不强，时代背景明显，学生理解起来有一定的难度。在教学中需要提前引导学生查阅相关资料，了解一些背景知识。但是好在这三篇故事的可读性较强，学生比较感兴趣。

其次，要考虑学生的学习和中学学习的衔接。课标中对6年级学生的要求是在阅读叙事性作品时应该能简单描述自己印象最深的场景、人物、细节，说出自己的喜爱、憎恶、崇敬、向往、同情等感受。而中学后要求学生欣赏文学类作品时对作品中感人的情境和形象，能说出自己的体验。而感知人物形象是本单元的教学重点。

人物形象的感知一定是全面的、具体的、多方面的，而不是戴帽式的、符号化的，不能满足于学生说出"伟大""爱国""智慧""勇敢"这样泛化的词语，这就需要"讨论"这一学习策略。在讨论中，让学生获得不同的视角，让人物形象具体而丰满起来。

基于以上分析，我决定采用"讨论"这一策略让学生来学习6年级下册最后一个单元，单元主题为"你是一个这样的人"。本教学设计是对《詹天佑》这篇课文的学习。

教学目标

1. 能整体感知课文内容，对人物形象形成自己的初步认识和评价。

2. 理解重点词语，做简单批注，为有效讨论做准备。

3. 在讨论中理解课文内容，感知人物形象，体会人物精神。

4. 学习如何进行有效的讨论。

教学过程

一、导入

在历史的长河中，会涌现无数的英雄人物。有设计修建我国第一条铁路，为中国人争了一口气的詹天佑；有拿笔当成匕首直插敌人心脏的一代文豪鲁迅；也有小小年纪在抗日战争中勇斗鬼子的小雨来……今天我们就进入最后一个单元的学习，让我们进一步认识这些英雄。

【设计意图】整体上让学生了解所学内容。

二、整体感知课文内容，初识詹天佑（15分钟）

1. 读课文，写出你对詹天佑的第一印象，批注在相应的段落旁。

预设：学生能批注出"爱国"和"杰出"。

（续表）

2. 完成表格，梳理对詹天佑的认识。（这是一个开放性表格，学生可以加行加列）

课内外相关资料（简要标明）	关键事件	人物品格	你的认识
（1）			
（2）			
（3）			

3. 你心中还有哪些疑问，写出来，一会儿和小伙伴交流讨论。

【设计意图】在独立阅读的基础上，形成自己对詹天佑的认识，鼓励学生发现别人不能发现的，从而进行文本细读。确保每个学生在讨论前已经形成了对詹天佑的第一印象。

三、在讨论中深入认识詹天佑（18分钟）

1. 呈现自己前期自主学习的成果，进行小组交流讨论：詹天佑是一个怎样的人？重在有理有据。（12分钟）

组内讨论：小组成员轮流发言，每个同学在一分钟内表达自己对詹天佑的认识。

组内互相补充或者质疑：每一位说明自己观点的同学都要有理有据，其他同学可以记下对方观点中的漏洞，或者不完善的地方。

总结讨论，形成小组内统一的、完善的观点，并把自己的观点用关键词的形式展示在黑板上。

小组派代表向全班同学汇报讨论的结果，其他小组的同学可以补充发言。

形成对詹天佑更加全面的认识。

预设：

爱国体现：

（1）詹天佑毅然接受了任务。

学生抓住"毅然"一词分析詹天佑临危受命时的果断，教师引导学生体会修路时面临的困难，有物质、技术上的，还有外国的嘲笑。在了解背景后，体会詹天佑的"毅然"。

（2）詹天佑不怕困难，也不怕嘲笑，开始勘测线路。詹天佑不管条件怎样恶劣，始终坚持在野外工作。

分析詹天佑可能遇到的困难：自然环境恶劣，仪器落后，外国的阻挠与嘲笑等。突出他的不怕困难，不辞辛苦。

（3）遇到困难，他总是想：这是中国人自己修筑的第一条铁路，一定要把它修好。否则，不但那些外国人要讥笑我们，而且会使中国的工程师失掉信心。

体会詹天佑立志修好铁路，为国争光的决心。

杰出体现：

（1）詹天佑经常勉励工作人员说："我们的工作首先要精细，不能有一点儿马虎。'大概''差不多'这类说法不应该出自工程人员之口。"

他之所以杰出，离不开他的认真严谨，一丝不苟。

（续表）

（2）白天，他攀山越岭，勘测线路；晚上，他就在油灯下绘图、计算。为了寻找一条合适的线路，他还常常请教当地的农民。

还可以挖掘他谦虚好学的品质，这也是他成为杰出工程师的原因。

（3）开凿隧道。

可以让学生结合课文分别画出开凿居庸关和八达岭两个隧道的示意图。体会詹天佑设计的巧妙，这是他成为杰出工程师的体现。

（4）设计"人"字形铁路。

观看教师提供的"人"字形铁路上列车行进图，体会詹天佑杰出的设计。

2. 辩论：詹天佑的杰出和爱国的关系。（6分钟）

通过分析讨论，我们了解了詹天佑的爱国与杰出。詹天佑是先有一颗爱国心而后变成杰出的工程师，还是因为他杰出的设计为国家争光所以说他爱国？学生可以就这些问题展开辩论。要求所有的论据都源自课文。学生可以根据辩题重新安排座位。

当两组同学的辩论不分伯仲时，老师适时提示爱国与杰出的关系。爱国和杰出已经融入詹天佑的血液里了，爱国的精神是他能做出杰出贡献的动力与目的；而杰出才能、贡献是他爱国精神的体现。

3. 拓展阅读。

詹天佑遗嘱：1919年4月20日詹天佑因疲劳过度，心力交瘁，旧日腹疾复发，不得已请假就医。21日入仁济医院，24日因腹疾严重、心力衰竭逝世，终年58岁。临终遗嘱，向国家陈述三件事：

一是振奋发扬工程师学会活动，以兴国阜民；

二是慎选人才管理俄路，以扬国光；

三是就款计工，唯力是视，脚踏实地建成汉粤川全路。并称上述三事乃天佑未了之血忱，如得到国家采纳，则天佑虽死之日，犹生之年。

通过资料，你了解到了什么？升华对人物的认识。

【设计意图】这一讨论环节围绕两个目标进行，一是全面地了解詹天佑爱国和杰出的具体表现；二是引导学生思考杰出与爱国的关系，培养学生的思辨能力。

四、评价刚才的讨论，分析可取和不可取之处（7分钟）

评价要点：

说说这次讨论给你带来哪些收获。

引导学生评价刚才的讨论，可以自评，说说自己表现好的地方和不足之处，也可以评价小伙伴的表现。

说说下次讨论，自己打算怎么做。

【设计意图】讨论结束并不意味着学习停止。在评价中教会学生回看和反思，为下次讨论积累经验，让讨论变得越来越自主和有效。

（续表）

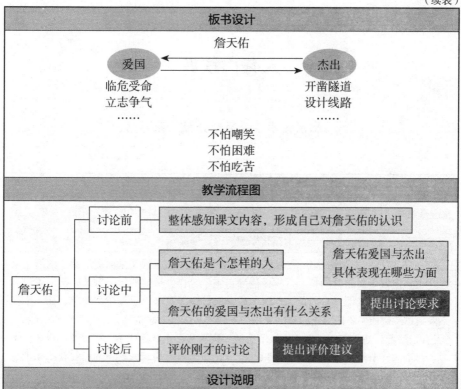

设计说明

　　本教学设计紧紧围绕"感知人物形象"这一教学目标，采用"讨论"这一阅读策略。

　　首先在讨论前充分准备，确保每个学生都进行了自主阅读和自主思考，都带着自己对詹天佑的第一认识进入讨论。

　　讨论中紧紧围绕两个问题：一个是浅层次的"詹天佑是个怎样的人"，在讨论中丰富自己的认识，找到詹天佑爱国和杰出的具体表现，因为每个人找到的都不一样，不放过任何一个细节，充分发挥小组讨论的作用，使学生对詹天佑的认识具体而深刻，并且有大量的依据，在这一过程要求学生不断翻看课文，在文本中找依据；第二个问题比较难，讨论詹天佑品质中爱国和杰出的关系。学生要有自己的思考判断，在讨论中再次用证据说话，互相争论，最后得出詹天佑的爱国与杰出是相依相随的。从而在向詹天佑学习的过程中在学生心里种下一颗爱国的种子，激励其成为杰出的人才，为祖国做出贡献。

　　本课的最后引导学生评价课上的讨论，分析自己的表现，为下次讨论积累经验。因为接下来的两篇课文依然需要分析感知人物形象，相信在这节讨论课的基础上，学生能够更自主、更有效地进行讨论，养成自主、合作、探究的学习习惯。

人有亡鈇者

北京育才学校通州分校　张赛

教学设计基本信息					
选择策略	小组合作策略	学　段	第三学段	年　级	5 年级

指导思想与理论依据

《义务教育语文课程标准（2011 年版）》中强调语文课程要全面提高学生的语文素养，正确把握语文教育的特点，积极倡导自主、合作、探究的学习方式，努力建设开放而有活力的语文课堂。因此，本课的教学设计中涉及小组合作学习环节，让学生在不停地思想碰撞中不断完善自己的思考，获得知识的同时也提高了与他人合作的能力。《人有亡鈇者》是北京版语文 5 年级下册的一则寓言，作者是列子。猜谜、小组合作学习、讨论的环节激发了学生的学习积极性，让学生通过填写学习单的形式获得知识思考和情感体验，使课堂更加开放而富有创新活力。

教学背景分析

教材分析：

《人有亡鈇者》讲述的是从前有个人丢了一把斧子，他怀疑是邻居家的儿子偷去了，他看到那人走路的样子，是偷斧子的；看那人脸上的神色，是偷斧子的；听他的言谈话语，是偷斧子的；一举一动，没有一样不像偷斧子的人。不久，他挖掘那山谷（土地时）却找到了自己的斧子。第二天他又看见邻居的儿子，就觉得他行为、表情、动作，都不像偷斧子的人。这则寓言说明，主观成见是认识客观真理的障碍。当人以成见去观察世界时，必然歪曲原来客观事物的原貌。准确的判断来源于对客观事实的调查，而不是主观的猜想。

学情分析：

在此之前学生已经接触过文言文和寓言，具备了一定的学习经验。5 年级的学生已经能通过自学掌握生字词并且流利地朗读课文，掌握了默读的阅读方式，能清楚表达和交流自己的见解；有独立学习及小组合作学习的习惯；能够独立查工具书，结合课文内容及页下注释查阅有关资料。

（续表）

教学方式：讲授法、谈话法

教师关注学生从被动学习向主动学习转变的趋势，经过教师的正确引导后可拓展学习兴趣，发展自我思维，由外部学习动机转向内部学习动机，提升综合能力。通过小组合作阅读策略，进一步培养学生的交流能力，愿意与他人分享自己的看法，在教师的鼓励与教导和小组的合作下可不断提升口语交际的水平。

教学手段：

利用多媒体辅助教学，积极营造学生与教师之间平等对话的空间，创设积极有趣的教学情境，引导学生主动参与学习活动。

技术准备：

自制多媒体演示文稿（PPT）、与课文内容相关的图片、学习单。

教学目标

1. 正确、流利地朗读课文。（重点）

2. 通过小组合作学习，借助注释和译文理解重点词语、读懂寓言的主要内容。（重点）

3. 通过小组合作学习，能够明白本则寓言的道理。（难点）

教学过程

一、回顾寓言，复习激趣

1. 师：同学们，之前我们学过很多寓言，大多题目都是"寓言二则"。那"寓言二则"的"则"是什么意思？寓言有什么特点？（寓言：用一个短小的故事说明一个道理或讽刺某种人。则：量词，成文的条数。如：新闻两则，随笔一则。）

2. 通过看图猜成语、根据大意猜成语、根据生活中的小故事猜成语等多种形式，引导学生回顾1~5年级所学过的部分寓言。

师：下面我们先来个猜寓言大比拼游戏。（指名回答）

出示寓言：《自相矛盾》《掩耳盗铃》《鹬蚌相争》《滥竽充数》

出示寓言：《刻舟求剑》《狐假虎威》《守株待兔》《郑人买履》

【设计意图】温故而知新。寓言是中华传统文化中必不可少的精华，通过一个寓言明白一个道理，培养当代学生正确的人生观和价值观。

3. 通过《郑人买履》中"郑有买履者"的"有……者"（定语后置），试着翻译题目"人有亡鈇者"，意思为：有一个丢斧子的人。

师：哪位同学试着翻译这句话"郑有买履者"？

预设1：有一个买鞋子的郑国人。

师：标准翻译答案，请你来给大家说说为什么这样翻译，怎么不翻译成"郑国有个人买鞋"？

预设2：郑国有个人买鞋。

师：这位同学一定是直接翻译的。还有不同意见吗？没有啦？老师是这么翻译的"有一个买鞋子的郑国人"。大家认真思考一下这两种翻译的方法有什么区别？老师把"有"字提到了前面，"者"放到了最后，"有……者"翻译成"有一个什么样的人"。在文言文里，这种"定语后置"的句式是经常见到的。（出示本课寓言《人有亡鈇者》）

师：有了刚才"郑有买履者"的翻译经验，谁来试着翻译这个题目？

板书：人有亡鈇者。

师：大家注意到了题目中有一个我们没学过的生字，请大家结合老师课前发的学习单学习一下这个生字，注意读音与字形。

【设计意图】回顾复习1~5年级所学过的部分寓言，使学生产生对寓言类文本的学习兴趣及喜爱之情。通过复习已学过的文言文中的特殊句式，引导学生回忆以前学习寓言的方法步骤，自主学习新知识，提升语文素养，使学生树立学习寓言的自信心，主动亲近寓言，从而更好地进行小组合作学习，也为小组合作学习做足了前期准备和铺垫。

二、小组合作，理解寓言

1.独立默读，试着结合页下注解翻译寓言。

师：刚才我们回顾了不少以前学过的寓言，在以往学习寓言时，大家有没有一些好方法来帮助理解呢？谁愿意分享你学习寓言的好方法？

预设1：借助页下注解翻译学习。

预设2：通过参考书翻译学习。

预设3：同学间共同学习。

2.看来同学们学习寓言的方法还真不少，让我们运用这些好方法来自学寓言吧！

3.按照课前分好的小组，结合页下注解，翻译寓言。分组汇报（小组代表汇报即可）。

师：请大家结合老师给出的学习提示，用10分钟与组员一起结合页下注解，试着合作翻译。注意要关注重点字词，重点解决不理解的词句。哪个小组愿意与大家分享一下学习成果，带着全班同学逐句翻译？其他小组也可以提出自己的看法，一起交流，共同学习。代表发言后，同学对照页下注释自己翻译课文。

4.小组合作，体会"颜色""谷""态度"的古今异义。

师：在我们今天学习的这篇寓言中有几个古今异义词，请同学们看屏幕并仔细思考这些词语在古今的应用中有哪些区别？词义上有什么不同？（结合图片和释义）

现在指：_____

古代指：_____

5.小组合作练习朗读寓言，注意断句。

师：同学们发现了PPT给出的课文没有标点，请大家试着自己读一读课文，注意停顿与断句。请代表示范朗读。结合给出的答案再读一遍，感受其中的停顿、断句。

（续表）

6. 写作练习。

师：学习了这篇《人有亡鈇者》，你有什么样的感悟？下面给大家5分钟的时间，请在纸上简单地写一写你想对"亡鈇者"说的话。（巡视点名回答）

【设计意图】本节课内容为文言文类寓言，在日常学习中，学生对寓言内容的理解与把握相对现代文来说较为薄弱，而小组合作学习恰巧可以使学生的认知与理解相互补充，得到启迪，引发共鸣。通过轻松愉快的小组合作学习，使全组学生甚至全班学生都参与到本则寓言的学习、思考、探究之中。在小组合作学习时，可以鼓励内向、腼腆的学生鼓起勇气与小组内同学积极交流；还可以提升外向、活泼的学生带领组员积极参与小组学习的能力。对于学生而言，小组合作学习是他们十分喜欢的阅读策略，不仅能全员参与，而且兴趣极浓，往往深刻且富有内涵的想法都是通过小组合作学习而产生的。

三、结合生活，体会道理

出示练习：

1. 淘淘总是不写作业。今天早上组长去收他的作业，他一会儿说作业忘带了，一会儿说昨天晚上放在书包里，结果今天找不到了。组长无奈地摇了摇头，叹了口气，说："这真是（　　　）啊！"（自相矛盾）

2. 美术课上，方方看了看同桌的画，对他说："你这幅画已经画得很美了，就不要再（　　　）了。"（画蛇添足）

3. 结合自己在生活中看见或遇到的小事例，用上相关的寓言成语，和大家一起交流。

【设计意图】通过生活中的一些小事例，引导学生正确运用寓言，并且能够从亲身经历过的事件中体会寓言深刻的道理。学生在日常学习生活中，接触寓言的机会少之又少，因此在学习寓言时往往会产生抵触情绪，通过结合生活实例，使学生们拉近了自己与寓言的距离，从而对寓言类课文产生浓厚的学习兴趣。

四、课后作业，交流感受

1. 将今天所学的寓言故事讲给家人听，并交流丢斧子的人为什么前后的看法发生了转变。

2. 查找列子写的其他寓言，体会寓意，与同学共同分享交流。

【设计意图】通过本节课的学习，学生对寓言已经有了一定的兴趣，并且能够懂得本则寓言的道理。结合课后作业，能够锻炼学生口语表达能力，同时也拉近了孩子与父母之间的距离，在与父母交流的过程中也复习了所学知识。在本节课上，学生对列子的认识只是初步浅显的，通过查找列子的其他寓言，可以使学生更加深入地了解列子及寓言的相关知识，同学之间也能更好地分享、交流感受。

板书设计
人有亡鈇者
凭主观看问题，往往会出错误！

（续表）

教学流程

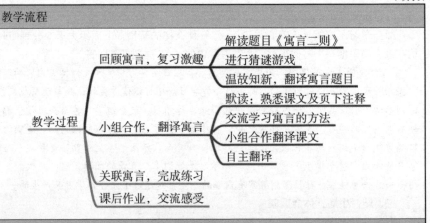

设计说明

　　在本节课的教学中，我积极倡导自主、合作、探究的学习方式，努力建设开放而有活力的语文课堂。因此，我在教学设计中设计小组合作学习讨论环节，让学生在不停地思想碰撞中，不断完善自己的思考，获得知识的同时也提高了与他人合作的能力。

　　通过复习已学过的文言文中的特殊句式，引导学生回忆以前学习寓言的方法步骤，自主学习新知识，提升语文素养，使学生树立学习寓言的自信心，主动亲近寓言，从而更好地进行小组合作学习，也为小组合作学习做足了前期准备和铺垫。

　　通过本节课的小组合作学习，孩子们共同总结了学习寓言及文言文的方法：①借助页下注解翻译学习；②通过参考书学习；③借助文中插图学习；④小组合作共同学习。

奇异的琥珀

北京市通州区台湖镇中心小学　刘亚细

设计基本信息					
选择策略	推测、想象策略	学　段	第三学段	年　级	5 年级

指导思想与理论依据

　　《义务教育语文课程标准（2011 年版）》中强调"阅读是学生的个性化行为，阅读教学应引导学生钻研文本，在主动积极的思维和情感活动中，自主体验、感悟，注重体验过程"。由此可见，小学高年级语文阅读教学应关注学生的自主探究性学习，尊重学生的个性化思维。同时进行课外延伸，发挥学生的创造潜能，激活学生的想象能力，使课内学习与课外发展相得益彰，提高学生的语文素养。

　　语文教育学科最核心的问题是认识语文教育思维规律，进行思维训练。具体说，就是按照人的思维规律和思维发展规律，激发学生思维兴趣，教给学生思维方法，培养学生良好的思维品质和思维习惯，训练学生的思维能力。

　　在这次教学活动中，要抓住小学高年级语文阅读教学的特点，以自主探究的方式感受科学家推测和想象的合理性，使学生产生探索大自然奥秘的兴趣和欲望。同时培养学生的逻辑推理能力以及创造性思维能力。

教学背景分析

教材分析：

　　《奇异的琥珀》是一篇科学小品文。它主要写了一块琥珀被发现以及科学家推测它的形成过程。全文语言易懂，描写生动，意在让学生通过学习能够想象出琥珀的形成过程，理解科学家推测的过程是合理严谨的。

学情分析：

　　学生对琥珀比较陌生，通过出示实物整体感知。教学时让学生朗读、讨论理解琥珀的形成过程。在教学时，教师要培养学生静心读书的习惯，在自主探究中培养实践能力，以及能够联系上下文自己解决问题的能力。

（续表）

教学目标

教学目标：

1. 结合琥珀的样子，了解奇异琥珀的形成过程。领会作者推测、想象的合理性。

2. 体会课文中生动形象的语句的表达效果。

教学重点：

领会作者推测、想象的合理性。

教学难点：

抓住关键词语展开丰富的想象。

教学方式：

以学生的发展为本，发挥语文的人文教育功能。在教学设计过程中，我充分重视语文的熏陶感染作用，尊重学生在学习过程中的独特体验，做到正确把握语文学科的特点，努力构建一种自主、合作、探究的学习方式。在自主探究的基础上，培养团结合作、勇于创新的精神。积极发挥电教媒体的优势，创设情境，以提高教学效率，促进学生情感的自我发展。

教学过程

一、导入：复习巩固基础，辨析易混淆词语

1. 请学生完成自学任务单的看拼音写词语、选词填空。对重点字形、字音进行指导。学生完成自学任务单。读重点词语。

2. 通过选词填空理解"推测"一词的含义。

【设计意图】

1. 通过听写、朗读、指导易错字音等形式巩固基础知识。

2. 通过与"猜测"的比较性选词填空，加深对"推测"的理解，又旁延理解了"推测"的词义，为下面把"推测"放到更具体的语言环境中去理解作铺垫。

二、新授

活动设计一：观察琥珀，了解推测依据

师：那么，在这篇课文中作者就是根据琥珀的样子进行推测，想象了一个生动有趣的故事，请同学们找一找，课文中的这块琥珀是什么样子的呢？

生：在那块透明的琥珀里，两个小东西仍旧好好地趴着。我们可以看见它们身上的每一根毫毛。还可以想象它们当时在黏稠的松脂里怎样挣扎，因为它们的腿的四周显出好几圈黑色的圆环。

师：科学家根据琥珀的样子，想象了一个故事，哪位同学能给大家讲讲这个故事。

生：这个故事发生在一万年以前，一个炎热的夏天，在一片松树林里，一只苍蝇在树上休息，一只蜘蛛想把苍蝇当作一顿美餐，这时候一棵老松树渗出一滴厚厚的松脂，正好把这两只小虫一齐包裹在里面。松脂越积越厚，最后变成了一个松脂球。又经过了上万年的时间和地壳运动，松脂球被淹没在沙下，最后变成了琥珀。

（续表）

活动设计二：走进故事，感受科学推测

师：请你结合琥珀的样子以及老师给你提供的资料，分析作者想象的这个故事合理吗？小组合作讨论，说出你的依据。

生：学生可从松脂球的形成、两只小虫的形态、化石的形成等方面进行说明。小组讨论，交流，汇报。其他同学补充。

小结：作者想象有理有据。

附琥珀的形成过程资料：

1. 琥珀是远古松科松属植物的树脂埋藏于地层，经过漫长岁月的演变而形成的化石。琥珀的形状多种多样，表面常保留着当初树脂流动时产生的纹路，内部经常可见气泡及古老昆虫或植物碎屑。

2. 琥珀的前身是天然树脂。它的形状和当时树脂的流动、下落和形成时周围环境等有关。每一个琥珀都有着特别的、不寻常的形状，映射出它们在树上或是树中的形成、外形、形态的特点。

3. 琥珀，通俗地说就是一种植物的树脂，近似于我们常说的"松香"，是由植物（多数是有木质结构的树木）在一定的温度下，一般温度偏高才能促使其分泌出一种黏稠状或凝胶状的液态分泌物，分泌物经长期掩埋渐渐失去挥发的成分，再经氧化、固结逐渐形成为树脂化石。这类化石没有岩石类的石质感，但它也经历了百万、千万年的地下埋藏，经历了形成化石的一切过程，我们称之为特殊的化石——有机化石，恰好里面夹杂着树枝、树叶等其他生物的碎片，还有虫子的，那样的很珍贵。

4. 琥珀的形成原因是什么？琥珀是距今五六千万亿年前的松柏科植物的树脂滴落，掩埋在地下千万年，在压力和热力的作用下石化形成，故又被称为"树脂化石"或"松脂化石"。琥珀的形成原因有很多，不同颜色的琥珀形成原因也不同，那么，琥珀的形成原因主要有哪些呢？

5. 松脂石化形成。很久很久以前，骄阳似火，热浪笼罩着一片原始松林，烤得树皮发烫。在松枝折断或松树干损伤处，不断地溢出金黄色的松脂，一大滴松脂持续滴落，形成了一团。随着时光的流逝，地壳运动使原来的陆地变成了海洋，海水淹没了森林。

6. 这团松脂和成千上万团成因类似的松脂一道，被埋藏到泥沙的底下。历经几千万年、甚至上亿年的地质变化，树木变成煤炭，泥沙化为岩层，而埋在其中的这些松脂则逐步聚合，失去化学活性，越来越坚固，终于石化成了金灿灿、透明的化石——琥珀。

【设计意图】

1. 引起学生的认知冲突，发展学生的思维能力。

2. 运用自主学习策略，引导学生自主提取科学家推测、想象的琥珀形成的过程是否合理，通过小组讨论，把学习的主动权交给学生，顺学而导。在资料与文本间建立联系，运用推想、想象的策略引导学生理解文本，感受作者科学合理的推测与想象，培养学生的自主探究能力。

3. 借助资料，培养学生提取信息、收集信息的能力。

（续表）

活动设计三：品味重点词句，感受想象的丰富

师：这个故事哪些地方描写得很有意思？再次默读第一部分，画出来，把你的感受批注在旁边。

生：批注描写语句生动、有趣的地方。

师：这个故事生动有趣。选择自己喜欢的内容，一边想象一边美美地读一读。

生：选择自己喜欢的句子，读一读。

小结：语言生动有趣。

【设计意图】运用组织策略引导学生在文本中找到语言描写生动、有趣的地方，使学生沉浸于语言文字之中，品味语言进入情境。引导学生读文品词，进而体会科学小品文的语言特点：准确、生动。

三、揣摩写作特点

师：对比科学小品文和之前学过的说明文的不同点。

【设计意图】运用对比策略，与之前学过的说明文相比较，学习文章的写作特点，深化文本。

四、总结升华，课外拓展

1.活动设计：总结升华，课外拓展。

师：PPT出示琥珀图片，感受大自然的奇妙。

生：学生欣赏。

布置作业：仿照作者描写小苍蝇和蜘蛛的那部分，选择一块你喜欢的琥珀，展开丰富的想象，写一个小片段。

【设计意图】根据科学家合理的推测和想象进行知识迁移，创造性地说话、写话，使学生亲历从揣摩文本到品味语言，再到品读写法，突出了教学的实效性。学生学习了今天的课文后，可以应用推想和想象的策略观察事物，培养学生的创造性思维能力，使学生写起来，笔耕不辍；活起来，课堂高效。

板书设计

奇异的琥珀

想象　　　　　　　　有理有据

语言　　　　　　　　生动有趣

教学流程

推测：形成过程

↓

奇异的琥珀运用推测、想象策略：有理有据，生动有趣

↓

（样子＋科学依据）想象当时情景（科学小品文的写作特点）

（续表）

设计说明

　　《奇异的琥珀》是一篇科学普及故事。作者柏吉尔是德国的科学家和作家，他用形象生动的描绘及严谨科学的说明，向我们描述了他依据一块裹有苍蝇和蜘蛛的琥珀，推测、想象其形成和发现过程的故事。作者先通过对琥珀形成过程的描写及其被发现的过程描述了自己的推测和想象，将读者引入了故事情境之中。然后再通过对琥珀样子的描述，进而说明自己推测、想象故事情节的科学依据，使文章独具匠心、结构合理严谨。因此本节课我采取在自主学习策略的基础上，运用推测、想象策略帮助学生理解文本，丰富语言体验。

　　一、走进故事，感受科学推测

　　首先我利用学生的元认知让学生在文章中找出描写琥珀样子的句子，根据这块琥珀的样子科学家推测、想象了一个琥珀形成的故事，根据学生的回答，我抛出了一个问题：科学家推测、想象的这个故事是否合理呢？引起认知冲突，发展学生的思维能力。运用自主学习策略，引导学生自主提取科学家推测、想象的琥珀形成的过程是否合理，通过小组讨论，把学习的主动权交给学生，顺学而导。在资料与文本间建立联系，运用推想、想象的策略引导学生理解文本，感受作者科学合理的推测与想象，培养学生的自主探究能力。

　　二、品味重点词句，感受想象的丰富

　　在这部分教学中，我运用组织引导策略让学生在文中找到自己认为有趣生动的描写，引导学生抓住小苍蝇和小蜘蛛被松脂球一齐包住的场景，再运用想象策略想象当时蜘蛛和苍蝇的动作、神态以及心理活动。使学生沉浸于语言文字之中，品味语言，进入情境。引导学生读文品词，进而体会科学小品文的语言特点：准确、生动。例如在第七自然段中两只小虫被包裹那一瞬间的情景很有意思："蜘蛛刚扑过去，突然发生了一件可怕的事情。一大滴松脂从树上滴下来，刚好落在树干上，把苍蝇和蜘蛛一齐包在里头。"这句话中的"刚""刚好""突然""一齐"这些词让我们感受到事情发生得如此之巧。

　　例如第八自然段中：两只小虫都淹没在老松树的黄色的泪珠里。它们前俯后仰地挣扎了一番，终于不动了。这句话写得很有趣。可以让学生运用想象策略想象老松树当时的心理活动，把老松树当成人来写。老松树有了情感，好像它正为两只小虫的不幸感到伤心，所以留下了一滴一滴的眼泪。这样的句子还有很多，我们都可以创设情境，使学生深入走进文本，感受作者语言的丰富有趣。

　　本节课学生能够借助资料的帮助运用推测策略，理解作者推测琥珀形成的故事的合理性。同时，在教师情境创设策略的帮助下，对文中生动的语言展开丰富的想象，进而感受科学小品文的文字特点。效果还是不错的。

语言的魅力

北京市通州区运河小学　张萌

教学设计基本信息					
选择策略	联想、想象策略	学　段	第二学段	年　级	4年级

<table>
<tr><td colspan="6" align="center">指导思想与理论依据</td></tr>
</table>

　　根据《义务教育语文课程标准（2011年版）》的要求，语文课程是实践性课程，应着重培养学生的语文实践能力，而培养这种能力的主要途径也是语文实践。小学中年级段要求"能联系上下文，理解词句的意思，体会课文中关键词句表达情意的作用……初步感受作品中生动的形象和优美的语言"。阅读是学生的个性化行为，应让学生在主动积极的思维和情感活动中，加深理解和体验，有所感悟和思考，受到情感熏陶，感受语言文字的力量。同时，丰富的情感是激发学生联想和想象的动力。只有使学生真正地与作品中的事物融为一体，才能达到阅读的理想效果。

　　本课教学从学情出发，以教师为主导，学生为主体，巧用联想、想象的教学策略设计学习活动帮助学生走进语言；激发学生联想、想象能力，从中感受语言的魅力，并学习一定的方法。

<table>
<tr><td align="center">教学背景分析</td></tr>
</table>

　　《语言的魅力》属于叙事性文本，在北京版教材中，从低段到高段，叙事性文本贯穿教材始终，比重逐渐增加。中段课文篇幅较长，要求初步了解故事大意，把握事件基本要素，通过揣摩语言，体会关键词句表情达意的作用。

　　《语言的魅力》是4年级语文下册第四单元中的第二篇精读课文。第一篇课文的学习和思考方式可以继续迁移到本课的学习中，帮助学生把握好叙事性文本的特点，更好地感受、品味语言文字。这篇课文主要写了法国著名诗人让·彼浩勒用语言帮助盲老人的事，从中体会诗人同情、帮助残疾人的善良品质。课文第六自然段运用优美的语言描绘出春天的美景，此处运用联想和想象的阅读教学策略，可引导学生更加深入体会"春天到了，可是"几个字产生的巨大作用，从而感受语言的魅力并能写出有魅力的语言。

（续表）

　　本班学生经过四年的学习已具备了理解语言文字的基础和良好的学习习惯，具备了一定的独立学习语文的能力，而且大部分学生想象力丰富，乐于表达。学生在读文的过程中，要找到最有魅力的语言"春天到了，可是……"并不难，但要深入理解课文内容、品味语言的魅力，仅仅停留在这里是远远不够的，因此老师抓住课文第六自然段运用优美的语言描绘出春天的美景，此处运用联想和想象的阅读教学策略，并联系自己的生活实践进行阅读反思，和文中的情感产生共鸣，深切感受到语言的巨大魅力。

教学目标

　　1. 学生基于文本，抓住"春天到了，可是……"，这样的描写通过丰富的联想、想象，在多种情境中感受语言的魅力。
　　2. 学生能够在感受、朗读、理解的基础上背诵第六自然段，积累语言。
　　3. 能够写出有魅力的语言。掌握一定的分析语言文字的方法。
　　教学重点：学生基于文本，抓住"春天到了，可是……"这样的描写，通过丰富的联想、想象，在多种情境中感受语言的魅力。
　　教学难点：能够有效运用联想、想象的阅读策略，写出有魅力的语言并掌握一定的分析语言文字的方法。

教学过程

　　一、导入
　　1. 回顾上节课所学词语（12个），指出标红字是本课中的易错字，注意字形和结构。
　　2. 朗读课文，回忆课文写了一件什么事？组织语言，自己小声说一说。
　　【设计意图】
　　1. 词语复习，巩固旧知识，加强记忆。
　　2. 巩固抓住事件基本要素概括大意的方法，练习口语表达。
　　二、发现变化，引出质疑
　　1. 在这个故事中，木牌上的文字发生了变化，引导学生关注木牌文字的前后变化；以及随着文字变化行人前后的行为和态度发生了什么变化？先在书中找到相应文字画下来，再谈感受。
　　预设：无动于衷，淡淡一笑便姗姗而去（文中提取信息），漠不关心；后来纷纷慷慨解囊帮助这位盲老人。
　　2. 行人的态度和行为为什么能发生这么大的转变呢？
　　诗人让·彼浩勒在盲老人的木牌上加上了"春天到了，可是"这六个字。
　　【设计意图】训练学生提取并概括信息的能力；引出下文需要重点理解的句子。
　　三、妙悟语言，感受魅力
　　1. 诗人添加的几个字为什么会产生这么大的作用？小组讨论。
　　小组讨论，汇报讨论结果。（预设：能够让过往行人想象到春天的美好景象。）
　　2. 找到课文中描写春天的句子，指名读。
　　朗读："是的，春天是美好的。那蓝天白云，那绿树红花，那莺歌燕语，那流水人家……"

（续表）

3.教师出示四幅图画，分别对应"蓝天白云、绿树红花、莺歌燕语、流水人家"。学生看图欣赏，齐声读"是的，春天是美好的，那……怎么不叫人陶醉呢？"

4.教师再通过图片引导学生联想或想象、表达：

（1）春天到了，你眼前还出现了怎样的景色？用词语描绘出来。

春暖花开、生机勃勃、春意盎然、鸟语花香、百花争艳……

（2）由眼前的春景，谁还联想到了古诗中描绘出的春天的美好画面？

《春日》《春晓》《村居》《咏柳》《江南春》……

（3）谁能说一句你学过的描写春天的句子？

《美丽的小兴安岭》（教师视情况补充朱自清《春》，感兴趣的可以找来读一读）。

（4）引导学生运用想象体会感受，说出心情。

徜徉在这样的春景里，沐浴着阳光，你是什么样的感受和心情？

（开心，愉快，舒服，惬意……带着感受学生再朗读。）

教师小结："春天到了"，这四个字带给我们丰富美好的联想，使我们想到各种美景，你的心情也这么愉悦，这语言多有魅力啊！（板书：联想，想象）

5.体会"可是"的效果和作用。

（1）师：接下来，紧跟了一个什么词语？（可是）

可是什么呢？（可是我什么也看不见）学生闭眼睛想象，感受黑暗，想象并体会盲老人的世界一片漆黑。

（2）说出感受。

刚才我们体会到了……可是盲老人呢？

你能看到……可是盲老人呢？

你想到了……可是盲老人呢？

（板书关键词：帮助）

（3）发现对比。

你发现"可是"连接着一前一后，发挥了什么作用吗？

（板书：对比）

教师小结：诗人让·彼浩勒添上的"春天到了"引起了人们的注意，勾起我们对美好春天的联想与想象，想到生活的美好；而加上的"可是"使前后形成对比、反差，让你我的情绪波动起伏，不自觉中行为就发生了变化，唤起了人们那颗善良之心。同学们，这样有内容、有情感的文字就是——语言的魅力！

【设计意图】

1.通过朗读—联想描绘春天的四字词语—联想古诗词中描绘的美丽春景—说出或背诵几个句子这样几个层次，训练学生的思维；教师引导学生想象画面，感受"春天到了"四个字的内涵、带来的美好，"扬"起情绪。从中理解"春天到了"四个字是有内容、有感情、有温度的，这就是有魅力的语言。

（续表）

2. 闭眼想象，短暂的真实体验中更能唤起学生的情感，形成前后的情绪反差，由"扬"转"抑"。

3. 承接上一环节展开师生对话—说感受—发现"可是"的效果、作用。

强烈的对比之下，表达感受。此时，同情、怜悯、帮助之心油然而生，水到渠成。理解这就是—语言的魅力！也再次理解有魅力的语言是有情感的、有起伏变化的。

四、理解魅力，积累语言

给予学生时间，带着理解有感情地朗读第六自然段，然后尝试背诵下来。

【设计意图】趁热打铁，在学生理解语言魅力的基础上，借助联想、想象的阅读策略帮助学生在课堂上有效地积累语言。

五、创意练笔，思维提升

教师总结板书内容，回顾分析有魅力的语言能产生的表达效果，引出练笔活动。

内容：

1. 从下面的画面中，任选一个或几个画面，配上有魅力的语言。

2. 组内交流并修改完善。

要求：

1. 能够吸引其他同学，引发联想。

2. 读后产生身临其境之感。

【设计意图】在学习课文文本的基础上，借助图片引发学生丰富的联想，能够联系生活实际拓展学生思维，运用课堂理解和学生所学进行创意练笔，写出自己的有魅力的语言。

板书设计
语言的魅力 春天到了，可是我什么也看不见！ 联想　　对比→帮助 想象

（续表）

教学流程图
复习词语，回顾内容 ↓ 发现变化，引出质疑 ↓ 妙悟语言，感受魅力 ↓ 理解魅力，积累语言 ↓ 创意练笔，思维提升
设计说明

教学反思：

本节课有效运用联想、想象的教学策略，主要表现在以下两大环节。

1. 妙悟语言品魅力

抓住"春天来了，可是"这六个字让学生提取文章信息，充分联想、想象、表达、朗读，然后背诵段落，在有层级梯度的思维练习中品味语言的魅力，理解诗人加上六个字后产生巨大作用的原因。整堂课立体性强，通过图片、音频及视频的播放感染学生，激发起他们丰富的联想与想象，引其入情入境。

2. 创意练笔促提升

教材文本是例子，教师组织学生进行有逻辑层次的活动，创设情境进行语言文字的运用，以学生为主体，呈现其学习的过程及成果，训练思维，提升能力。

宏观上，各环节紧密相扣，层层递进；微观上，教师提问形成思维训练的问题链，所有这些都在为学生搭建支架，促进其思维发展。

主要优点：

有效运用联想、想象的阅读教学策略，抓住"春天到了，可是"这六个字，借助丰富的阅读体验，基本实现了学生与文本的多形式对话，加深了对"语言的魅力"的理解。着重培养了学生的语文实践能力，落实课程标准对小学中年级段的要求"能联系上下文，理解词句的意思，体会课文中关键词句表达情意的作用……初步感受作品中生动的形象和优美的语言"。

一些遗憾：

由于时间关系，练笔的活动进行得不够充分，教学内容如何更契合学生起点，完成转化与落实值得我进一步思考。

语文的学习是一个日积月累的过程，功夫在平时，课堂应通过运用有效的教学策略、设计多样的学习活动培养每一个孩子的语文实践能力，在今后的教学中，我会继续探索、实践。

宿新市徐公店

北京市通州区教师研修中心实验学校　刘骁

教学设计基本信息					
选择策略	想象策略	学　段	第二学段	年　级	4年级

指导思想与理论依据
《义务教育语文课程标准（2011年版）》中指出学生在语文学习中"能主动进行探究性学习，激发想象力和创造潜能，在实践中学习和运用语文"。爱因斯坦说："想象力比知识更重要，因为知识是有限的，而想象力是概括着世界上的一切，推动着进步，并且是知识进化的源泉。"对于现在的小学生来说，培养想象力与发散思维能力是重要和关键的。古诗的学习促进培养学生的想象能力，每一首古诗都是一幅色彩斑斓、动静相宜的画，留给读者想象的空间，而古诗本身的意境就是一种无言的美，值得我们去品味。作为教师，教学时要引导学生不断想象诗中的意境，深刻地领悟诗中蕴含的情感。

教学背景分析
教材分析： 　　《宿新市徐公店》是北京版语文第八册第六单元第一篇课文，本单元目的在于使学生从小接触祖国优秀的传统文化，要求加大学生自主学习的空间，体会古诗的诗情画意。本诗为南宋诗人杨万里之作，诗中描写的是春末夏初诗人在店内所看到的儿童嬉戏的天真活泼，以及菜花开放、遍地金黄、彩蝶飞舞的自然景色。在诗人的笔下，有动有静，人景交融，是著名的田园诗佳作。 　　**学情分析：** 　　本诗文字简洁、内容易懂，比较贴近儿童生活，学生学习起来容易感同身受。4年级学生接触过很多古诗词，这节课的教学帮助学生一起总结、概括学习古诗词的方法，并学会运用。另外学习古诗时正直春季，总结、发散学习描写儿童嬉戏的诗句，让学生在诗中寻找生活的影子，在美的感受中展开想象，体会作者当时的情感。

教学目标
1.学会本课生字，重点指导：篱、疏。 　　2.朗读课文，背诵并默写课文。

（续表）

3.理解诗句内容，想象诗人描绘的意境，体会表达的思想感情。

教学重、难点：正确理解诗意是本课的教学重点，通过想象策略的指导，让学生在脑海中呈现出一幅人景交融、色彩绚烂、动静交错的立体乡村风景画，想象儿童在花丛中追蝴蝶的快乐，进而体会诗人对大自然的热爱之情，这是教学的难点。

教学过程

一、情境导入

师：出示儿童放风筝图片，猜猜这是哪首诗？

生：《村居》。

师：是根据什么判断的？

生：放风筝。

出示诗句，一起读。

师：今天我们继续学习一首描写儿童嬉戏场景的诗。

【设计意图】用图画设置情境导入，通过回忆学过的描写儿童嬉戏的诗激发学生兴趣，引入本课新诗。

二、新授

（一）解题

师：齐读诗题，说说诗题的意思。

师：看页下注释订正，完整说出意思。

生：诗人杨万里住在新市一家姓徐的人开的店里。

【设计意图】学习诗题含义，了解诗人写作背景。

（二）读诗

师：你想不想知道诗人在徐公店看到了些什么？自己把诗读一读。

点名读诗，同桌互读，齐读。

师范读：读诗不仅要准确，还要有诗韵。（适当停顿，韵脚拉长）

生个别读，赛读。

【设计意图】初读古诗，让学生反复吟诵，为理解诗意进行准备。

（三）解诗意

师：这首诗是什么意思呢？回忆了解诗意的方法。

生：页下注释、联系上下文、查字典。

同桌交流，点名回答。

学生重点理解"树头花落未成阴"，时间在春末。

教师讲解"篱落疏疏"。讲解生字"篱"，形声字；"疏"的意思是稀疏。学生书写这两个字，用图画的形式讲解"篱落疏疏"的意象。

师：诗中描写了哪些景物？

生：篱落、径、树、花、儿童、黄蝶、菜花。（板书）

（续表）

【设计意图】古诗中一般通过借助意象来表现作者的主观感情，让学生自己寻找诗中意象，透过这些事物的表象，看到内蕴的情感。同时练习掌握本课生字。

（四）想象

师：现在老师带你们去新市的郊外，每个人手中都有一部相机，围绕诗人描写的景物，按动手中的快门，把最美的瞬间拍下来。你可以拍一张或者一组，再用优美的语言把所记录的画面描绘出来。（学生展示）

师：谁能集合所有人的智慧，用一段优美的语言，把诗中所写的景象描绘出来？

预设：在一条弯弯曲曲的小路旁，开了许许多多的金黄色油菜花，油菜花旁有一棵大树，树叶还没有成荫，树上的花已经飘落下来。有一个穿红衣服并梳着两个小辫的小女孩，看见树下有一只美丽的黄蝴蝶，刚要抓住它，蝴蝶就飞进了油菜花里。由于蝴蝶的颜色和油菜花的颜色相同，小女孩分不清哪个是蝴蝶、哪个是油菜花了，她心想：既然蝴蝶飞进了花丛中，它一定很快乐，我就不再捉它了。

【设计意图】在意读诗文时，引导学生借助想象，将诗句在脑海里形成生动的画面。通过镜头的形式让学生来感受诗中立体的景象，能够打破学习的定势思维，从自己的视角出发，更容易畅所欲言，同时也培养了学生倾听与总结的能力。

（五）体会情感

师：假如你是诗人，看到这样一幅生动活泼的画面，心情如何？

生：喜悦。（板书）

师：你为什么喜悦呢？带着这种情绪把诗读一下。

生多种形式读诗。

【设计意图】基于通过想象已将学生领入诗的意境，进而体验诗人的感情，引导学生从自己的角度联想到诗人，体会诗人热爱生活、热爱大自然的情怀。

（六）背诵默写

师：读了这么多，你能背下来吗？

生尝试背诵。

师：不仅要会背，还要会写，敢不敢挑战一下？拿出学习单，看谁写得又好又快。

生默写古诗。

【设计意图】背诵、默写是本课的教学目标，能够帮助学生巩固所学内容。

三、拓展升华

师：杨万里还写了很多儿童诗，我们再来看两首，自己先读读，看看这些小孩他们在干什么？

舟过安仁
宋·杨万里
一叶渔船两小童，收篙停棹坐船中。
怪生无雨都张伞，不是遮头是使风。

（续表）

闲居初夏午睡起

宋·杨万里

梅子留酸软齿牙，芭蕉分绿与窗纱。

日长睡起无情思，闲看儿童捉柳花。

师：课后继续积累杨万里的诗，进一步了解诗人的写作特色。

【设计意图】诗人杨万里有一系列描写儿童嬉戏的诗篇，在本诗的基础上让学生进行拓展学习，在巩固此类诗学习方法的基础上激发学习中华经典诗词的兴趣，埋下语言厚积薄发的种子。

板书设计

宿新市徐公店

宋·杨万里

篱落　径　树　花　　　　　想象

喜悦

儿童　黄蝶　菜花

教学流程

情境导入，激发兴趣

↓

学习新诗，体味情感

↓

课外拓展，学习升华

设计说明

通过想象理解诗句是一种常见的教学策略。《宿新市徐公店》虽然是宋代诗篇，但诗中内容贴近学生生活，因此在学习过程中，我为学生设置了郊游的情境，让他们用手中的相机拍摄自己喜欢的画面并进行描述，培养学生的想象能力。在教学过程中有的学生关注稀稀疏疏篱笆旁的农家院；有的学生描述落花的树木和油菜花；有的学生让整个画面动了起来：在丽日当空、花香扑鼻的大好春光中，有个小孩正在自由自在、无拘无束地奔跑着，追逐黄色的蝴蝶，蝴蝶飞入了菜花中。学生仿佛置身画中，听到了嬉笑声、欢呼声、失望的叹息声……通过想象教学，将几百年前的诗作与现实生活融为一体，让学生能够站在自己的视角将诗中情景描绘出来，体会到作者当时的感受，这是本教学设计要达到的目的。

草地夜行

北京小学通州分校　　张蕊

设计基本信息					
选择策略	想象策略	学　段	第三学段	年　级	5年级

指导思想与理论依据
《义务教育语文课程标准（2011 年版）》指出：教师应该重视语文课程对学生思想情感所起的熏陶感染作用，注重课程内容价值取向，要继承和发扬中华优秀文化传统和革命传统。同时还要关注语文课程的实践性，应该让学生多读多写，日积月累，在大量语文实践中体会把握运用语文的规律。

教学背景分析
教材分析： 　　《草地夜行》是北京版语文第十册第八单元的第二篇精读课文，本单元共安排了四篇文章，分别歌颂了毫不利己、专门利人的军需处长，忠于革命、舍己救人的老红军，有着精湛医术乐于助人的白求恩以及为科学事业勇于献身的蒋筑英，因此本单元重在训练学生评价人物的能力，体会、感受文中人物的优良品质。就本课来说，重在让学生抓住人物描写以及环境描写相结合这一方法，体会人物品质。 　　**学情分析：** 　　为了了解学生对于评价人物时掌握的方法，我做了如下调查。初读课文，文中的老红军给你留下了哪些印象，你是从哪些地方体会到的？通过分析调查结果，我发现学生在评价人物时善于抓住人物描写来谈自己的感受，但是却易忽略环境描写的作用。

教学目标
1.通过人物描写体会老红军忠于革命、舍己救人的崇高精神。（重点） 　　2.初步体会其中环境描写的作用，能结合人物描写，感受文章的表达效果。（难点） 　　3.通过学习本课让学生对长征精神有新的感悟。

（续表）

教学过程

一、情"境"导入，知路难

出示第一段环境描写："茫茫的草海，一眼望不到边。大队人马已经过去了，留下一条踩得稀烂的路，一直伸向远方。"

从这段环境描写中你感受到了什么，你是从哪些词语中感受到的？

学生体会环境恶劣，重点围绕"茫茫""一眼望不到边""稀烂"说一说前方可能存在什么样的危险。

【设计意图】引导学生想象红军长征过草地时可能遇到的危险，感受红军长征过草地的不易。

出示第 17 自然段：

我的心疼得像刀绞一样，眼泪不住地往下流。多么坚强的同志！为了我这样的小鬼，为了革命，他被这可恶的草地夺去了生命！

事实证明这可恶的草地吞噬了老红军的生命，联系刚才的环境描写，请你用下面的句式说一句话：

如果没有 _____ 老红军就不会 _____ 。

【设计意图】

帮助学生建构语言，通过联系上下文，体会环境描写的作用之一：为后文埋下伏笔。

带感受自读第一部分，读出茫茫草海掩藏的危机。

二、渐入佳"境"，品人物

这一板块也是本课的重中之重，这部分是老红军为救小红军，深陷泥潭。

师：正是在这样恶劣的环境下，我掉队了，一位老红军出来找我们这些掉队的小鬼。

出示自学提示：

请你默读课文的第二部分，找出描写老红军言行的句子，寻找重点做好批注。组内互读并讨论，最后全班汇报。

其中抓住老红军陷入泥潭时的语言和动作做重点分析。

例如：

1.突然，他的身子猛地往下一沉。"小鬼，快离开我！"他急忙说，"我掉进泥潭了。"

通过关注语言顺序，体现老红军舍己为人，将自己的生死置之度外。

2.这时候，他用力把我往上一顶，一下子把我甩在一边，大声说："快离开我，咱们两个不能都牺牲！……要……要记住革命！……"

抓住"顶"和"甩"这两个动词，以及老红军的语言。表现出老红军舍己为人、忠于革命的思想品质。

【设计意图】学生通过自主、合作、探究的学习方式感受作者对老红军言行的描写，初步感受老红军忠于革命、舍己为人的人物品质。

这一部分也有一段对环境的描写，请你找一找。

学生找到后出示第一段的环境描写，对比不同，你发现了什么？

（续表）

1. 茫茫的草海，一眼望不到边。大队人马已经过去了，留下一条踩得稀烂的路，一直伸向远方。

2. 天边的最后一丝光亮也被黑暗吞没了。满天堆起了乌云，不一会儿下起大雨来。

生：交代了时间和环境的变化，感受到环境更加恶劣。

在这样的情况下我会对老红军说什么，老红军又会怎样回答？

完成下面的填空：

我说："_____。"老红军却说："_____。"

【设计意图】引导学生想象老红军与我在环境变化得更加恶劣时的对话，加深学生对老红军忠于革命、舍己为人品质的印象。

联系老红军陷入泥潭的相关情节想一想，如果把这段环境描写的语言去掉好不好？这段环境描写在此处有什么作用？

学生会感受到环境描写的重要性，因为在这样的环境下我俩的行军之路就会愈发困难，身背我的老红军随时可能陷入泥潭，引导学生感悟此处的环境描写有利于衬托出老红军忠于革命、舍己为人的崇高革命精神。

【设计意图】以问题为引领，引导学生发现问题，解决问题的能力。

三、"境"心敏行，悟表达

老红军永远离开了我，此时此刻的我又变成了孤身一人，请大家读读最后一个自然段，找一找此时的环境又有什么变化？

风，呼呼地刮着。雨，哗哗地下着。黑暗笼罩着大地。

此时的环境比之前更加恶劣，但是我却是怎样的表现？

我抬起头来，透过无边的风雨，透过无边的黑暗，我仿佛看见了一条光明大路，这条大路一直通向遥远的陕北。我鼓起勇气，迈开大步，向着部队前进的方向走去。

为什么环境比之前还要恶劣，我的表现却跟之前大相径庭？

请用下面的句式说一说：我之所以鼓起勇气，是因为_____。

引导学生发现老红军精神对我的鼓舞，从而感受到此处的环境描写对老红军高尚品质的衬托作用。

此时此刻，如果你是小红军会对已经牺牲的老红军说什么？（运用想象策略进行读写结合）

【设计意图】通过勾连前后文的关键语句，理解段落意思以及读写结合，感受"我"的人物品质。

把你对最后一段的理解有感情地读出来。

四、人"境"迁移，巧拓展

阅读：手术台就是阵地（语文实践活动 8 阅读题）

找出人物描写和环境描写的句子，体会文章的表达效果。

【设计意图】学生抓住白求恩的言行以及环境描写体会人物品质，进一步迁移人境结合的写作方法。

（续表）

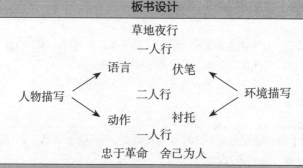

板书设计

草地夜行

一人行

语言　　　　伏笔

人物描写　　　二人行　　　环境描写

动作　　　衬托

一人行

忠于革命　舍己为人

教学流程

情"境"导入，知路难（想象情景）

↓

渐入佳"境"，品人物（想象语言）

↓

"境"心敏行，悟表达（想象内心）

↓

人"境"迁移，巧拓展

设计说明

在本课中，我巧妙运用想象，补白教学。由于红军长征距离学生生活实际较远，因此要让学生充分体会环境描写的作用以及人物崇高的思想品质，就要巧妙运用想象这一教学策略。

在第一部分中，为了让学生体会到红军长征环境的不易，我引导学生围绕关键词，想象红军长征时可能会遇到的危险。通过合理的想象，让学生对于红军的辛苦和不易有一个初步的了解，为学习后文打下基础。

在第二部分中，为了使学生理解环境描写在衬托人物品质上起到的作用，我引导学生想象老红军身背小红军时两人之间的对话。学生通过想象，体会到即使环境如此恶劣，老红军也丝毫不放弃小红军，坚持背着他继续前行。这让同学们深刻感受到老红军忠于革命、舍己为人的崇高品质。

在第三部分中，我设计了一个读写结合的环节。想象如果你是小红军，你会对牺牲后的老红军说什么呢？这个环节能够很好地将学生们内化的情感输出来，通过书信的方式，不仅可以感受到学生们对于老红军崇高品质的赞美之情、崇敬之情，还可以提升学生书面表达的能力。可谓一举两得。

因此，我认为想象是教学中必不可少的一种教学策略，在这个过程中可以提升学生语言的建构能力，丰富学生的审美能力，拓展学生的思维能力，在这个过程中将中华民族优秀的革命传统内化于心、外化于行，切实提高学生的核心素养。

麻　雀

北京育才学校通州分校　姜晓伟

设计基本信息					
选择策略	角色体会 想象策略	学　段	第二学段	年　级	4 年级

指导思想与理论依据

　　《义务教育语文课程标准（2011 年版）》指出：应该重视语文课程对学生思想情感所起的熏陶感染作用，要培养学生的正确价值观及爱的观念和感恩的思想意识。重视学生读书、写作、口语交际、收集处理信息等语文实践活动的学习。

　　《义务教育语文课程标准（2011 年版）》还指出：阅读教学是学生、教师、文本之间对话的过程，阅读又是学生个性化的行为，不应以教师的分析来代替学生的阅读实践。这说明语文教学应该创设情境让学生能够自己走进文本，想象体会作者及文章人物的情感。

教学背景分析

教材分析：

　　《麻雀》是俄国著名作家屠格涅夫的经典之作。课文记叙了"我"带着猎狗打猎回来，路遇一只从树上掉下来的小麻雀，猎狗想吃掉它，这时从树上飞下来一只老麻雀，奋不顾身地想要拯救自己的幼儿，最后猎狗被老麻雀的精神震撼了，向后退，"我"带着猎狗走开了。

　　作为名家名篇，有必要让孩子仔细品读，反复朗读体会作家文字的精妙和优美，从而进一步体会课文文字背后隐藏的思想感情——伟大的母爱。但是学生对于动物之间的母爱体会可能不那么深刻。文章的篇幅较短，脉络清晰，重点突出。最精彩的部分是老麻雀拼尽力气，奋不顾身拯救小麻雀的部分。所以重点分析的部分应该放在第四、第五自然段，而且这两段每一句话写得都很精彩，适合通过角色体会和想象的方法进行学习。

学情分析：

　　学生已经升入小学中年级段，基本上已经有了正确的世界观和价值观，能够初步从文中感受到母爱的伟大，课上需要做的是如何将他们的这种初步体验放大化；4 年级的学生已经学会如何分析句子，角色体会感情，所以让他们运用角色体会的策略品读课文语句，体会情感比较容易，也易见成效。

（续表）

教学目标

教学目标：

1.引导学生走进角色，想象自己是小麻雀，体会小麻雀的孤独无助和危险。

2.引导学生走进角色，想象自己是老麻雀，体会老麻雀救子心切和奋不顾身的心情。

3.抓住重点语句品读，通过想象，从内容中体会文字背后的思想，掌握具体描写的方法。

教学重点：

1.引导学生走进角色，设想自己是小麻雀，体会小麻雀的孤独无助和危险。

2.引导学生走进角色，设想自己是老麻雀，体会老麻雀救子心切和奋不顾身的心情。

教学难点：

抓住重点语句品读，通过想象，从内容中体会文字背后的思想，掌握具体描写的方法。

教学过程

一、导入

1.回顾使用六要素法概括课文的主要内容的方法。

2.学生回顾概括课文主要内容。

3.图片展示，两种动物外形对比，提出疑问：为什么会有这样的结局呢？是老麻雀有什么特异功能吗？

二、新授

（一）小麻雀

1.体会小麻雀的无助和可怜。

师：让我们走进这个故事：一天，我带着猎狗打猎回来，走在林荫路上，此时狂风大作，猛烈地摇撼着路旁的白桦树，突然从树上掉下来一只小麻雀，这是一只怎样的小麻雀？

　　我顺着林荫路望去，看见一只小麻雀呆呆地站在地上，无可奈何地拍打着小翅膀。它嘴角嫩黄，头上长着绒毛，分明刚出生不久，刚从巢里摔下来的。

"呆呆的"（为什么呆呆的？——用课本中的原词就是"无可奈何"）。

师：小麻雀，我相信此时的你一定很无助，谁读出小麻雀的无助？（个读，评读）

师：这句话是抓住了小麻雀的哪两个方面进行描写的？（神态、动作描写）这样理解之后再来读读，让我们看到一只无助的小麻雀。（个读）

2."刚出生的"这句话抓住了小麻雀的哪个方面进行描写？（外形）那么读了这句外形描写的话，你联想到了什么？（联想）（刚出生的小婴儿，本来它应该在 _____，现在它却在 _____，飞又飞不起来，跑又跑不快，真可怜呐！）

（续表）

师：小麻雀呀，我相信你此时一定 _____。（学生说小麻雀当时的心情）（学生带着感情读句子）

师：好可怜的小麻雀，如果你会说话，此时你会说些什么呢？

学生带着对小麻雀的怜悯之情再读这一段。

【设计意图】通过让学生设想自己就是小麻雀，辅助想象策略体会小麻雀的无助、可怜及危险。

（二）猎狗

体会猎狗的凶猛和小麻雀的危险重重。

师：每个孩子遇到危险总会第一时间想到妈妈，可是妈妈还没来，另一个更大的危险却悄然而至。

猎狗慢慢地走近小麻雀，嗅了嗅，张开大嘴，露出锋利的牙齿。

此刻你体会到什么？填词练习：这真是一个（　　　）的时刻！（学生说词，评价他人的词语）

学生通过朗读体会当时情况的紧急。

师：我相信小麻雀此时一定在心里大声呼喊：_____。想象：如果你是小麻雀的妈妈，你会怎么做？

【设计意图】通过指导学生朗读、角色体会、想象、说话训练，感受小麻雀当时的危险；通过填词练习，丰富学生语言积累。

（三）老麻雀

1. 介绍品读的阅读方法。

2. 请你用品读的方法，读读第四、第五自然段，依次找出老麻雀是怎么做的句子，批注你的感受。

（1）突然，一只老麻雀从一棵树上飞下来，像一块石头似的落在猎狗面前。

比较句子：突然，一只老麻雀从一棵树上飞下来，像一片羽毛似的落在猎狗面前。（作者的句子更能充分体现老麻雀当时护子心切的心情）

学生个读体会作者用词、用句的精妙之处。

【设计意图】通过学生比较句子，体会老麻雀的护子心切；通过指导学生朗读，体会作者用词、用句的巧妙。

（2）它蓬起了全身的羽毛，样子很难看，绝望地尖叫着。

它蓬起了全身的羽毛是要干什么？填词练习：我们看到了一只（　　　）的老麻雀。

老麻雀就像英雄一样从天而降，保护自己的幼儿，英雄是什么样？什么也不怕。

指导朗读：男生像英雄一样读读这句话。

师：你有什么疑问？（为什么还要绝望地尖叫着？）

（续表）

打败猎狗的希望不大就是绝望！

指导朗读：女生带着体会再来读读这句话。

想象：它在尖叫什么呢？

指导朗读：学生带着理解齐读这句话。

【设计意图】学生通过反复朗读，角色体会老麻雀自知自己不是猎狗的对手，却还是义无反顾地飞下来的精神。

（3）老麻雀用自己的身体掩护着小麻雀，想拯救自己的幼儿。

想象：老麻雀就像妈妈一样把自己的孩子保护在怀里。

师：可是老麻雀啊，你这样做的后果是什么呀？

指导朗读：齐读，体会母爱的伟大。

师：老麻雀啊，你不害怕吗？

【设计意图】学生通过朗读，角色体会老麻雀伟大的母爱。

（4）可是因为紧张，它小小的身体发抖了，发出嘶哑的声音。

比较句子：可是因为害怕，它小小的身体发抖了，发出嘶哑的声音。

师：老麻雀害怕的内容是什么？担心自己不能护子周全。

学生朗读体会作者用词的精妙。（个读、齐读）

想象：老麻雀你这嘶哑的声音里都有什么？你会对猎狗说些什么？对小麻雀说些什么？

指导朗读：男女生赛读。

【设计意图】学生通过比较句子，想象、角色互换体会和反复朗读，体会老麻雀害怕不能护子周全的精神。

引读：

老麻雀像一块石头似的落在猎狗面前。

它蓬起了全身的羽毛，样子很难看，绝望地尖叫着。

它呆立着不动，准备着一场搏斗。

【设计意图】学生通过引读，再次体会老麻雀那种为了孩子不顾一切、拼命搭救的精神，体会母爱的伟大。

可是，老麻雀啊，你这哪里是搏斗？你这分明是 _____。（PPT 展示图片）

那么，老麻雀既然你这样飞下来，既救不了小麻雀又丢了自己的命，你为什么还要飞下来？

讨论：老麻雀能不能不飞下来？

复沓读：

可是它不能安然地站在高高的没有危险的树枝上，一种强大的力量使它飞了下来。

这种强大的力量就是 _____。

（续表）

【设计意图】学生通过角色体会、讨论、复沓读，再次体会老麻雀那种为了孩子不顾一切，拼命搭救的精神，体会母爱的伟大。

师：同学们，母爱无疆，让我们闭上眼睛一边背诵这两段，一边想象老麻雀的壮举，体会母爱的伟大。

学生配乐背诵。

【设计意图】巩固背诵；再次跟随音乐走进情境，进入角色，体会老麻雀的壮举。

师：母爱是伟大的，它所产生的力量也是伟大的，老麻雀并不是有什么特异功能，它只是一只小小的麻雀，对于猎狗来说，它根本不值一提，但正是老麻雀那种为了孩子不顾一切的精神震撼了猎狗，使整个故事的结局出现了转机。

猎狗愣住了，它可能没料到老麻雀会有这么大的勇气，慢慢地，慢慢地向后退。

我急忙唤回猎狗，带着它走开了。

想象：作者当时是怎么想的？ 出示原著结尾。

【设计意图】想象，走近作者，体会作者情感和意图。

三、拓展

师：有句谚语叫麻雀虽小，五脏俱全。

学生解释：其实它还有——母爱。

师：世界上动物间的母爱与人类一样伟大，（PPT展示动物间的母爱）母爱是无私的，很多时候它们愿意为自己的孩子付出一切，甚至生命。

拓展：汶川地震中的两个感人的故事。

自己的经历。

【设计意图】通过拓展升华体会人间母爱的伟大。

四、写作与交流

师：我相信此时你一定想到了你的妈妈，你想对妈妈说些什么？

学生写话，做卡片送给妈妈。

【设计意图】通过写作再次抒发对母亲的敬爱之情。

五、布置作业

1.阅读类似文本《母爱》。

2.阅读《猎人笔记》。

（续表）

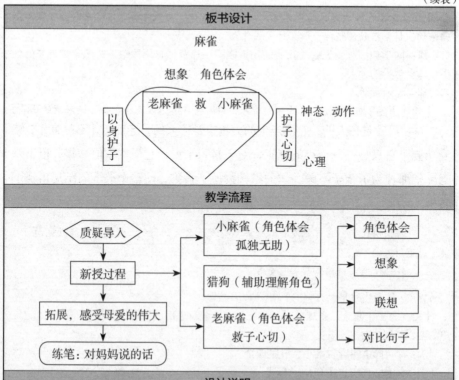

设计说明

《义务教育语文课程标准（2011年版）》指出："阅读教学是学生、教师、教科书编者、文本之间的对话过程。""文本"应包括文本的作者及文本中的人物和文字内容。那么引导学生与文本中的人物对话十分必要。阅读的过程就是艺术享受和再创造的过程，因此，在语文阅读教学过程中不妨把表演方面的知识融入进去，引导学生设想自己就是文中的角色，自己就在文本中行走、言语、思考，如此切身体会，那么就更能准确地把握人物形象的特点了，同时也能更好地锻炼学生的形象思维。《麻雀》这篇课文描写的是伟大的母爱，与自己生活贴近的人物之间的母爱对于学生来说容易感同身受，但是对于动物之间的母爱，如果单纯让学生以旁观者的角度学习课文，学生可能体会得不是很深刻，而且也很难与现实生活联系，仅停留在课文叙述的故事层面，达不到精神层面的熏陶。造成这种困境的原因是学生脱离了文本，完全以阅读者的身份去看待这个故事。

因此我在设计这篇课文的时候秉承两个主线：一个是引导学生想象自己就是那只刚出生不久就被大风吹落在地的小麻雀，体会小麻雀当时处境的危险，小麻雀的孤独无助，走进小麻雀的心理；一个是引导学生想象自己是救子心切、奋不顾身的老麻雀，通过想象心理，对比句子让学生体会老麻雀为救小麻雀不顾一切，甚至置自己的生死于不顾的形象，进而体会母爱的伟大，再透过母爱的伟大，联系实际体会自己的妈妈伟大的爱。这样让学生通过想象扮演角色，就能更好地体会课文中两个角色的心理，更能感同身受。

夜宿山寺

北京市通州区潞苑小学　梁悦

教学设计基本信息					
选择策略	图像化策略	学　段	第一学段	年　级	2 年级

指导思想与理论依据
《义务教育语文课程标准（2011 年版）》第一学段的阅读目标中明确要求学生要诵读浅近古诗，展开想象，获得初步情感体验，感受语言之美。这里的想象也就是要求学生感受诗句所描绘的画面。古诗中有丰富的意象，东坡有言："诗中有画，画中有诗"，我们可以借助图片，引导学生联系诗句进行观察，帮助他们理解词句、识字认字，从而克服阅读障碍，将文字转化为脑海中的图像，进而获得一定的阅读感受，也有助于培养学生的发散思维，激发阅读兴趣。

教学背景分析
《夜宿山寺》是部编版小学语文二年级上册第七单元的开篇。本单元以想象为主题编排，课后题目要求学生能够根据诗句想象画面。而李白的诗歌具有雄奇俊逸的特点，多有奇异的想象。《夜宿山寺》是一首五言绝句："危楼高百尺，手可摘星辰。不敢高声语，恐惊天上人。"前两句从视觉上以夸张的手法烘托山寺之高，后两句从听觉入手展开想象。全诗用极度夸张的手法和绝妙的想象生动形象地勾勒出山寺之高耸，表达出诗人夜宿山寺，身临高处的奇妙感受。 　　低年级的小学生，形象思维和直觉思维较为发达，他们对图像阅读更感兴趣。由于生活经验的缺少、词句积累的贫乏和语感的缺乏，学生对抽象的语言文字阅读兴趣不高，且阅读过程中会遇到很多障碍。例如诗句中"危"是"高"的意思，不同于现代常用义"危险"，学生不容易理解；"尺"这个长度单位学生也很陌生。在课前已有部分学生能够背诵全诗，需补充资料辅助学生理解。

教学目标
知识与技能： 　　借助拼音和字源知识来认识"宿、寺、辰、危、敢、恐、惊"7 个生字，会写"危、敢、惊"3 个生字。补充字源知识将难字图像化，更易于学生理解。

（续表）

过程与方法：
能联系图片，展开想象，大致了解诗句所描写的画面，辅以诵读，体会山寺之高。
情感、态度、价值观：
通过字源的介绍感受中国文字的博大精深，通过反复诵读帮助学生领略古诗之美，培养孩子对祖国语言文字的喜爱。

教学过程

一、导入：观画背诗，复习导入

1. 小游戏：观画背诗，出示《静夜思》《古朗月行》《赠汪伦》《望庐山瀑布》图片，看图背诗。

【设计意图】利用图片激发学生兴趣，复习古诗，引出作者。

2. 简要介绍李白。李白是唐代大诗人，诗歌想象奇异，被称为诗仙。他喜爱游览名山大川，引出写作背景。

二、画简笔画助背景了解，引字源图识字解题

1. 讲故事介绍背景，边写边画简笔画：这一天，李白来到一座山下。这座山很高很高，一眼望不到山顶，李白用了整整一天，终于爬到了山顶，可是这时天已经黑了，再下山来不及了，这么晚了住在哪呢？正在为难时，他发现山上有一座寺庙，于是就住在了这山上的寺庙里。寺庙里有一座很高很高的藏经楼，李白站在高高的藏经楼上望着满天的星斗，诗兴大发，吟诵了这首《夜宿山寺》。

【设计意图】以故事的形式让学生了解这首诗的写作背景，激发学生兴趣，同时辅以高高的山上有寺庙的简笔画，让学生在这个环节可以初步感受到山寺之高，为理解诗意作铺垫。

2. 解读诗题。

宿：出示图片

请你猜猜图意和诗题中哪个字的意思相同。

出示：甲骨文 、小篆 。

【设计意图】诗题中"宿"为本课认读字，其意义是学生理解诗题的关键。将抽象的生字转化为形象的字源图像，帮助学生理解字义进而理解诗题。

三、初读古诗，认识生字

1. 借助拼音，读准字音。

2. 出示生字卡片，读准生字。

3. 生字代入诗句自读。

4. 去拼音读。

四、观图解意，诵读求悟

1. 出示图片。你们觉得这座楼给你什么样的感受？

2. 出示古诗，你能从哪个短语或哪个句子感受到山寺之高。

（续表）

【设计意图】对于 2 年级的学生来说，单纯凭借文字来理解诗意有一定的困难，这时图像就发挥着更加直观的作用，能给孩子直观的视觉冲击。

3. 根据学生回答讲解诗句。

（1）危楼高百尺。

理解"百尺"：

"尺"是一个表示长度的词。

感受一尺的长度：写字应该眼离书本一尺；坐直眼睛离书本的距离大概是一尺；做动作体会一尺的长度。

【设计意图】理解"尺"的同时纠正坐姿，培养习惯。

楼真的有一百尺那么高吗？（夸张）

理解"危楼"：

了解字源。板书危，讲故事:这是一座山崖，这一侧的石壁直上直下的，非常陡，一个人趴在山崖边向下望：哇，真高呀！所以"危"有高的意思。山下有个人抬头看见了，对着悬崖边的人大喊："喂，太危险了，快下来吧！"所以，这个"危"还有危险的意思。

危楼是什么意思？

【设计意图】补充字源知识将难字图像化，更易于学生理解。以故事的形式对字形进行解读，学生不仅记住了"危"表示的两种意思，而且明白了"危"在诗句中的意思。

朗读，读出楼高。

（2）手可摘星辰。

创设诗境：

李白站在高楼上，仿佛一伸手就能摘到星星，这就叫 _____。（生读：手可摘星辰）谁能给这行诗配个动作？（动作轻松）

读出轻松之感。读出这种轻松的感觉。

你们为什么会如此轻松呢？（体会山寺之高）

（3）不敢高声语，恐惊天上人。

创设情境：

我国古代有很多的神话传说，说天上住着很多的仙人，现在已经是深夜了，天上的仙人们早已睡熟了。怎么读？（轻轻读）

反复诵读体会山寺之高。

为什么说恐惊天上人而不是恐惊地上人？

4. 反复诵读并根据图片提示背诵。

五、学习生字，指导书写

1. 学习生字"危、敢、惊"。

2. 引导学生一看字的结构，二看高低宽窄，三看关键笔画。

（续表）

3. 老师范写，提示易错点。

4. 学生书写，提示书写姿势。

六、拓展与运用

1. 关联写到寺庙、楼台的古诗《江南春》：千里莺啼绿映红，水村山郭酒旗风。南朝四百八十寺，多少楼台烟雨中。

2. 创设情境运用。

我和爸爸妈妈去苏州游玩，一天我们来到山顶高高的楼阁上，这时我不禁（jīn）吟（yín）诵（sòng）道：_____。下雨了，寺庙楼台都藏进江南烟雨之中，我忽然想起一句诗：_____。

板书设计

夜宿山寺

敢　　　　　　　　（高高的山上有寺庙的简笔画）　　　　　　危

教学流程

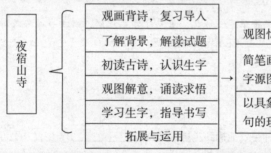

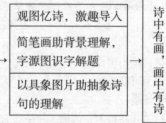

设计说明

一、诗画结合，激发兴趣

低年级的小学生，形象思维和直觉思维较为发达，他们对图像阅读更感兴趣。由于生活经验的缺少、词句积累的贫乏和语感的缺乏，学生对抽象的语言文字的阅读兴趣不高，且阅读过程又会遇到很多障碍。因此，引导学生观察和文本相关的图画，能够帮助他们理解词句，从而克服阅读障碍，获得一定的阅读感受，也有助于培养学生的发散思维，激发阅读兴趣。

在导入的过程中，我设计了"观画背诗"的游戏，出示《静夜思》《赠汪伦》《望庐山瀑布》《望天门山》等诗的图片，引导学生看图背诗，回顾学过的李白诗作，从而引出作者和背景的介绍，借助图片温故知新，调动学生学习古诗的兴趣。

在介绍诗作背景的时候，我一边讲故事，一边在黑板上勾勒出高山的形状和建在山峰上的高高的藏经阁，简洁的板画吸引了学生的目光，也为诗歌的理解作铺垫。

（续表）

二、补充字理图画，辅助识字

在低年级教学中，依托文本识字写字是重点，我们可以补充字理图画，讲故事帮助学生理解字义，在理解的基础上进行识记。

在解释诗题的时候，我出示"宿"字的字理图片，通过图片，孩子们很快就理解了"宿"是住的意思，对字形的认识也更加深刻。

在讲解"危"的时候，我借助古字讲故事，让学生想象山崖上、下两个人对话的画面，理解"危"的两个意义并板书危。通过讲解和想象，学生很容易理解"危"的两个含义：高和危险。学生们还能很快反应过来，"危楼"就是高楼的意思。通过字源图像的引入，学生不仅记住了字形，也明了字义，进而对诗歌的理解也有所帮助。

三、诗画合一，想象助理解

《夜宿山寺》全诗围绕山寺之高进行描写，诗中有画，想象奇异。在讲解的时候，我并没有采用逐句分析的方式，而是出示了一张夜宿山寺的插图，让学生们说感受，再看诗句，说说从哪句诗最能感受出楼高。有了图片的提示，再回归文本，学生们更容易展开想象，去理解诗句的意义。

在背诵的时候也给学生主题图的提示，让图片带动诗句的记忆，用理解串联背诵。

梅花魂

北京小学通州分校　唐胜楠

教学设计基本信息					
选择策略	读写结合策略	学　段	第三学段	年　级	6年级

指导思想与理论依据

　　《义务教育语文课程标准（2011年版）》中明确提出，要"培养学生正确的思想观念、科学的思维方式、高尚的道德情操、健康的审美情趣和积极的人生态度"。结合语文学科的特点，结合文本，将这些内容渗透在日常的教学过程之中，潜移默化地树立学生正确的价值观、人生观和世界观，树立健康的审美情趣和人生态度。

教学背景分析

　　《梅花魂》是北京版语文6年级下册第七单元的一篇精读课文，这一单元主要以"精神洗礼"为内容专题编选课文。这个单元的3篇课文都是描写人物的佳作，都从不同的人物和故事传递着不同的人物精神。阅读这3篇课文，可以激发学生的爱国情感、对生活充满爱的乐观精神和为别人着想的仁爱之心。

　　《梅花魂》一文主要写身在异国的外祖父对梅花的喜爱，反映了他的浓浓思乡情、拳拳爱国心，表达了一位华侨老人对祖国深深的眷恋。课文的篇幅较长，但感情真挚，语言朴实自然，十分感人。字里行间渗透着外祖父对祖国的思念之情，以及外祖父的那颗爱国心。

　　6年级学生具有一定的阅读能力，有一定的提取信息能力以及联系上下文理解文章内容的能力。但就这篇文章而言，外祖父的三次落泪、赠"我"梅花图和梅花手绢与"梅花魂"的关系，需要教师的引导才能有较为深刻的理解。

教学目标

　　1.在提取信息能力的基础上，学会运用抓关键词体会情感的方法，结合重点词句体会华侨老人眷恋祖国的情感。

　　2.注重学生思维方式的引导。在理解课文内容的基础上，调动已有的知识储备，结合自己的生活体验，引导学生理解"梅花魂"的含义。做到观点明确，言之有理。

　　3.把握全文感情基调，领会作者的情怀，激发学生对民族魂和中国心的理解与传承。

续表

教学过程

一、揭课题——忆文章的主要内容

1. 同学们知道花中四君子是什么吗？花中四君子代表了中国历代文人最为推崇的精神品质。今天我们就继续学习一篇与梅花有关的课文，请学生齐读课题。

2. 上节课我们大家一起概括出了文中表达外祖父对祖国思念之情的五件事情，找同学帮大家回忆一下，是哪五件事情？几次提到外祖父落泪？

3. 都说男儿有泪不轻弹，外祖父这位经历过无数生活磨难和历练的老人，按理说不会轻易落泪的啊，是什么让他多次落泪了呢？

【设计意图】引导学生整体感知课文，用五件事概括了文章的主要内容，这对小学高年级段学生把握课文的整体性至关重要。

二、思乡泪——感外祖父的思乡情

1. 读懂第一次哭。

（1）找到外祖父第一次哭的相关语句，想一想外祖父落泪的原因。

（2）（出示文中出现的诗句）指名回答。

（3）没错，外祖父由这些诗句想到了自己的祖国，想到了祖国的亲人。所以，读到"独在异乡为异客，每逢佳节倍思亲"的时候，外祖父潸然泪下；读到"春草明年绿，王孙归不归"时，外祖父痛哭流涕；读到"自在飞花轻似梦，无边丝雨细如愁"时，外祖父泪如雨下。古诗中带着愁绪，外祖父的眼泪中流淌着对祖国亲人的思念。

2. 读懂第二次哭。

（1）外祖父第二次为何落泪？找到第二次落泪的相关语句。

（2）这个离家多年，漂泊在外的游子是多么想念自己的母亲啊！在外祖父的哭声里，我们似乎听到了一个游子对祖国母亲深切思念的倾诉。

（3）曾经朝思暮想的回国梦碎了，忽闻儿孙回国，想起家乡某人、某事、某物，不由悲从心来，这真是独在异乡为异客，每逢佳节倍思亲。家人离去，独留下他，这正是春草明年绿，王孙归不归？旧念未解，又添新愁，他怎不更孤独，更思归，更悲伤啊？此时真是自在飞花轻似梦，无边丝雨细如愁。当我兴冲冲地对外祖父说："外公，你也回祖国去吧！"想不到外公竟像小孩子一样，呜呜呜地哭起来。

3. 读懂第三次哭。

（1）儿孙回国了，老人在临行时又哭了，他泪眼蒙眬地为我们送行，这泪水中包含的又是怎样的情感呢？

（2）叶落归根，能回到祖国的怀抱是外祖父的夙愿，而今却成了终生的憾事。虽是泪眼蒙眬，却让人倍感心痛。这泪水饱含着外祖父对家乡、对祖国的深深情意。

【设计意图】运用长文短讲的策略，从外公的三次落泪入手，利用引读的方式，让学生体会外公浓浓的思乡情，为下文深入分析外公强烈的爱国志向做足教学铺垫。

（续表）

三、梅花魂——悟外祖父的爱国志

1.过渡：外祖父思乡不绝，有国难归，那满腔情感寄托何物？你有什么疑问吗？

（预设：外祖父为什么那么喜欢梅花？既然那么喜欢梅花，又为何将视若珍宝的墨梅图和有梅花的手绢送给"我"呢？）

2.请同学们细读课文第十三自然段。以小组合作的方式讨论交流，然后小组代表进行汇报。

3.出示：这梅花，是我们中国最有名的花。旁的花，大抵是春暖才开花。她却不一样，愈是寒冷，愈是风欺雪压，花开得愈精神，愈秀气。她是最有品格，最有灵魂，最有骨气的！

（1）在外祖父的心里，梅花是这样的花。哪个小组先来分享一下对这几句话的理解。

（2）此时，你想到了怎样的梅花开放的画面呢？

（3）（出示：傲梅斗雪的图片）是啊，梅花在寒风中独自绽放，在风雪中独自挺立。此时的你想到了哪些赞美梅花的词语或诗句呢？

（4）冬日严寒中，梅花（　　），是那种 _____，_____ 的坚韧；风欺雪压时，梅花（　　），仿若是 _____，_____ 的不屈；万花凋谢时，梅花（　　），可谓是 _____，_____ 的傲骨。这就是外祖父心中，梅花的品格！

（5）外祖父仅仅在赞美梅花吗？（也在赞美具有梅花般气节的人）

4.（出示：几千年来，我们中华民族出了许多有气节的人物，他们不管历经多少磨难，不管受到怎样的欺凌，从来都是顶天立地，不肯低头折节。他们就像这梅花一样。）哪个小组来说一下对这几句话的理解？

（1）什么是不低头折节？（不认输、不折腰、不做懦夫）怎样才堪称顶天立地？（坚忍不拔，坚贞如铁）

（2）这就是我们中华的民族精神，也是我们的民族魂！你知道从古至今有哪些具有民族精神的人？

引读：他们不管历尽多少磨难，受到怎样的欺凌，从来都是顶天立地，不肯低头折节。

（3）外祖父除了赞美梅花的品格，赞美我们中华民族的精神之外，还告诉我——出示朗读：一个中国人，无论在怎样的境遇里，总要有梅花的秉性才好。外祖父对我说这句话是在表达什么？哪个小组来分享一下你们小组的观点？（外祖父让我做一个像梅花一样有着坚忍不拔民族精神的人，这样的爱国心要代代相传。）

（4）所以，外祖父让我像他们一样具有梅花的品格，有灵魂，有骨气。因此，对我说："这梅花……"要让我不管历尽多少磨难，受到怎样的欺凌，都要顶天立地，不要低头折节。因此，对我说："几千年来……"要让我像这些中华脊梁一样有一颗爱国的心。因此，对我说："一个中国人……"

（续表）

5. 读到现在，你对课题"梅花魂"又有了什么新的理解？（梅花的品格，民族的精神，爱国之心）

【设计意图】

让学生自主质疑，小组合作主动解疑，提升了学生的探究积极性，发挥学生的主动性，真正做到：以学定教，少教多学。

四、小练笔——读写结合抒发情感

1. 5 岁的莺儿能听懂吗？长大后的莺儿听懂了吗？为什么？请同学们默读补充资料。

2. 想象练笔：当年 5 岁的莺儿，如今已是七旬的老人陈慧瑛，再次回到新加坡，来到外祖父坟前，拿出当年外祖父赠送的墨梅图和梅花手绢，可能会对外祖父说什么呢？

多年后，已是七旬的老人陈慧瑛，再次回到新加坡，来到外祖父墓碑前，拿出当年外祖父赠送的墨梅图和梅花手绢，对外祖父说："＿＿＿＿＿＿＿＿＿＿。"

（1）学生分享朗读。

（2）结合学生随笔内容，诗句评价，然后引读。

出示诗句：冰雪林中着此身，不同桃李混芳尘。——王冕《白梅》

无意苦争春，一任群芳妒，零落成泥碾作尘，只有香如故。——陆游《卜算子·咏梅》

不经一番寒彻骨，怎得梅花扑鼻香。——黄檗禅师《上堂开示颂》

【设计意图】采用读写结合的阅读策略，给予学生习作情境，让学生与文中主人公进行角色交换，将其情感通过书面的形式得以提升，锻炼学生的习作能力的同时，进一步升华学生对外祖父寄语的理解，感受外祖父对祖国的眷恋之心！

板书设计

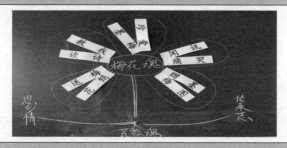

教学流程

揭课题——忆文章的主要内容

↓

思乡泪——感外祖父的思乡情

↓

梅花魂——悟外祖父的爱国志

↓

小练笔——读写结合抒发情感

（续表）

设计说明
在阅读教学中，根据课文内容，可以变换叙述角度，进行多向改写。有的可以改变人称；有的可以改变叙述的顺序；还有的可以改变体裁。转换一种表现手法，进行合理的创造性表述，不但可以增强学生的习作兴趣，而且可以提高学生的表达能力。 　　《梅花魂》中莺儿在聆听外祖父寄语时才 5 岁，对于外祖父口中梅花的骨气、灵魂、品格是无法全部理解的，更无法明确什么是梅花的秉性。但是，外祖父的三次落泪与谆谆教诲都体现着外祖父浓浓的思乡情和爱国志。这样的志向需要传承，那么，长大后的莺儿懂了吗？ 　　我们在进行读写训练时，既要立足文本，更要超越文本。我们要充分激活学生的经验世界，让他们主动参与文本意义世界的建构。孩子在参与构建的过程中，感受到自主意识，这样也为拓展文本的外延空间打下了基础，然后我们再设计相应的习作训练，这样的描写不是简单的读写结合训练，而是唤醒学生自我，实现有效的意义建构的新突破。 　　因此，我在教学设计时创设情境，让文中的莺儿长大，提供陈慧瑛老人一生经历的资料，让学生在课外资料拓展的前提下进行角色交换，赋予学生主人公的角色，切实体会后辈对外祖父嘱托的理解，深刻感悟外祖父眷恋祖国的心。

肥皂泡

北京育才学校通州分校　冯志莹

教学设计基本信息					
选择策略	在写作中掌握词语	学　段	第二学段	年　级	3 年级

指导思想与理论依据
《义务教育语文课程标准（2011 年版）》中指出：语文课程应注重引导学生多读书、多积累、重视语言文字运用、实践，在实践中领悟文化内涵和语言应用规律。其中还提出了"综合性学习"的要求，加强与其他课程及与生活的联系，促进学生语文素养全面协调地发展。

教学背景分析
教材分析： 　　《肥皂泡》是北京版小学语文 3 年级下册第二单元的一篇文章。此文是我国现当代著名作家冰心的作品，课文生动具体地描写了作者童年时代吹肥皂泡的情景，表现了儿童生活的乐趣。是一篇非常贴近学生生活而又高于学生生活的文章，意境非常美。文中有很多词语虽不常用，但它们真实而准确地再现了冰心眼中肥皂泡特别的美。理解这些词语的最好方法，是给学生相应的感性体验。作者吹肥皂泡，不但吹出了和我们一样的情趣，还吹出了自己的梦想，寄托了自己美好的独特的情感。学习本文，不仅可以学习理解词语的方法，同时也对本册书后面的教材的学习起到了铺垫作用。根据本单元训练重点，学习这篇文章，除了感受文章中语言文字的美，还应体会作者的情感和态度。 　　**学情分析：** 　　3 年级的学生大多都有吹泡泡的体验，也有一定的鉴赏美文的能力。但在体会文中关键词语对文章表情达意的作用这一方面还有所欠缺，同时，也很难做到自己将吹泡泡的体验描写得生动、灵活，缺少观察和想象的能力。因此，学习本文将目标定位在体会作者用词的准确，并在写作中掌握积累词语。同时，激发学生的联想能力，将文章转变成一幅画来欣赏。培养孩子的审美能力和观察能力。

教学目标

1. 能够正确、流利、有感情地朗读课文。

2. 通过联系生活实际体会作者描写肥皂泡时用词的恰当、准确，并学会积累和运用词语。

3. 通过抓住关键词语，联系生活实际，想象吹肥皂泡的情景，体会其中的乐趣和作者的感情。同时唤起学生热爱生活的热情及珍惜美好童年的感受。

4. 能通过积累的词语修改自己的作文，提升自己的写作技能，达到学以致用的目的。

教学过程

一、创设情境，看图猜词，复习导入

这一段时间我们开展"走进'小桔灯'"读书活动，读了很多冰心奶奶的作品。谁愿意来读一读这首小诗？读完这首小诗你有怎样的感受？

冰心的作品总是这么生动，细腻，引人遐想。今天，我们就继续学习《肥皂泡》这一课，体会冰心奶奶的语言表达魅力。

请同学们自读一遍课文，你们在读了这篇课文后，有哪些体会呢？有哪些好词想分享给大家？（请学生补充）

小结：看来，你们已经很喜欢这种学习语文的方法了！

【设计意图】拓展语文的好方法。

1. 出图猜词。

老师想变个方式考考你们。我这里有几幅图片，正是课文中的词语描述的样子。你们来猜一猜，这些图片对应的是哪些词语？

【设计意图】通过游戏的形式复现词语，复习词语；激发学生的学习兴趣并完成书写练习。

2. 课文回顾。

我们一起走进课文，谁来说说本文讲了一件什么事？

【设计意图】回顾课文内容，体现学习的自主性。

二、联系实际，理解课文，学习表达

1. 学习第三自然段。

（1）联系生活实际，说出现实生活中吹泡泡的美并用语言描述出来。

你们在生活中吹泡泡，美不美？那谁愿意来说一说你平时是怎么吹泡泡的？

（2）对比范文。

咱们有一位小朋友不仅说了自己的过程，还写了出来。

【设计意图】联系生活情景理解文章内容，与后文的学习形成对比。

2. 找出文章动词及顺序词，学习文章语言表达并有感情地朗读课文。

回顾一下，冰心奶奶是怎样描述自己吹泡泡的呢？请你们从屏幕的这段文字中把冰心奶奶做的动作找出来。

（续表）

现在我们同桌练习，试着用"先蘸……再……最后……"的顺序把这段过程表达出来。

【设计意图】理解课文内容，注意顺序的表达。

3.展示学生作品，与文章形成对比，感悟文章用词。

来看一下小朋友的作文，呀，老师发现这位小朋友真棒，还用上了和大作家一样的动词，是什么？但是你更喜欢谁的呢？为什么？

【设计意图】通过大屏幕的展示，真实展现出孩子的作文水平，和冰心的文章形成对比，学生初步自主发现冰心奶奶文笔的优美，为后文词语的学习作铺垫。

感受冰心语言的美并有感情地朗读课文。

三、结合情境，感知美词，写作运用

1.学习第四自然段：感悟美文，感知美词。

（1）师范读，请同学们边听边想象肥皂泡的样子，体会词语的美。

（2）学生（指名）有感情地朗读课文。

师：多么美丽的场景，多么有趣的画面！谁来再读一次？边听边想象一下，冰心见到这么美的泡泡时可能会露出什么样的表情啊？

（3）积累词语，感悟词语的美丽。

师：这么美的文章离不开这么美的词语，在这些词语中有你印象深刻的吗？为什么？

预设：

光影凌乱和五色的浮光。

出图理解"轻、清、透明"。

玲珑娇软。

【设计意图】体会作者的写作都是抓住了事物的特点，而且用词既恰当又简练。

（4）请你们再次体会这些词语的语气，有感情地朗读全文。

【设计意图】有感情地朗读全文。

2.在语境中体会用词的准确，并在写作中运用。

填写句子。

阳光下，（　　　）的小球上（　　　）。

【设计意图】在语境中体会词语，并在语境中运用词语，为后面的学习作铺垫。

3.引导学生观察生活。

师：你们再想想，同样是七八岁的孩子，作者却能在吹泡泡的时候发现泡泡的这么多特点，（PPT出示：轻、清、透明、五色的浮光）你们觉得作者在生活中可能是一个怎样的人？（认真，细心）

所以，作者不仅用词精炼而且对生活观察入微，你们想要写出这么美的文章，也要向作者学习，多多观察生活中的美。

【设计意图】引导学生细心观察生活中的美。培养学生的观察能力。

4. 创设情境，课文填词。

（1）创设情境，再次理解用词准确。

老师给你个小任务，你就是小小观察家，细心观察，句子丢失了哪个词？你能给它填上吗？

小结：这么美的文章离不开这么美的词语。所以，你们在写文章的时候也要抓住事物美丽的特点。有了美词、美句的修饰，你的文章会更加生动形象。

【设计意图】再次让孩子说说什么是用词准确，同时为后面的背诵降低难度。

（2）课堂背诵。

【设计意图】

指导第四段背诵。

四、自主质疑，感悟美文，体会乐趣

1. 学生质疑，体会作者紧张的心情。

出示原文：这时，大家都仰着头，屏住呼吸。

2. 根据心情的变化，体会吹泡泡带来的乐趣。

同学们想一想，初吹泡泡时，冰心奶奶是怎样的心情？（板书：开心）

泡泡吹成功了！（板书：更开心——兴奋）

而此时的心情？（板书：紧张）

【设计意图】通过学生自主质疑，感知作者心情变化。体会肥皂泡带来的乐趣，同时唤起学生热爱生活的热情及珍惜美好童年的感受。

3. 有感情地朗读第五段，再次体会泡泡的美好寓意。

补充旁白：这泡泡还真是个小精灵，它高兴的时候惹得人挪不开眼，满眼满脸都是对它的惊叹！也有的时候，使点小性子，发发小脾气，吓得人屏住呼吸，不能掉以轻心。

（1）有感情地朗读课文，师生对读。

（2）体会心情。

此时，我的心情如何？（充满了快乐、骄傲和希望）

【设计意图】通过教师补充旁白，加强学生对泡泡的喜爱之情，再次与作者产生共鸣。

（3）师质疑，引导学生找出重点句。

师：老师这里有一个问题：泡泡真的会飞过天去，飞过海去吗？（不会）所以这是作者的什么？（想象）

她想把泡泡送上天去，送过海去，因为那个小泡泡寄托了作者的希望和梦想！课文中哪句话能看出泡泡寄托了作者的希望？

【设计意图】通过教师的质疑，引导孩子明白，泡泡寄托了作者的希望。

4. 体会省略号的意义。

她想把泡泡送过天去，送过海去，这里省略号的用处又是什么呢？

【设计意图】体会省略号的作用。

（续表）

五、联系实际，写作练习，运用词语

冰心奶奶的故事，我们听完了，还记得吗？老师说过，在写文章的时候，要抓住事物美丽的特点。有了美词、美句的修饰，你的文章会更加生动形象。那你是否已经积累了好词、好句呢？完成小卷试试吧。

1. 词语填空，完成小卷并课堂纠正。

2. 修改作文，在作文语境中学习词语。

小结：课文中的词语活学活用是写作文很重要的一项技能。其实，课文就是最好的作文范文。

【设计意图】灵活运用课文中积累的词语；掌握写作的方法；激发写作欲望，在写作的环境中运用并理解词语。

六、作业

模仿课文，记一次自己吹泡泡的过程，记录下这童年美好的回忆！

要求：字数不限，要有真情实感。

【设计意图】通过本文的学习，打开孩子们知识的大门，阅读冰心的作品并仿写。运用学到的方法积累词语，在写作中理解运用词语。学习联系生活实际体会文章的情感。

板书设计

吹泡泡

吹　开心　┐
　　　　　│　　　　寄托　词语
看　兴奋　├→希望　　　　　特点
　　紧张　│　　　　观察
送　渴望　┘

教学流程

创设情境，看图猜词，复习导入
↓
联系实际，理解课文，学习表达
↓
结合情境，感知美词，写作运用
↓
自主质疑，感悟美文，体会乐趣
↓
写作练习，联系实际，运用词语
作业

教学主要环节：

感知美词—句式练习—写作练习—掌握词语

（续表）

设计说明

本教学设计运用的策略是通过写作帮助学生解决词汇问题，积累词语并使用词语，从而真正地掌握词语。3年级的学生正处于学习词语的阶段，在段落中要积累好词好句，为高年级篇章的学习打下基础。在段的教学中，要注意词语的积累与反复使用，这样才能真正让学生掌握。多形式的写作正是让学生掌握词语的有效方式。
    在教学中我引导学生结合课文，让学生体会了词语的准确、具体以及语感美，增强了学生的想象力。学生在学习的过程中可以理解和体会文章美，思考文章为什么这么美，为什么比"我"写的作文美？从而发现了词语美。学生在此基础上联系实际将优美的词语运用于自己的作文，甚至衍生了更多的词语。这样既教会了学生们联系生活观察，又学习了写作的方法，便于创作出更好的文章。
    值得一提的是，词语一定是反复使用，而不仅限于这一篇文章，当孩子们在写作中运用了词语便掌握了词语可以运用的语境，当学生反复地将该词语运用在多种语境当中，也就达到了真正的积累词语的目的。

吃虫的植物

北京市通州区运河小学　刘沙

教学设计基本信息					
选择策略	读写结合策略	学　段	第二学段	年　级	4 年级

指导思想与理论依据

《吃虫的植物》一课，为北京版语文教材第八册第五单元中的一篇讲读课文。《义务教育语文课程标准（2011 年版）》中明确指出：语文课程应致力于学生语文素养的形成与发展，在阅读中发展学生的个性，使之能够感受到文章趣味的熏陶。以这样的指导思想，我在课堂上注重了以下几点：一是根据自学提示放手让学生自学理解，在自学的基础上，对重点问题进行讨论，老师适时点拨；二是鼓励学生展开想象，注重规范学生的语言，使学生在语文课堂上丰富语言的积累，提高听、说、读、写能力；三是发挥语文的工具性与人文性统一的特点，在课堂上渗透比较学习的方法，选择恰当的切入点，对学生进行读写结合的训练。

教学背景分析

教材分析：

本课是一篇说明文，是本单元的一篇讲读课文，全文共 4 个自然段，分为两部分。这篇课文用实实在在的语言，讲述了植物界有趣的现象，介绍了茅膏菜和猪笼草是吃虫的能手，告诉我们世界上还有会吃虫的奇妙植物。

学情分析：

这是 4 年级的学生第一次正式地学习说明文，但是在阅读教学中对于说明文也有所涉及，所以在一些知识性的问题上学生并不是很陌生。本篇课文正是抓住了 4 年级的学生喜欢探索新鲜事物的心理，用说明文的方式向学生们介绍了两种吃虫植物，并通过这两种植物，初步引领学生走进说明文的世界，初步学会说明文的写法。

教学目标

教学重点：

了解茅膏菜和猪笼草的外形特点，知道它们的吃虫方式以及吃虫过程，感受自然界的神奇，激发对植物的探究兴趣。

131

（续表）

教学难点：

1. 通过阅读思考，知道茅膏菜和猪笼草的吃虫方式并初步体会两种说明方法。

2. 能够尝试运用比较的方法学习两种植物在写作方法上的相似与不同之处，学习作者的表达顺序，为仿写作铺垫。

教学过程

一、激趣导入

今天我们继续学习第十九课，请大家齐读课题。

1. 通过第一课时的学习，我们认识了大自然中的两种植物，大家还记得它们是谁吗？（板书：茅膏菜、猪笼草）

2. 这两种植物有什么共同的特点呢？

【设计意图】复旧，让学生回忆起上节课学习的两种植物茅膏菜和猪笼草，从整体掌握课文脉络，为下面让学生写读结合作铺垫，从整体上感知即将要写的某一种植物。

二、引导学习"茅膏菜"部分

先来看看茅膏菜为什么能够吃掉虫子。

默读第一自然段。

思考：

用（　　）批画，茅膏菜是什么样子？

用（　　）批画，它是怎样吃虫的？

1. 理解茅膏菜为什么能够吃到小虫子？

依据学生发言出示句子。

【设计意图】引导学生抓住"柔毛、黏液"，联系"马上被它粘住"，体会黏液粘性很强，并联系资料知道黏液还能消化小虫，使学生初步了解，如果想写某种植物，就要抓住这个植物的某些特点来描写。

> 有一种会吃虫的草叫茅膏菜。它的叶子是半月形的，又嫩又绿。叶子上长满了柔毛，柔毛上还带着黏液。要是小虫落在上面，马上就会被它粘住。同时，叶片也紧紧地卷起来，小虫怎么也逃脱不了。

预设：学生能抓住"柔毛、黏液"并联系下文"要是小虫落在上面，马上就会被它粘住"，知道茅膏菜是靠黏液粘住小虫子的。教师可继续引导学生关注"马上"，体会柔毛上的黏液粘性很强，所以粘小虫子的速度很快，让小虫子跑不了。

（1）抓住"又嫩又绿"，知道茅膏菜还用颜色和新鲜吸引小虫，体会它的美丽、神奇。

过渡：茅膏菜除了用黏液粘住和消化小虫子，还有什么原因能让茅膏菜吃到小虫子？

预设：学生能关注到"又嫩又绿"，结合生活实际，叶子对吃虫子有什么作用？

（续表）

　　【设计意图】使学生体会到，茅膏菜的叶子除了绿，还很嫩，自己要是小虫子，也肯定想飞过去咬一口，进而使学生体会到叶子的吸引作用。通过这样的学习和体会，让学生了解在写说明文的时候不光要运用适当的说明方法，还要运用生动的语言来将植物描写完整，从而为下面让学生写植物的片段作铺垫。

　　（2）观看图片，欣赏茅膏菜的样子。

　　（3）反馈。

　　茅膏菜吃虫的过程。

　　播放视频，使学生知道茅膏菜吃虫的过程。

　　【设计意图】通过欣赏图片和欣赏视频，发现茅膏菜吃虫的秘密，体会茅膏菜是捕虫能手，感受吃虫植物的神奇，使学生再次深刻地了解毛膏菜的样子以及吃虫方式，能按顺序说清它是如何吃虫的，并了解相关写法，为下面写植物的片段作铺垫。

　　2. 有感情地朗读第一自然段。

　　过渡：通过课文第一自然段，特别是最后两句对茅膏菜是怎样吃掉虫子的描写，让我们充分感受到了吃虫植物的神奇。

　　（1）在课文第一部分里，还有没有写茅膏菜吃虫的内容呢？（第二自然段）

　　（2）第二自然段写了什么？

　　　　有一次，一只苍蝇被茅膏菜的叶子粘住了，那只苍蝇嗡嗡直叫，拼命地拍打着翅膀。可是，它越是挣扎，叶片卷得越紧。到后来，苍蝇竟被消化了，只剩下两片翅膀与六条细腿。

　　引导学生抓住里面精彩的词或短语朗读这一段，感受画面的生动。

　　有感情地读一读，在不同的语句中你感受到了什么？

　　指名读第二自然段，其他同学闭眼想象当时的情景，说说举这个事例有什么好处？

　　【设计意图】让学生了解到这是一篇说明文，这里举了一个吃苍蝇的例子，叫举例子说明方法。这就是举例子对表现茅膏菜这种事物特点的作用。也正是因为课文举了这个例子，才让我们更清楚、生动地知道茅膏菜为什么能够吃到虫子。了解到了说明方法，为下面写植物的片段作铺垫。

　　三、比较第一、第三自然段的相同之处，迁移第一自然段学法学习第三自然段

　　1. 比较两个自然段的相同点。

　　2. 迁移学法，自主学习另外一种吃虫的植物——猪笼草。

　　教师出示学习步骤：

　　（1）默读课文第三自然段。

　　（2）把描写猪笼草外形特点的句子画上横线。

　　（3）把描写猪笼草怎样吃虫的句子画上波浪线。

　　学生依据思考方法，自主体会猪笼草为什么能够吃到虫子？教师引导学生进入情境交流，感受猪笼草是吃虫的能手，十分神奇。

1. 学生默读第三自然段，依据方法自主思考"猪笼草为什么能够吃到虫子"？
2. 学生反馈。
3. 观看吃虫视频，学生当解说员。
4. 以读代讲，进一步体会猪笼草是吃虫的能手。
5. 情境朗读第四自然段，体会举例子的说明方法使事物特点更真实。

过渡：课文还有哪儿能看出猪笼草是吃虫能手？你能用你的朗读表现出来吗？把最能表现它是吃虫能手的词语突出出来。

　　有一次，一位植物学家看见一条蜈蚣跌进猪笼草的袋子里，半截身体露在袋外，正竭力挣扎想爬出袋子。可是那袋里的半段身体，已经腐烂得不成样子了。

评读：我听出来了，你突出"竭力"，为什么这样读？其他同学又是怎么读的？
　　学生抓住"竭力挣扎、已经、不成样子"等词，体会出猪笼草吃虫本领强，真是吃虫的能手。

【设计意图】既然这两部分内容这么相同，那么我们就借鉴学习茅膏菜的方法，将猪笼草的样子和怎么吃虫联系起来，想想猪笼草为什么能够吃到虫子。这个猪笼草吃蜈蚣的例子与茅膏菜的例子一样，具有真实、身临其境的感觉，描写很生动，从而让学生再次复习说明文的写法。

四、读写结合

1. 在自然界中除了茅膏菜和猪笼草以外还有许多吃虫植物，你还知道其他的吃虫植物吗？学生小组交流课前收集到的资料、集体交流资料。
2. 仿写。
仿照茅膏菜的写法，利用举例子、列数字的说明方法，把你收集到的植物资料用说明文的方式写具体。
教师巡视指导后，找写得理想的学生读一读。其他学生评价并修改自己的小练笔。
3. 教师点评学生的小练笔并总结写法。

【设计意图】学生已经充分理解了课文，并且已经了解到了写法，紧接着就需要进一步去实践了，在实践之前，让学生说一说自己的想法，其他同学进行补充，老师给予适当的指导，会让孩子的读写结合写得更好并且更有效率。

五、你的收获是什么

学生回答。

【设计意图】谈收获时引导学生从写作的方法去谈，有利于巩固今天所学习的读写结合的方法。

六、作业

阅读语文读本《靠记忆狩猎的捕蝇草》，了解捕蝇草捕虫的方法。

板书设计

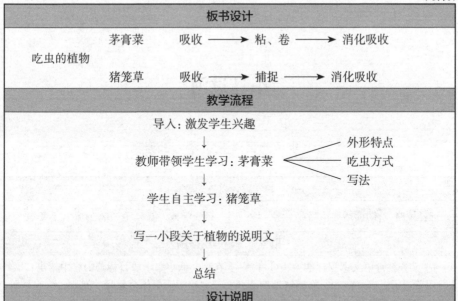

教学流程

导入：激发学生兴趣

↓

教师带领学生学习：茅膏菜 —— 外形特点

吃虫方式

写法

↓

学生自主学习：猪笼草

↓

写一小段关于植物的说明文

↓

总结

设计说明

　　关于这篇课文，我是带领学生用读写结合的策略来学习的。这是一篇说明文，说明文就要掌握好说明方法以及写法。

　　在教学的过程中，我先带领学生学习茅膏菜，不断强调文中的每一处的说明方法，并且根据课文内容做具体的分析，让学生对说明文的形式、内容以及写法有了一个初步的认知。

　　然后就放手让学生根据学习茅膏菜的环节自主学习猪笼草的相关内容，从而具体地掌握说明文的相关知识，让学生做到心中有数。

　　因为这是小学阶段第一次学习说明文，所以只是知道、了解说明文还不够，为了让孩子们更加深刻、具体地了解什么是说明文，我还安排了读写结合的环节，通过这个环节，既能复习课上所学习的两种植物的知识，还能再次巩固说明文的写法，从而达到让学生不光会读还会写的目的，更加深入地了解什么是说明文。

小马过河

北京市通州区潞苑小学　王珊珊

教学设计基本信息					
选择策略	朗读指导策略	学　段	第一学段	年　级	2 年级
指导思想与理论依据					

《义务教育语文课程标准（2011 年版）》在小学低年级学段目标与内容中指出："学习用普通话正确、流利、有感情地朗读课文。""在阅读中体会句号、问号、感叹号所表达的不同语气。"在小学低年级学段语文教学中，阅读教学属于非常重要的内容，而朗读是直接与文本对话的方式，可以说，朗读教学是阅读教学的基础。为了更好地保证阅读教学质量，教师需要在阅读教学过程中，将朗读指导策略充分运用其中，尊重学生在课堂教学中的主体地位，提升学生自主学习能力，从而更好地保证语文教学质量。

"能正确、流利地朗读课文"是第一学段阅读教学的重要内容，1 年级重在能读准字音、读通课文，能读出疑问句、感叹句、祈使句的语气。2 年级在强化 1 年级要求的前提下，引导学生在具体的语境中体会角色的心情，读出不同语气、读出重音，也开始向读出情感、读出理解过渡。《小马过河》一文，对话较多也精彩，特别适合指导学生进行朗读训练，朗读指导策略的有效实施能帮助学生读出人物恰当的语气，进而理解人物形象。

教学背景分析

教材分析：

《小马过河》是一篇童话故事，讲的是小马帮妈妈把半袋麦子驮到磨坊去的时候，一条小河挡住了去路。小马问老牛，老牛说河水很浅，而松鼠却说水很深。后来，小马问妈妈怎么办，妈妈叫小马试一试，小马终于蹚过了河。这篇文章有四个小动物，角色之间的对话较多，适合学生分角色朗读。

学情分析：

本课故事情节有趣，语言生动形象，角色个性鲜明，在教学本课时，引导学生通过朗读四个小动物的对话，体会动物的动作、神态，抓住关键词进行想象并进行分角色朗读，2 年级学生学习起来会比较感兴趣。

（续表）

　　学生在第一课时中，认识了本课"我会认"中的 14 个生字，学习了"我会写"中的 4 个生字"愿、意、卖、突"，大部分学生已经能够熟练朗读课文并知道《小马过河》这个故事内容，并能根据提供的词语讲故事。

教学方式：

　　本课对话较多，因此老师在教学过程中要重视朗读训练和指导，引导学生体会说话时的不同心情和语气。

教学手段：

　　以多媒体辅助教学。

技术准备：

　　课件、头饰。

教学目标

1. 会写"该""刻"等四个生字。

2. 分角色朗读课文，能读出恰当的语气。

3. 能根据课文内容，说出自己的简单看法。

教学过程

一、复习导入，回顾课文

　　出示课后词语：马棚、愿意、磨坊、驮、挡住、为难、突然、拦住、吃惊、难为情、动脑筋、小心。

　　1. 生读所示词语。

　　2. 师领生小声慢读，引导学生边读边想象，借助这些词，一边读一边回想，在脑海中复现故事的梗概。

　　3. 谈话导入新课。

　　师：这些词语让你想到的故事名字就叫 _____。

　　生齐说：小马过河！（板书课题：小马过河）

　　师：这节课，我们继续来学习《小马过河》。下面请自己先用这些词语讲讲这个故事。（师指所示词语）

　　4. 指名用自己的话串讲《小马过河》的故事。

　　【设计意图】让学生根据这 12 个词语进行课文叙述，给学生讲故事提供支撑，降低了难度，对课文有整体把握，同时又能增强学生运用语言的意识，促进语言能力的发展。注意提醒学生，讲故事不是背诵课文，可以用自己的话来说。

二、精读品悟，理解内容

　　师：刚才这位小朋友说，小马是听了妈妈的话才试着蹚过河的。小马妈妈是怎样说的呢？请大家打开书，把妈妈对小马说的话找出来，并用横线画出来。

　　1. 出示小马妈妈的话。

　　根据学生答出示：孩子，光听别人说，自己不动脑筋，不去试试，是不行的。河水是深是浅，你去试一试就知道了。

（1）生齐读这句话。

（2）指名朗读这句话。

（3）师范读，指导朗读，读出妈妈说话时的温和亲切，朗读时声音低一些，速度慢一些，体现妈妈对孩子的关心和鼓励。

【设计意图】在指导学生朗读时，让学生根据人物角色的身份，想想应该怎么读，从而读出恰当的语气。让学生在练习朗读的过程中学习、感悟朗读技巧，体会朗读乐趣。

2. 理解妈妈的话。

（1）听老牛说。

①出示第三小段，边读边思考：小马在送麦子去磨坊的途中碰到了什么困难？

②从哪儿可以看出小马不知道该怎么办？

③指导朗读：小马为难了，心想：我能不能过去呢？如果妈妈在身边，问问她该怎么办，那多好啊！疑问句，要读出疑问的语气和为难的神情。

④出示老牛和小马的对话，知道老牛说水很浅。（板书：浅）指导学生把小马和老牛的对话读得符合人物角色。（朗读时，能体现小马的礼貌，还要读出疑问的语气。读老牛的话，读出坚定的口气。）

【设计意图】根据学生目前的思维水平和语言表达状况，在指导学生朗读时，让学生根据人物说话的意思，想想应该怎么读，从而读出恰当的语气。让学生在练习朗读的过程中学习、感悟朗读技巧，体会朗读乐趣。

（2）听松鼠说。

①（出示第五小段）学生自由读第五小段，动动脑筋想想怎样才能读好松鼠和小马的话呢？

②指导学生根据提示语把小马和松鼠的对话读出恰当的语气，指导松鼠说水很深。（板书：深）

如："松鼠拦住他大叫"，读这句话，"大叫"说明松鼠很担心、很着急，所以语调要稍高，语速稍快。接下来松鼠"认真"地说，说明松鼠是很严肃地对待这个事情的，通过"认真"这个提示语，想象松鼠说话时的表情、语气。"小马吃惊地问"，让学生想想小马吃惊的样子，做出吃惊的表情，在理解词语的基础上读出小马内心的疑惑。

【设计意图】文中有很多提示语也能帮助体会人物心情，朗读指导时可以借助提示语读好对话。

（3）懂得"光听别人说，自己不动脑筋，不去试试，是不行的。河水是深是浅，你去试一试就会明白"。

【设计意图】反复朗读，理解本课的主旨。

3. 自主学习第七、第八段，边读边圈出对话的提示语，读好反问句、感叹句等句子。理解"难为情"，引导学生读出小马难为情的心情。

妈妈说的话有3处是以问句的形式表达的，且都带有语气词，显得亲切温和，很多孩子读不好这些句子，必要的时候，老师要给予范读指导。

（续表）

　　【设计意图】朗读指导后，安排学生自主学习第七段，让学生根据刚才指导的方法，自己练习，多读几遍，把句子再读通顺一些，再次体会人物的语气、情感，读出恰当的语气，读完之后，同桌互读，体会人物的语气、情感，帮扶放手，培养学生自主朗读能力。

　　4.思考"河水既不像老牛说的那样浅，也不像松鼠说的那样深"的原因。

　　【设计意图】培养学生语言组织和表达能力，这也是朗读指导的目的之一。

　　5.想象：猜一猜，小马从磨坊回来后，会对妈妈说什么?

　　【设计意图】帮助学生在理解课文内容的基础上，发挥自己的想象，训练学生的表达能力。

　　三、角色再现，说说看法

　　1.4人为一组，进行分角色朗读课文。练习后，指4名学生分别读小马、老马、老牛、松鼠的话，把故事的情景再现出来。

　　【设计意图】分角色朗读给学生搭建了自我展示的平台，同时也让学生完整品味文本内容，体会语言艺术，感悟人物形象，领悟文章内涵。

　　2.引导学生围绕小马如何解决自己遇到的问题，根据对小马的印象谈谈自己的看法。（结合课后第三题）（遇事一定要动脑筋，亲自去试一试）

　　【设计意图】培养学生在充分理解课文内容的基础上，能说说简单的看法。

　　四、指导写字

　　（出示"该""刻"两个字）

　　1.让学生观察这两个字，能说出两个字的异同点，说说怎样写好这两个字。

　　2.师范写，提醒关键笔画，能区别两个字。

　　3.生描红、练笔。

　　4.同桌互评，修改。

　　【设计意图】培养学生自主识字、写字能力，能区分"该""刻"两个字。

　　五、布置作业

　　回去跟家长讲讲《小马过河》的故事。

　　【设计意图】巩固学生语言表达交流能力。

板书设计
小马过河 老牛　浅 松鼠　深 动脑筋思考，自己试一试，才能得出正确的结论

（续表）

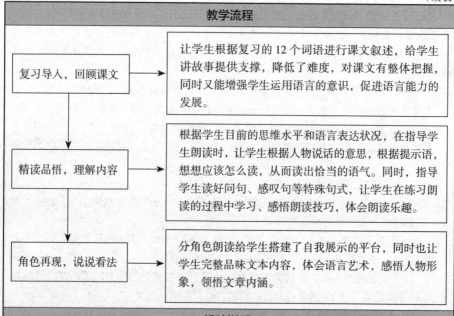

教学流程	
复习导入，回顾课文	让学生根据复习的 12 个词语进行课文叙述，给学生讲故事提供支撑，降低了难度，对课文有整体把握，同时又能增强学生运用语言的意识，促进语言能力的发展。
精读品悟，理解内容	根据学生目前的思维水平和语言表达状况，在指导学生朗读时，让学生根据人物说话的意思，根据提示语，想想应该怎么读，从而读出恰当的语气。同时，指导学生读好问句、感叹句等特殊句式，让学生在练习朗读的过程中学习、感悟朗读技巧，体会朗读乐趣。
角色再现，说说看法	分角色朗读给学生搭建了自我展示的平台，同时也让学生完整品味文本内容，体会语言艺术，感悟人物形象，领悟文章内涵。

设计说明

一、指导为主，让学生掌握朗读技巧

1. 根据对话内容揣摩人物说话的语气。

在指导学生朗读时，让学生根据人物说话的意思，想想应该怎么读，从而读出恰当的语气。如"你已经长大了，能帮妈妈做点儿事吗"一句，老马是妈妈，说话是温和、商量、询问的语气。先让学生自己读读、体会，读完之后同桌之间互读，再指名读，老师再给予指导。

2. 根据提示语，读好人物说话的语气。

文中有很多提示语也能帮助体会人物心情，朗读指导时可以借助提示语读好对话。如"小马连蹦带跳地说：'怎么不能？我很愿意帮您做事。'"。连蹦带跳说明小马很活泼可爱，在读这句话时要读出很乐意帮妈妈做事情，读出小马的懂事。

3. 指导读好疑问句、反问句、感叹句等特殊句式。

在这篇文章中，有很多问句，有疑问句，有反问句。如"怎么不能？我很愿意帮您做事"，要读出反问的语气，表现小马很愿意帮忙做事。

二、帮扶放手，培养学生自主朗读能力

朗读指导后，让学生根据刚才指导的方法，自己练习，多读几遍，把句子再读通顺一些，再次体会人物的语气、情感，读出恰当的语气。读完之后，同桌互读，体会人物的语气、情感，再以小组为单位分角色朗读课文，每组读完之后，其他小组从声音洪亮、朗读流利、情感是否符合人物心情来给予评价，通过这些策略引导学生把课文读得更有趣味。

（续表）

三、让学生融入角色，多肯定，多激励

　　在朗读指导的过程中，还需要注意，要让学生融入文本的角色当中去体会人物的情感。这样才能准确地把握人物，进而富有感情地朗读出人物语气。另外，小学生朗读能力的训练，老师不光给予指导，还要多用激励性的话语来鼓励学生敢读、想读、会读。

　　小学低年级语文课堂上，老师发挥主导作用，给予学生有效的朗读指导策略，让学生敢大声读、愿意读，能读好文章的课堂就是充满活力的好课堂。通过不同形式的朗读训练，突出学生的主体地位，让学生通过朗读提升自己的语文素养。

螳螂捕蝉

北京市史家小学通州分校　徐安然

设计基本信息					
选择策略	预测、联结策略	学　段	第三学段	年　级	6 年级
指导思想与理论依据					

学生是语文学习的主体，教师是学习活动的组织者和引导者。语文教学应在师生平等对话的过程中进行。语文教学应激发学生的学习兴趣，培养学生自主学习的意识和习惯，引导学生掌握语文学习方法，为学生创设有利于自主、合作、探究学习的环境。教师应认真钻研教材，正确理解、把握教材内容，创造性地使用教材，灵活运用多种教学策略，重视启发式、讨论式教学，启迪学生智慧，提高语文教学质量。《如何培养良好的阅读品质》一书中说，在语文教学中，阅读品质的培养，阅读能力的培养，阅读习惯的养成，所遵循的就是以学生的发展为主体，以学定教，顺学而导，在学习的过程中使学生悟其文、习得法。预测是学生阅读时根据与内容相关的知识背景去推测文章内容的发展，对文本内容发展形成假设，带着假设继续阅读并检验假设的过程。联结则是把学生正在阅读的文本和阅读过的文本进行关联，使阅读达到连贯性并进行整合阅读，加深理解。最主要的是，运用预测与联结策略，不仅可以缩短教师教的时间，还可以改变学生的阅读习惯，学生主动思考多了，阅读也因此变得更有趣味。

教学背景分析

教材分析：

《螳螂捕蝉》是一篇文言文，选自汉代刘向所著《说苑·正谏》。主要讲的是吴王想要攻打楚国，决心很大，少孺子讲了一个螳螂捕蝉的故事，使吴王打消了这个念头。"此三者皆勿欲得其前利，而不顾其后之患也"为本文的中心句。重点在于借事寓理，即考虑问题和处理事情时，不要只顾眼前利益，要瞻前顾后，通盘谋划。少孺子聪明有智慧，忠于国家让人佩服，人物形象非常鲜明。古文言简意赅，情节引人入胜，展示了中国经典文化的魅力。

（续表）

学情分析：

　　学生在以前已经学习过一些文言文的寓言故事，如《狐假虎威》《弈秋学弈》《人有亡鈇者》等，也掌握了借助字典和注释等理解文言文意思的方法。另外，大部分学生对"螳螂捕蝉"这个典故比较熟悉，自主学习后读懂故事内容并不难，对于故事中所蕴含的道理，大体也能体会出来。但文中"其"字多次出现，对其确切含义的把握还需教师的点拨引领；真正读懂课文需要从典故本身、吴王伐荆和学生的实际多角度进行，加上学生对春秋时期诸侯争霸的形势缺乏了解，因此，要借助注释、工具书，联系上下文及课外资料的补充帮助学生更好地理解课文。

　　综合上面分析，在本课教学设计中重点突出了：探究性学习，让学生提出问题，解决问题；体现了合作式学习，学生对故事的复述、对人物的分析等，都以同桌或小组的形式进行；注重课内外延伸，训练学生对信息的收集与整理。自主探究、自主感悟、合作交流，让学生学会学习；在读中质疑，读中感悟，读中积累。

教学目标

知识目标：

1. 理解课文内容及课文所要讲述的道理。

2. 能根据课文描写，想象课文角色的内心活动，分析人物特点。

技能目标：

1. 正确、流利、有感情地朗读课文，复述课文。

2. 能凭借课文的语言文字，体悟寓言借助故事说明道理的表达方式。

情感目标：

1. 明白不能只看重眼前利益而忽视身后隐患的道理。

2. 对寓言故事产生阅读兴趣。

教学过程

一、复习导入

1. 齐读课题。

2. 检查预习，回顾课文。

（1）学生轻声自读带音原文。

（2）去掉拼音，指读。

（3）去掉标点，齐读。

【设计意图】每遍读的目的不同，逐步增加难度。

3. 复习"其"的意思。

【设计意图】检查学生对"其"的不同含义掌握的情况。

二、激趣入文，探究感悟

（一）借助资料理解人物

1. PPT 出示春秋时期形势图，引导学生观察，明确吴国与楚国的位置。

2. 引导学生想象（预测）。

师：如果你是吴王，为什么要去攻打楚国？

生：楚国临近长江，水利交通便利、物产丰富、富饶……（教师适时出示文字材料）

师：所以吴王说……（引出课文）

生：吴王欲伐荆，告其左右曰："敢有谏者死！"

3. 理解句子意思，学生根据理解朗读。

师：谁能把这句话读一读，指名学生读。

师：他读得怎么样？谁来评价一下？学生评价。

师：应该用什么样的语气？（强硬、专横、粗暴）

4. 教师引读——你现在就是吴王，君临天下，告其左右曰——学生齐读"敢有谏者死！"

这是故事的起因，故事结果吴王是这样说的："善哉。"乃罢其兵。你有什么疑问？

生：为什么改变了主意？谁让他改变了主意？发生了什么？……

师：谁能试着回答？

生：因为一位年轻人给吴王讲了一个"螳螂捕蝉"的故事。

（二）学习课文，理解道理

1. 师：少孺子也不敢正面劝谏吴王，所以他给吴王讲了一个小故事，我们赶紧来读一读。

【设计意图】引导学生思考，顺利进入下一个环节有针对性地学习。

2. 理解故事内容。

引导学生把故事讲得有意思，学生进行联系。

指名一位同学讲故事，要求其他同学认真倾听。

3. 借助图片，巩固理解。

（PPT 出示"螳螂捕蝉"的图片）你能借助图片再讲一讲这个故事吗？

试着说一说，在班上讲给同学听。

试背诵。

（教师结合故事板书：蝉←螳螂←黄雀）

此时，你想对这三个小动物说些什么？

（三）拓展资料，体会少孺子的真正用意

1. 师：少孺子想告诉吴王什么？为什么要给吴王讲这个故事呢？

PPT 出示春秋时期形势图，引导学生联系春秋时期形势分析，再次体会故事内涵。

（板书：楚国、吴国、其他诸侯国）

2. "螳螂捕蝉"和吴王伐荆有什么关系呢？

理解两件事之间的相同点——欲得前利，不顾后患。

3. 揭示方法——借事喻理。

【设计意图】引入资料，激发学生理解、探索的求知欲。

（续表）

（四）整体把握课文，感悟人物特点

其实在少孺子讲故事时，吴王的大脑一直在进行积极地思考。他在想什么？

预设：吴王想少孺子是个忠臣，并且他很有智慧……

伐还是不伐？吾伐荆与螳螂捕蝉的关系，分析前利与后患。

……

于是他脱口而出——出示"善哉！"

1. 理解"善哉！"（好啊！）

2. 师：吴王在说什么好？联系全文思考。

3. 交流汇报。

4. 生：（A）故事好、道理好；（B）少孺子用的办法好；（C）少孺子好（聪明、对国家忠诚、有勇有谋）。

你同意哪个观点？

重点评价少孺子人物形象。

三、建立联系，拓展延伸（联结）

1. 回顾《狐假虎威》，拓展原文。

2. 建立联系。

《狐假虎威》选自《战国策》，《螳螂捕蝉》选自《说苑》，虽然它们出自不同的书籍，但都是劝谏君王的寓言，在这两本书中还有很多历史故事等着你去发现。（PPT出示其他成语故事）

【设计意图】在学生思维中建立新旧知识之间的联系。

板书设计
螳　螂　捕　蝉 （借事喻理） 蝉　←　螳螂　←　黄雀 楚国　←　吴国　←　其他诸侯国 （不能）欲得前利　　不顾后患

教学流程
导入复习，回顾旧知 ↓ 激趣入文，探究感悟 ↓ 建立联系，拓展延伸

（续表）

设计说明

一、围绕"螳螂捕蝉"展开教学，牵一发而动全身

在执教《螳螂捕蝉》这一课时，我没有"循规蹈矩"逐段教学，而是从学生阅读心理出发，根据教材本身特点，直接由课题入手，直奔"螳螂捕蝉"的故事理解并进行复述，在学生理解寓言故事后我又引导学生进一步思考：少孺子为什么要给吴王讲这个故事？借机出示地图帮助学生理解少孺子讲故事的真正用意。

二、引入资料激发学生探索的欲望

《螳螂捕蝉》这则寓言出自《说苑·正谏》，为了激发学生对于寓言的进一步学习与探索，在教学中我简单引入了背景资料。此时，学生的兴趣一下子便被调动起来，他们预测吴王为什么要攻打楚国呢？少孺子为什么要给吴王讲"螳螂捕蝉"的故事呢？此时，孩子们就有了想进一步探讨的欲望，对文本内容发展形成假设，并带着假设继续阅读学习，检验假设是否合理。

学生还学过很多有意思的寓言故事，例如4年级学过的《狐假虎威》，虽然出自《战国策》，但同样也是劝谏君王的寓言，当孩子们把旧的知识与新的知识联结起来之后，也会有一种想一探究竟的冲动，这时，顺势向学生介绍《战国策》《说苑》这两本书也便是水到渠成的事了。

学生学习的课文只是个"引子"，如果能让学生在学完每篇课文之后还有进一步探究的欲望，那我们的教学就真的起到了抛砖引玉的作用，学生也就真的变"要我学"为"我要学"了。

棉花姑娘

北京市史家小学通州分校　王莉

教学设计基本信息					
选择策略	预测策略	学　段	第一学段	年　级	1年级
指导思想与理论依据					

语文课标中建议阅读教学要加强对学生阅读的指导引领和点拨，要利用学生的阅读期待提高阅读质量。

部编教材致力于培养学生的阅读能力，结合小学阅读教学的实际，引导学生在感受、理解、欣赏和评价中习得一些基础、有用的阅读策略，使学生在阅读活动中学会阅读。部编义务教育语文教科书从中年级开始，有目的地编排了预测、提问、提高阅读的速度和有目的地阅读四个阅读策略单元，旨在引导学生获得必要的学习阅读的策略，培养他们运用阅读策略的意识和基本能力，使他们成为积极的阅读者。

教学背景分析

教材分析：

《棉花姑娘》这篇课文选自部编版语文教材1年级下册第八单元，本单元编排的三篇课文以童话的形式告诉学生一些知识性的问题，落实"问号"这一人文主题。可以看到每篇课文都是用对话的形式推进故事的发展，都配有多幅图画。相同的编排方式形成了本单元的语文要素：借助图画阅读课文，读好多个角色的对话。

本教学设计是《棉花姑娘》的第一课时，学生第一次接触这个童话故事，为了调动读书的愿望，为第二课时落实语文要素做好充分的准备，我用"猜一猜"这种学生喜欢的方式设计了多个学习活动完成本课的学习任务。

学情分析：

1.阅读

"猜"是低年级学生特别喜欢的学习活动，在这个活动中，他们的思维能够得到充分地调动。我设计了猜角色、猜内容、猜情节等多个学习活动，以边阅读、边猜测、边验证的方式呈现，让学生体验阅读乐趣。

2.识字

学生已经了解了汉字的不同构成，学习了书写不同结构的汉字。需要老师帮助学生梳理归类，形成学习方法和学习能力，为学生独立识记、书写汉字打好基础。

（续表）

教学目标

教学目标：

1. 正确流利地朗读课文，初步感知"不同的动物能治不同的病"。

2. 通过"猜一猜"的学习方式引导学生一边读文一边想象，一边读文一边猜测，了解故事内容，初步学习读书的方法。

3. 通过重点指导、提示点拨、独立识记相结合的方式学会生字"病""奇""星""七"，逐步培养学生的识字、写字能力。

教学重点：

1. 通过"猜一猜"的学习方式引导学生一边读文一边想象，一边读文一边猜测，了解故事内容，初步学习读书的方法。

2. 学习生字"病"。

教学难点：

1. 用"猜一猜"的方式读文，初步学习读书的方法。

2. 学习生字"病"。

教学过程

一、猜谜引入，感知事物特点

（一）猜谜引题

农民春天种上它，夏天它就开了花。

秋天结果像个桃，桃子裂了开白花。

（二）图片解题

1. 板书"棉花"。

2. 谁见过棉花？给大家说说棉花的样子。

3. 出示棉花的图片。

（1）棉花的花是什么颜色的？

（2）棉花的叶子是什么颜色的？（碧绿碧绿）

（3）棉花是什么颜色的？（雪白雪白）

教师补充介绍：棉花可以做成棉被，还可以纺成棉线，织成棉布做衣服，棉布做的衣服穿起来特别舒服。

【设计意图】用学生喜闻乐见的猜谜语的形式引入课文，可以有效地调动学生学习的积极性，同时突出课文角色"棉花"的特点，和课文建立联系。

二、猜测内容，建立文题联系

1. 板书"姑娘"，读课题。

2. 结合课题预测：这篇课文可能讲棉花姑娘的什么故事呢？

（续表）

【设计意图】

1. 结合棉花的图片让学生说说看懂了什么？还有什么问题？训练学生仔细观察图画，认真思考的能力。

2. 棉花这种植物距离学生的生活实际比较远，很多学生没有见过。通过猜谜语、图片等形式帮助学生了解不熟知的事物。

3. 借助课文插图对文本内容的发展形成假设，一方面引发学生的阅读兴趣，另一方面通过文本信息对阅读假设进行验证。这是在培养低年级学生阅读的预测能力。

三、猜测结果，了解故事情节

（一）情境识字，问题引读

1. 情境识词。

师边读第一自然段边出示词语：生病、可恶的、蚜虫、医生、治病。

学生听后说说知道了什么？

2. 认识生字：病。

（1）记形旁。"疒"的意思：生病，我们会感觉到（疼），有时身体会（痒），伤口愈合不好会留下（疤），像这样带有"疒"的字还有很多，它们都和"病"有关。

（2）"疒"的笔顺：动态显示笔顺，书空强化记忆。

（3）记声旁。丙读bǐng，在这个字里面表示读音。

3. 试着读读第一自然段。读正确、读流利。

4. 质疑：读了这段话以后，你有问题想问吗？

预设质疑：

什么是蚜虫：出示图片认识蚜虫。这就是蚜虫，它的个头特别小，比芝麻还要小一些，蚜虫成群地生活在一起，趴在植物的叶子上、茎上，看，这些就是蚜虫。（出示图片）它们会吸食植物里面的养分，是地球上最具有破坏性的一种害虫。所以，课文中说它们是"可恶的蚜虫"。

5. 再读一自然段：关于棉花姑娘的故事，你想知道什么？

【设计意图】在具体的语言情境中，出示重点词语，帮助学生在音形之间建立联系；在语境中认识常见字、常用字。帮助学生感受形声字形旁表意的特点。通过图画和资料的补充帮助学生解决理解词语的难点。

（二）想象画面，猜测结果

1. 教师读第二自然段，学生想象画面。

2. 猜测：燕子不能给棉花姑娘治病，接下来会发生什么样的事？

3. 自己练习读第二至第四自然段。

（1）认读易错的词语：燕子、啄木鸟、别人、只会、树干。

（2）自己选一个自然段读，指名读。

（3）读了这三个自然段，你是不是又有问题想问了？

预设：燕子、啄木鸟、青蛙为什么都不能给棉花姑娘治病？

（续表）

4.猜测：三个医生都不能给棉花姑娘治病，结果会怎么样？

【设计意图】让学生边读边想象画面，再呈现能够表现文字的图画，帮助学生在文字与图画之间建立联系。不断地猜测故事情节，验证故事情节，感受童话故事情节反复的特点，培养学生合理想象、预测的能力。

（三）猜测角色，说出理由

1.出示："忽然……一群圆圆的小虫子飞来了……很快就把蚜虫吃光了。"你想知道什么？

预设：这些小虫子是谁？（你猜猜它们可能是谁？说出猜测的理由或依据）

2.出示棉花姑娘的问话：读好"谁"。

3.小虫子是怎么回答的，在书上找到，画上横线，读一读。

4.再读第五自然段：读了这个自然段，我们知道了（棉花姑娘的病被七星瓢虫治好了）。

【设计意图】学生一边读文，一边试着提出自己想弄明白的问题，让学生根据提出的问题猜一猜答案，并说出猜测的依据，训练学生有理有据地表达。

（四）预测结果，验证预测

1.导读：棉花姑娘的病好了，它会变成什么样呢？

2.自己读读第六自然段。

【设计意图】这个环节一方面训练学生预测能力，一方面帮助学生进行语言积累。

四、回读全文，小结读书方法

1.标出自然段。边读边想象画面。

小结：一边读故事一边猜想后面可能会发生什么？继续读故事验证自己的猜想，这样读书就成了一件有意思的事情。一边读故事一边想象画面是一种特别好的读书方法。如果一边读一边想象，我们就把这篇文章想成了一本连环画。

2.摆图排序。

（1）棉花姑娘生病了。

（2）燕子不能帮棉花姑娘治病。

……

3.读了课文之后，你知道了什么？还有哪些问题？

【设计意图】小结阅读过程中进行想象和猜测的好处，鼓励学生在读故事的过程中运用想象的读书方法和预测的阅读策略。

五、归类写字，培养写字能力

（一）重点指导易错字：病

复习笔顺。

教师示范并提示要点。

学生练习。

反馈并再次指导。

（续表）

（二）点拨提示同类字：上下结构"星""奇"

1.学生观察字形结构特点：上小下大、上窄下宽。

2.回顾书写要点：找中心。

3.自己练习书写，对照范字修改。

（三）独立书写简单字：七

自己记字形，对照范字独立练习书写。

【设计意图】每节课的识字教学都采用重点指导、点拨提示与独立学习相结合的方式学习，逐步帮助学生形成独立识字、写字能力。

板书设计

棉花姑娘

树干

空中

田里

教学流程

猜谜引入，了解事物特点

↓

猜测内容，建立文题联系

↓

猜测结果，了解故事情节 ｛ 情境识字，问题引读
想象画面，猜测结果
猜测角色，说出理由
预测结果，验证预测

↓

回读全文，小结读书方法

↓

归类写字，培养写字能力

设计说明

部编教材语文第五册专门编排了"预测"这一阅读教学策略单元，但是在前四册教材中有很多童话故事，教学中运用"预测"这一阅读策略可以有效地调动学生读书的欲望，调动学习兴趣。"预测"的阅读策略在低年级课堂上呈现的就是"猜一猜"的学习活动。

在本课的教学中，用"猜一猜"的方式不断推进学习的进程。

（续表）

1. 猜谜语：引出课题，通过谜面对棉花有一个初步的了解。

2. 猜故事内容：引出课题"棉花姑娘"之后，让学生根据题目猜测故事内容，让学生初步认识到文章的题目和文章的内容之间是有联系的。这时的猜测可以没有依据但是要合理。

3. 猜故事情节：一次次猜测"燕子、啄木鸟、青蛙医生不能给棉花姑娘治病的结果"，不断地猜测故事情节、验证故事情节，感受童话故事情节反复的特点，培养学生合理想象预测的能力。

4. 猜角色：猜测"给棉花姑娘治病的这些小虫子是谁"？同时要求学生说出猜测的理由或依据，一方面服务于本课的人文主题"问号"，让学生明白"不同的医生可以治不同的病"；另一方面，再次运用本课的教学策略。

最后，教师小结边读边想象的读书方法和边读边猜测的阅读策略，为学生以后阅读此类文章做阅读方法的指导。

寓言二则

北京市通州区第四中学小学部　尚鑫

教学设计基本信息					
选择策略	以读促悟 迁移运用 巧设推理	学　段	第二学段	年　级	3 年级
指导思想与理论依据					

  寓言以其短小精悍、生动有趣的故事，以及其中蕴含的深刻哲理，展示了这种特殊文体的独有魅力。短短的一个故事却蕴含了深刻的道理，学生如何从这简短的课文里解明寓意，寓言教学如何能引导学生的思维"由表及里"走向深刻？解决问题的关键在于认真解读文本。本课教师精心设计，指导学生抓住文本、解读文本，由找到自相矛盾、感知自相矛盾到发现自相矛盾，最后到理解自相矛盾，由表及里、层层深入，从而帮助学生解明寓言的寓意。

  叶圣陶有言"凡为教者必期于达到不须教"。教学寓言的过程中，不只是教会学生一个故事、一个道理，更重要的是教会学生学习寓言的方法，从而启发学生的自主学习。因此，在学习《自相矛盾》时教师有意识地运用学习方法并总结学习方法，而后学习《掩耳盗铃》时引导学生实践学习方法，所谓"授之以鱼不如授之以渔"。此外，寓言的故事大多都来自生活，从长远看，学习寓言就是教会学生运用寓言去发现问题、解决问题。所以在本课的结尾，教师引导学生运用寓言去解决生活中的问题。

  寓言中的语言精练、极富表现力，具有强烈的讽刺性，通过反复地朗读与表演更能帮助学生在抓住文本与理解文本的基础上，加深对寓言的理解，从而帮助学生理解寓言所包含的哲理。

教学背景分析

教材分析：

  《自相矛盾》是北京版语文教材第五册第七单元《寓言二则》中的一篇寓言，这篇寓言出自《韩非子》，全篇共有 5 句话。这篇寓言通过卖矛、盾人的语言描写以及围观者的语言描写，描绘了一个生动滑稽的故事，并蕴含着深刻的道理。《掩耳盗铃》则出自《吕氏春秋》，通过偷铃铛人偷铃铛时将耳朵捂上这一愚昧行为，讽刺了喜欢自欺欺人的一类人。

学习寓言的首要步骤就是知内容，所以教学之初在学生复习词语的基础上引导学生讲一讲寓言的主要内容，这即是本课的学习内容之一。

《自相矛盾》中卖矛、盾人的叫卖语"我的矛锐利得很，不论什么盾都戳得穿""我的盾坚固得很，不论什么矛都戳不穿它"，以及《掩耳盗铃》中偷铃铛人的想法与做法，都富有讽刺意味，细细体味，就会发现可笑之处。在学习的过程中，用自己的语言表达出其中的可笑之处，理解寓言的寓意是本课的学习内容之一。

根据课后习题可知学生对课文要做到有感情地朗读，在理解之后还要演一演，这也是本课的学习内容之一。

学情分析：

对于刚升入 3 年级的学生而言，寓言第一次出现在课题中，他们对什么是寓言还不理解，亦没有系统学习寓言的基础。所以在学习这一课时，通过教师精心的设计，引导学生在知道故事的基础上明白道理，从而感受寓言的含义"将道理寄托在故事中"。如此一来，学生不仅清楚地理解了寓言的含义，还初步掌握了学习寓言的方法。

3 年级小学生的形象思维仍比抽象思维活跃，所以在卖矛和盾的人的语言冲突上尽可能少地让孩子去复杂地分析，而是通过反复地个性化地读与评价，帮助学生感悟矛盾之处。

教学目标

1. 有感情地朗读课文，了解《自相矛盾》《掩耳盗铃》的内容，初步感知两篇寓言的寓意。

2. 体会《自相矛盾》中卖矛、盾人卖矛与卖盾叫卖语的可笑之处，体会《掩耳盗铃》中偷铃铛行为的可笑之处，并能用自己的语言说出自己的想法。

3. 在初步了解"寓言"的含义后，能够演一演《自相矛盾》，讲一讲《掩耳盗铃》。

教学过程

一、复习词语，回顾内容

（一）根据学习单，复习字词

这节课我们继续学习《寓言二则》（提前板书）。上节课我们学习了生字词语，老师先来考考大家，拿出你的学习单，完成学习单的第一部分，看谁写得既正确又规范。（PPT 出示题目与要求）

1. 学生完成学习单。

2. 对照屏幕订正，全对的在旁边画笑脸，有错的改一改。

3. 引出课题：看看这些词语，都出自哪则寓言。

4. 学生引读字词，教师板书课题。

【设计意图】语文课程标准指出，识字与写字是语文学习的一项重要目标。通过设计学习单引导学生对字词进行回顾，巩固了学生的已有经验，加深了第一课时与第二课时的联系。同时扫清文字障碍，能帮助学生更好地理解寓言的寓意。

（续表）

（二）初读课文，感知全文

1. 指定三名学生分读课文不同颜色部分。

接下来，我们先来学习《自相矛盾》，这篇课文讲了一个什么故事呢？我先请三名同学来读读这个故事，看大屏幕，你来读第一句红色部分，你来读第二至第四句蓝色部分，你来读第五句绿色部分。（PPT 变色）

2. 引导学生认识寓言的起因、经过、结果，感知全文内容。

这位同学读的第一句是这个故事的起因。（板书：起因）

这位同学读的第二至第四句是故事的经过。（板书：经过）

这位同学读的第五句是故事的结果。（板书：结果）

二、研读《自相矛盾》，感悟叫卖语

（一）聚焦卖矛叫卖语

1. 创设情境，感悟卖矛、盾者的想法。

故事中的这个人，一手拿着矛，一手拿着盾，到集市上去卖。在路上他会想些什么呢？（指一名学生说）引导学生揣测卖矛、盾的人一手拿着矛，一手拿着盾会想些什么。

2. 抓住关键词，感悟卖矛、盾者的心理。

引导学生抓住"夸口"揣测卖矛、盾者的心理。

【设计意图】寓言比较短小精悍，简短的语言却蕴含深刻的道理。因此在理解时应该扣住一些关键词着手感悟。

3. 运用对比，加深理解。

（1）引出卖矛叫卖语。

他一边走一边想，终于来到集市上，他是怎么叫卖他的矛的？（指一人说）

（2）体会卖矛语：（PPT 出示多种盾）皮盾他的矛能戳得穿吗，木盾他的矛能戳得穿吗，铁盾他的矛能戳得穿吗？出示更多的盾，帮助学生更深理解"我的矛锐利得很，不论什么盾都戳得穿"，体会矛之锐利。

【设计意图】寓言故事的语言和其他文学作品有着非常明显的不同，一般都具有简洁性、生动性与概括性。一句简短的话语就能塑造鲜活的艺术形象。在教学过程中，教师要引导学生感知作品语言，围绕教学文本，强化语言文字分析和感悟，帮学生更好地感知艺术形象，理解寓意。

4. 创设情境，角色朗读。

这么好的矛，谁来扮演卖矛的人来夸一夸你的矛。（评价：听了他的叫卖，我都忍不住要买了……）

【设计意图】理解与朗读是分不开的，只有先感悟到文字背后的意义、情感，才能更好地朗读。同样，通过角色朗读，也更能加深学生对文字的理解。此外，朗读之后教师的评价要及时跟上，不仅能发现问题，更能帮助学生加深理解。

（二）聚焦卖盾叫卖语

教学过程同上，引导学生抓住卖盾叫卖语，对比几种矛，帮助学生理解盾之坚固，在此基础上，扮角色朗读。

（续表）

（三）演一演

好了，同学们，现在你一手拿矛，一手拿盾，来扮演这个人在集市上叫卖，同桌之间先互相演一演。

1. 同桌互相练习表演卖矛、盾的人，请一名同学上台当众表演。

2. 师引导学生指出卖矛、盾人的叫卖问题，"用你这么锐利的矛戳你这么坚固的盾会怎么样呢？"。

3. 捕捉到表演者哑口无言的表情，引导学生分析哑口无言的原因，从而揭示寓言中蕴含的道理。

三、总结方法，认识寓言

（一）总结学习寓言的方法

板书总结方法：刚才我们一起学习了自相矛盾这个故事（板书：故事），明白了这样一个道理（板书：道理），像这样用一个故事说明一个道理，这样的文章就叫作寓言。（"寓言"两字下板书"△号"）

（二）认识寓言

1. 这个"寓"字在字典里有 3 个解释，在寓言这个词里"寓"是什么意思。

寓言：①居住；②住的地方；③寄托，含蓄在内。

2. 所以将道理寄托在故事里，就叫寓言。

【设计意图】学习寓言要讲究方法，根据寓言的定义"用故事来说明道理"不难理解，寓言学习就需要读懂故事、解明道理。在教学过程中，教师不仅要教给孩子一则寓言、一个道理，更要教给孩子学习寓言的方法，那就是：知故事，明道理。

四、学习《掩耳盗铃》

（一）感知故事内容

1. 接下来我们学习第二则寓言，翻到第 96 页，自己出声读，找一找这个故事的起因、经过、结果。（我请三名同学来给大家读一读）你读起因，你读经过，你读结果。

2. 学生说说寓言的主要内容。

（二）创设情境，体会掩耳的原因

1. 学生思考偷铃铛人当时的想法。

2. 自读课文，对照大屏幕说一说他当时是怎么想的。

PPT 出示：

手一碰铃铛，＿＿＿＿＿＿＿＿。

＿＿＿＿＿＿＿＿，耳朵就听到了。

如果＿＿＿＿＿＿＿＿，手一碰铃铛就听不见声音了，就可以拿到铃铛了。

【设计意图】通过创设情境，学生亲身走进偷铃铛的人，有助于学生形象地理解偷铃铛人的行为，从而帮助学生理解寓言的道理。

（三）揭示可笑之处，感悟道理

1. 教师引导：我觉得他想得挺对的啊，为什么还是被人发现了？

（续表）

2. 从中分析，感悟道理。

五、注重实践，迁移运用

（一）体会寓言作用

通过学习我们知道寓言就是通过一个小故事给人们讲道理的，那你想想寓言有什么用啊？（指名说）嗯，对了，我们还能用寓言故事给别人讲道理，这样他就更容易接受了。

1. 引导提问：寓言是干什么用的？

2. 体会寓言在生活中的作用，即给人讲道理。

（二）学以致用，寓言讲理

老师身边也有这么一个孩子，你看看能用哪则寓言来给他讲讲道理？

1. 根据教师出示案例，选择寓言讲道理。

案例如下：

小明是邻居家的一个孩子，有一次数学考试他得了 72 分，看着卷子上红红的 72 分，想到回家可能跟妈妈交不了差，他拿起笔顺势把 72 改成了 92，他满意地笑了，还逢人就说自己考了 92 分。

2. 同桌两人一个人扮演小明，另一个人用这样的方式（我要给你讲《＿＿＿＿》这则寓言故事……）给他讲一讲道理。

3. 同桌练一练，讲台演一演。

【设计意图】学习寓言是为了运用寓言，寓言的教学不只是引导学生知故事、明道理，更要让学生感悟入心、运用于行。所以在教学寓言的过程中，多问问学生这则寓言能解决生活中的什么问题，能教会我们什么道理。

六、推荐阅读

（一）板书总结本课

这节课我们学习了两则寓言故事，一则是（让学生说，师指板书）《自相矛盾》，一则是《掩耳盗铃》，它们都是通过一个小故事来说明一个道理。

（二）推荐阅读

1.《自相矛盾》这个故事出自《韩非子》，《掩耳盗铃》这个故事出自《吕氏春秋》，在这两本书里还有很多有趣的寓言故事。

2. 像这样写寓言的书还有很多，比如《战国策》《伊索寓言》。

小结：今天我们读了寓言故事，懂得了一些道理，课下同学们还可以多去读一些寓言故事，让我们懂得更多的道理。

板书设计

寓言二则

自相矛盾	掩耳盗铃	起因
故事	道理	经过
		结果

（续表）

教学流程

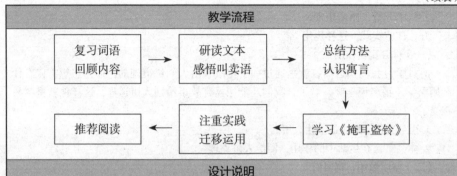

设计说明

一、解读文本，由表及里，层层深入，揭示寓意

结合寓言短小精悍的特点，抓住文本、深挖文本，由创设情境、揣测想法引入，找到叫卖语，从而找到自相矛盾之处，到通过对比解读叫卖语感知自相矛盾，再到解读围观者的话发现自相矛盾，最后到深入解读文本理解自相矛盾，学生在反复读、思、说中由表及里、层层深入，从寓言的内容到寓言所蕴含的道理，逐渐认识深刻。

二、巧设活动，理解寓意

对于3年级学生而言，学习寓言的困难之处是感悟寓言的寓意。如何帮助学生由表及里，由难化简，这是寓言学习需要解决的问题。

1.朗读体验，读悟结合，以读促悟，以悟促读。

《自相矛盾》的矛盾之处正在于卖矛和卖盾叫卖语的冲突之中，因此，在学习中，通过引导学生通过各种方式的读，初读、朗读、体会心情读、加上动作读，最后表演读，从中感悟卖矛、盾人的夸张心态，在朗读体验中加深学生对课文的理解，挖掘主人公的可笑之处。并在学生的逐渐理解之后，强化学生的朗读，将学生的感悟与理解赋之于学生的朗读体验中。

2.巧设补白，理解寓意。

在学习《掩耳盗铃》时，理解这篇寓言的寓意也是难点。掩耳盗铃人的愚蠢之处表现在他掩耳盗铃的行为，归根结底还是他愚蠢的想法。因此，基于他的想法，巧设补白。

手一碰铃铛，＿＿＿＿＿＿＿＿＿＿。

＿＿＿＿＿＿＿＿＿＿，耳朵就听到了。

如果＿＿＿＿＿＿＿＿＿＿，手一碰铃铛就听不见声音了，就可以拿到铃铛了。

引导学生还原掩耳盗铃人的心理和想法，找到他行为的愚蠢之处，从而感悟到寓意。

三、注重实践，迁移运用

学习寓言是为了运用寓言，寓言的教学不只是引导学生知故事、明道理，更要让学生感悟人心、运用于行。所以在教学寓言的过程中，多问问学生这则寓言能解决生活中的什么问题，能教会我们什么道理，让学生真正做到古为今用。

（续表）

迁移运用之一：寓言学习方法的迁移运用。

在学习《自相矛盾》的过程中，教师顺理成章地渗透寓言的学习方法"知故事、明道理"，学生对这个方法自然了然于胸。在学习第二则寓言《掩耳盗铃》时，在教师的指导下，学生运用以上方法学习《掩耳盗铃》，迁移运用，加深记忆。

迁移运用之二：理论到实践的迁移运用。

学习寓言并不是停留于故事道理层面，更要帮助学生迁移运用，实践于生活中。设计讲道理的学习活动，帮助学生将书本上的寓言迁移运用于生活中，更加加深了学生对寓言的理解。

梅花魂

北京市通州区永顺小学　武雯

教学设计基本信息						
选择策略	自我提问 阅读策略 内容重构 阅读策略	学 段	第三学段	年 级	6 年级

指导思想与理论依据

　　学生发展核心素养中的一条就是自主发展，其中指出学生要学会学习，其内涵主要是学生在学习意识形成、学习方式方法选择、学习进程评估调控等方面的综合表现。具体包括乐学善学、勤于反思、信息意识等基本要点。同时语文新课程标准中也提倡"自主、合作、探究"的学习方式，从而全面提升学生的语文素养。因此在教学中我们要培养学生的自主学习能力，学生为主体，教师为主导，了解学情，以学定教，帮助学生规划自主学习路线。

教学背景分析

教材分析：

　　《梅花魂》是北京版语文实验教材第十二册第七单元的第一篇精读课文，这是一篇对学生进行爱国主义教育的好素材。《梅花魂》一文是归国华侨陈慧瑛所作，作者通过回忆自己和外祖父在国外一起生活直至分离的一段经历，文章采用借物喻人的手法，以梅花为线索，讲述了外祖父的几件事，从中表现了这位老人对梅花的挚爱，表达了对已故外祖父的深切怀念，热情歌颂了老一代华侨眷恋祖国、热爱祖国的深厚感情。

　　一、采用自我提问阅读策略，初步走进人物

　　本课首先采用自我提问的阅读策略，因为本课内容离学生的实际生活有一定距离，所以采用自我提问的阅读策略可以促进学生主动学习和引发独立思考。因此在课前的预习单中设置了这样的问题："在莺儿年幼的心中，外祖父的言行让她产生了很多的疑问，请你在五件小事中找到莺儿对外祖父的'不懂'。"这道问题看似是提出文中莺儿的"不懂"，实际上是学生的疑问，学生同年幼的莺儿一样，对于外祖父他们这一代老华侨对祖国眷恋的那种深情并不能理解。因此从莺儿角度看这五件事以"不懂"入手展开教学，将五件小事归为三"不懂"、两"难料"。

（续表）

三"不懂"：

读诗落泪："不懂"外祖父的思乡愁——"莺儿，你小呢，不懂！"

珍爱梅图："不懂"墨梅图的珍贵——一幅画，有什么稀罕呢？

思国伤感："不懂"外祖父的思国痛——想不到，外公竟像小孩子一样，"呜呜呜"地哭起来了……

两"难料"：

赠墨梅图："难料"赠我墨梅图（两件心爱之物之一——墨梅图）。

送梅花绢："难料"送我梅花绢（两件心爱之物之二——梅花绢）。

将五件小事中的疑问通过学生自我提问梳理出来，层层深入分析，从而理解华侨老人眷恋祖国、热爱祖国的思想感情，帮助学生带着目的去阅读，深入走进人物的内心。

二、采用内容重构阅读策略，深化人物形象

文中一共写了五件小事，通过解读教材发现，这几件小事之间是相互有关联的，于是利用内容重构阅读策略，将五件小事归为"三""二""一"，重新将文章内容进行重构，抓住文章重点，深入解读人物形象。

三：外祖父三次落泪。

一落泪：思乡泪——愁。

二落泪：无奈泪——痛。

三落泪：深情泪——归。

二：外祖父的两件珍品。

外祖父的两件藏品：墨梅图、梅花手绢，既然要赠送，为什么不一起送，直到"我"登上轮船时才送第二件珍品呢？

一：祖孙的一次长谈。

文中重点段第十三段，赞颂梅花的语句。

学情分析：

对于 6 年级的学生来说，经过几年的学习理解、分析课文，在阅读中通过"听、说、读、写"等方法的运用，能够体会人物情感，品味人物高尚品格。

首先，《梅花魂》这课把理解外祖父爱梅花，并在爱梅花中寄托了爱祖国的思想感情作为文章的重点，也是难点，学生在情感的升华之处有一些难度。

其次，学生都知道梅花在寒冬开放的特点，也学习过一些关于梅花的古诗，但是对外祖父所说的具有梅花的品格的有气节的中国人就不容易理解透彻。

最后，外祖父是一位老华侨，这样的人物身份背景离学生也较远。经历决定情感，学生的年龄就决定了他们不是很容易就能理解外祖父离开祖国多年，对祖国有着深深的思念之情。

教学目标

教学目标：

1. 有感情地朗读课文。

2. 采用自我提问策略，梳理学生疑问，联系课文内容，体会文中的思想感情。

（续表）

3.采用内容重构策略，围绕五件小事进行内容重构，品读人物的言行，体会华侨老人眷恋祖国、热爱祖国的思想感情，理解"梅花魂"的含义。

教学重点：

采用内容重构策略，围绕五件小事进行内容重构，品读人物的言行，体会华侨老人眷恋祖国、热爱祖国的思想感情。

教学难点：

理解"梅花魂"的含义。

教学过程

一、谈话入题，赏梅花

1.课前收集关于梅花的古诗，互相进行朗诵欣赏。

2.欣赏图片，形象上感受梅花的特点。

【设计意图】以古诗和图片引入，使学生初步感受梅花的特点，为理解课文内容作准备。

二、理清脉络，知梅花

1.回顾上节课总结的五件事并板书。

2.梳理预习布置的问题：对外祖父的言行有哪些不懂？

从莺儿的角度看这五件事：三"不懂"，两"难料"（板书）。

3.进一步将问题归为三类：

从外祖父的角度看这五件事：三次落泪、一次长谈、两赠珍品（板书）。

4.长大后我是否读懂老人的心？那是一颗怎样的心？

这是一颗眷恋祖国的心，指名读最后一段。

【设计意图】采用自我提问策略促进学生主动学习和引发独立思考。这就是以疑定教，顺疑而导，根据学情，梳理学生的疑问，寻找文中的"矛盾冲突点"，并归为三类：三次落泪、一次长谈、两赠珍品。从"莺儿"不懂外祖父的角度入手，层层深入体会老人眷恋祖国的心。

三、细读引导，悟梅花

疑问一：品读"三次落泪"。

要求：品读文中外祖父"三次落泪"的语句，联系上下文思考外祖父为什么落泪？落的是什么泪？自读思考，在书中批注，再小组讨论。

1.第一次落泪：吟诗落泪——思乡之泪。

指导：体会三首古诗表达的内涵，理解三首古诗所表达的意思，感悟外祖父第一次落泪是思乡的泪，是一种乡愁。

2.第二次落泪：心想归而身不行——无奈之泪。

指导：结合莺儿的语言分析出外祖父当时想回国却无奈回不去。联系《枣核》一课中这些久居国外的华侨想回国却因为各种原因回不来而思念祖国的心酸、无奈。

3.第三次落泪：送别时泪眼蒙眬——深情之泪。

指导：结合《我的中国心》的音乐图片想象当时的场景，感受外祖父第三次落泪时复杂的内心，对祖国深深的眷恋之情。

（续表）

　　疑问二：体会"一次生气"与"一次长谈"。

　　一次生气：

　　1. 自学提示：默读第三段，你都从哪些地方体会到外祖父珍爱墨梅图？动笔画一画。

　　2. 引导：

　　语言：反问的是什么意思？反问的特点问中有答，那你来读读。

　　动作："轻轻刮去、慢慢抹净"这是什么动作？你试着做做这个动作。

　　对比：还有其他角度吗？看看前面，对待古董什么态度，对待墨梅图呢？

　　一次长谈：

　　老人对墨梅图这样珍爱，但我回国的前一天早上，老人却要把它送给我，老人是怎么说的呢？

　　自学提示：默读第十三自然段，思考在这段中，作者告诉了我们几个意思？在读的过程中，批注你的理解。在小组中交流。

　　（1）学习第一层。

　　梅花的特点：

　　出示第一层句子，提炼出梅花的特点。

　　当那风雪来临时，梅花就是这样的傲立雪中，播放课件：雪梅图。

　　毛主席也用诗词来赞美梅花的精神，出示《卜算子·咏梅》。

　　（2）学习第二层。

　　作者由梅花联想到了什么？谁来读读。

　　根据预习，说一说你所了解的有气节的人物都有哪些？

　　换人称练习朗读。

　　"几千年来，我们中华民族出了许多有气节的人物，（　　　）不管历经多少磨难，受到怎样的欺凌，从来都是顶天立地，不肯低头折节。他们就像这梅花一样。"

　　出示有气节人物的图片，教师范读。

　　师小结：同学们，这就是民族魂！（板书：民族魂）

　　（3）学习第三层。

　　指导：自读课外资料单（外祖父和莺儿的背景资料）。

　　外祖父这段话在说谁？你读懂了什么？

　　预设：

　　外祖父作为华侨的代表，为祖国做出了很多贡献，就如这梅花一样。

　　莺儿正是做到了外祖父对她的期待，具有梅花的精神和秉性，才会取得了这么大的成就。

　　导语：

　　其实，这也是老人自己心灵的表白。他漂泊海外，中国人的气节没有变，对祖国的爱没有变，就像他深爱的梅花一样，有品格、有灵魂、有骨气。

　　这是外祖父对莺儿的深切期望，长大后的莺儿真的如外祖父所期望的那般吗？

　　他们都如梅花的精神和秉性一样，顶天立地、不肯折节。（板书：中国心、顶天立地、不肯折节）

疑问三:品味"两赠珍品"。

老人有两件珍品,为什么不一起送,直到"我"登上轮船时才送第二件珍品呢?

指导:进一步感受"梅花魂"的内涵,感受外祖父那颗眷恋祖国的心。

学生讨论分析,说明外祖父把关于梅花的一切都交给我,带回祖国,也就是把那颗眷恋祖国的心带回去,即使人回不去,但魂归故里了,能够安心了。

【设计意图】文中一共写了五件小事,通过解读教材发现,这几件小事之间是相互有关联的,于是利用内容重构阅读策略,将五件小事归为"三""二""一",重新将文章内容进行重构,抓住文章重点,深入解读人物形象。在深入分析这些"疑问"中,通过品读外祖父的言行,联系课外资料深入感悟外祖父眷恋祖国、热爱祖国的思想感情。

四、练笔升华,忆梅花

故乡的梅花又开了。那朵朵冷艳,缕缕幽芳,总使莺儿想起漂泊他乡、葬身异国的外祖父。

此时,站在梅花树下,长大后的莺儿已读懂外祖父那颗深深眷恋祖国的心,她想对外祖父说:_____。

学生在音乐声中进行写话练习,进一步感受梅花魂。

【设计意图】在写话的练习中进一步感悟梅花魂,学习做一个有梅花秉性的人。

板书设计

	梅花魂	民族魂	中国心
读诗落泪	莺儿	外祖父	顶天立地
珍爱梅图	三"不懂"	三次落泪	不肯折节
思国痛哭		一次长谈	
离赠梅图	两"难料"	两赠珍品	
送梅花绢			

教学流程

谈话入题,赏梅花

↓

理清脉络,知梅花

(自我提问阅读策略,梳理五件小事中的疑问)

↓

细读引导,悟梅花

(内容重构阅读策略,层层深入感知人物形象)

↓

练笔升华,忆梅花

（续表）

设计说明

一、采用自我提问阅读策略，以疑定教，理清重难点

语文新课程标准中提倡"自主、合作、探究"的学习方式，从而全面提升学生的语文素养。因此在教学中我们要培养学生的自主学习能力，学生为主体，教师为主导，了解学情，以疑定教，顺疑而导，帮助学生规划自主学习路线。

因此本课首先采用自我提问的阅读策略，促进学生主动学习和引发独立思考。在课前的预习单中设置了这样的题："在莺儿年幼的心中，外祖父的言行让她产生了很多的疑问，请你在五件小事中找到莺儿对外祖父的'不懂'。"这道问题看似是提出文中莺儿的"不懂"，实际上是学生的疑问，学生同年幼的莺儿一样，对于外祖父他们这一代老华侨对祖国眷恋的那种深情并不能理解。因此从莺儿角度来看这五件事，以"不懂"入手展开教学，将五件小事归为三"不懂"，两"难料"。

二、采用内容重构阅读策略，激活学生思维，深化人物形象

文中一共写了五件小事，通过解读教材发现，这几件小事之间是相互有关联的，于是利用内容重构阅读策略，将五件小事重新归为"三""二""一"：三次落泪、一次长谈、两赠珍品，接下来就以这三个"矛盾冲突点"展开教学，抓住重点词句，体会人物的言行，进行深入分析，从而体会外祖父眷恋祖国的思想感情。教师通过一环扣一环的问题设计，引导学生展开自主学习感知人物形象，让学生顺利展开学习思维，并获得真切的学习认知。

买小狗的小孩

北京市通州区台湖镇中心小学　于童

教学设计基本信息					
选择策略	换位分析法策略	学　段	第三学段	年　级	5 年级

指导思想与理论依据
语文学科具有工具性和人文性，小学语文教材选文体现语文工具性，更凝结着古今中外熠熠生辉的思想精华，所谓的"文以载道"，《买小狗的小孩》这篇课文就蕴含着丰富的人文思想。《义务教育语文课程标准（2011 年版）》中指出："教学应遵循学生的身心发展规律和语文学习规律，选择不同的教学策略。"所以根据课标理念，教学本课时，我力求做到教书与育人的统一，在教学中让学生充分与文本对话，理解关键词句在表达情意方面的作用，通过自主感悟，自觉内化，进而懂得文本所承载的价值内涵，潜移默化地对学生进行人文熏陶，引导学生在阅读写人的文章中紧抓人物描写方法，联系生活实际展开合理想象，借助换位分析法引导学生从文中人物的视角叙述故事，更深刻地感悟人物品质。

教学背景分析
教材分析：   1. 本节教材内容在整个课程中所处的地位及其知识结构，以及与前后知识的联系。   　　本课是第五单元的首篇叙事性写人文章，在前两个学段学生已经初步学习了这种文体，能够在阅读中联系上下文体会关键词的情感作用及文章表达的思想感情，关心作品中人物命运和喜怒哀乐，与他人交流阅读感受。而《义务教育语文课程标准（2011 年版）》对第三学段的阅读要求有了明显的提升，将情感态度和价值观更深入地渗透到阅读的内容和方法中，体现了三个维度的进一步交融。   （1）联系上下文和自己的积累，推想课文中有关词语的意思，体会其表达效果。   （2）在阅读中体会作者的思想感情，初步领悟文章的基本表达方法。   （3）阅读叙事性作品，简单描述自己印象最深的场景、人物、细节，说出自己的喜欢、憎恶、崇敬、向往、同情等感受，能通过视角的转换发挥想象，理解文中人物的心理。

（续表）

2.本节教材内容的特点和编写意图，其内容的科学性、思想性和实用性。

文章篇幅不长，内容浅显，对话较多，人物个性鲜明。

编写意图明确：通过揣摩人物的外貌、语言、动作、神态描写，联系全文和生活实际体会内涵，品味主人公的优秀品质。

具有一定的时代气息，目的在于引导学生树立正确的人生观，正视弱势群体。由于学生对弱势群体接触较少、感受不深，通过与文中人物的换位并借助更多资料的扩充让学生直观地感受到他们的自尊、自强、自立，为课上联系生活实际体会人物品质提供了良好的素材。

学情分析：

本节课对于十多岁的孩子来说，理解课文的故事梗概不成问题。第一课时谈话式调查反映出学生对文章内容很感兴趣，尤其是针对用一百块钱买一只小瘸狗的争议较大。学生没有文中小男孩切身的生活体验，"隔岸观火"和"身临其境"毕竟不一样，能否真正地从内心深处感受到男孩坚决用同样的钱买一只小瘸狗所表现出的自尊、自强、自立则是学生情感理解上的难点。

教学目标

知识目标：

明确抓关键词及人物描写方法，通过叙述视角的转换展开想象，从而把握人物形象的阅读方法。

技能目标：

1.明确抓关键词及人物描写方法，通过叙述视角的转换展开想象，合理评价文中的两个人物形象。

2.能联系课文内容，想象当时的情景，理解文中一段话的意思，探究小男孩在说这段话时行为和心理上发生的变化，以及变化的原因。

思维与情感目标：

1.借助圆圈图，触发学生联想，发散学生思维，对"残疾"产生不同的认识。

2.在换位分析法指引下通过叙述视角的转换，感受小男孩自尊、自强、自立的品质。发展学生提取和整合信息以及质疑的能力。

教学重点：

了解小男孩坚决用同样多的钱买一只小瘸狗的原因，感受他自尊、自强、自立的品质。

教学难点：

能联系课文内容，想象当时的情景，理解一段话的意思。

教学过程

一、回顾内容，设疑引入

1.今天我们继续学习第十七课，请同学们齐读课题。

板书《买小狗的小孩》。

生齐读课题。

（续表）

2. 引导学生回顾课文内容。

（1）通过上节课的学习，谁能用简练的语言说说课文的主要内容？

学生回顾课文主要内容：一个（残疾）男孩坚持用一百块钱买一只小瘸狗。

（2）结合课文内容你有什么问题要提出来吗？

预设：小男孩为什么要用一百块钱买一只小瘸狗？

【设计意图】通过对课文的回顾使学生对课文的内容有一个整体的认识，能够在整体认识的基础上进行更好地学习，并且在概括文章主要内容的过程中培养学生的概括能力和对语言的组织能力。结合主要内容引导学生质疑，抛出本节课的主问题。

二、整体感知，关注重点

1. 回顾人物外貌感知小男孩的家庭贫困。

一个瘦瘦的小男孩站在柜台前，细脖子上顶着一个大脑袋，穿着一身洗得干干净净的旧衣服。

2. 师：是呀，面对单价一百元的小狗，他只能拿出五块六毛二分钱。当杂货店的老板准备把小瘸狗白送给他时，他又有了怎样的表现呢？

男孩子扬起头，涨红了脸说："我不要你送给我！这只小狗和其他小狗一样值一百块钱！我先给你五块六毛二做订金，以后一个星期给你五块钱，直到付完为止。"

【设计意图】通过感知小男孩家庭贫困却拒绝老板白送的态度再次引起思维认知的冲突，定位文中重点段落的学习。

3. 换位体验、深入感知。

（1）视角转换，小组交流。

这篇文章作者以第三人称的叙述角度讲述了发生在小男孩身上的一件事，为了更好地走进小男孩的内心世界，下面就请同学们转换角色，从小男孩的叙述角度讲述这件事。

小组合作学习提示：

请你尝试转换视角，从小男孩的角度讲述"买小狗当天"发生的事情。提示：结合男孩的表现，通过想象将小男孩在看狗、买狗过程中的心理变化讲清楚。

（2）集中交流，解疑深化。

选择一组学生上台交流，台下同学结合叙述内容再提出不懂的问题，深化学生对男孩内心世界的理解。（教师可在学生不能提出有效问题的情况下予以引导）

预设：你用一百元钱买一只小瘸狗值得吗？你为什么会买一只小瘸狗？

作为小瘸狗未来的主人你会怎样"理解"这只小瘸狗呢？

为什么不接受白送之后再花一百元钱买一只健康的小狗？

【设计意图】通过角色的转换进行叙述，引导学生站在小男孩的角度思考问题，借助换位思考理解小男孩的内心世界，也理解老板的做法，能够在理解后对人物作出准确的评价。在交流中锻炼学生分析问题、提出问题的能力和思维。

（续表）

4.聚焦关键段，突破难点。

课件出示："我不要你给我！这只小狗和其他小狗一样值一百块钱！我先给你五块六毛二做订金，以后一个星期给你五块钱，直到付完为止。"

过渡：同学们与小男孩进行角色的转换，当你们走进了小男孩的内心之后，相信你们会对男孩产生一个新的认识。理解小男孩内心的变化，从他的语言当中你感受到这是个怎样的孩子？

预设1："我不要你送给我！"拒绝赠送，表明他非常有自尊、有志气，不愿意接受别人的施舍。

预设2："这只小狗和其他小狗一样值一百块钱！"小男孩认为这只小瘸狗和其他小狗一样，都是一条小生命，对于生命而言，无论是健康还是残缺的，无论是人类还是动物，都应该是平等的。

预设3："我先给你五块六毛二做订金，以后一个星期给你五块钱，直到付完为止。"感受小男孩的自立、自强。

总结：为了信守承诺，为了从老板心中夺回自尊，小男孩坚决要通过自己的努力克服困难完成这一切，从中你体会到小男孩有着怎样的品质？

预设：让我们感受到小男孩已经下定决心，无论有多少困难，无论有多么艰难，他都要通过自己的努力得到那只小狗。此时，他是那么的自强、自立。

三、拓展延伸，升华情感

出示身残志坚、自强不息的残疾人图片，再次让学生谈对"残疾"一词的感受。

四、课堂练笔，写法运用

有了思想上的变化，让我们再看看老板，请同学们与老板进行换位，想象当你接过小男孩零散的五块二毛六时，当你看到小男孩拉起裤腿后露出的用钢棍固定住的弯曲的左腿时，当你看到小男孩与小瘸狗一瘸一拐离开的背影时……作为老板的你会有怎样的表现呢？请你从语言、动作、神态或心理活动等方面展开想象，为这篇课文续写一个结尾。

【设计意图】继续运用换位分析法，引导学生走进文本中另一个人物——老板的内心世界，通过换位感知人物内心，并设计练笔，引导学生学会运用人物描写的方法进行片段写作练习。

板书设计
买小狗的小孩
小男孩 → 小瘸狗
自尊 自立 自强

（续表）

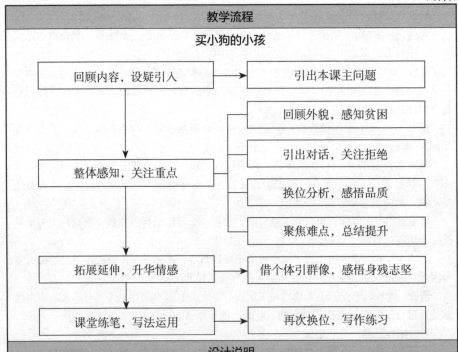

教学流程
买小狗的小孩

设计说明

　　所谓"换位分析法"即引导学生站在除自己之外的其他立场进行思考，能够从他人的角度，设身处地为他人着想，生活中人们经常把这种思考方法放在人际关系的处理中。本节课的主人公小男孩是一个身体残疾的孩子，学生没有文中小男孩切身的生活体验，"隔岸观火"和"身临其境"毕竟不一样，所以在本节课的教学中我借助换位分析法带领学生走近文本中的人物，用换位体验的方式引领学生走进人物的内心世界。"换位分析"这种思维方法能使学生与作者、文本人物进行换位，站在作者、文本人物的角度思考问题，通过这种方法来落实新课改的阅读理念，使学生的阅读水平、思维品质得到切实提高。

　　在设计中以文本为载体，运用教师生动的语言创设情境、借助多媒体课件演示画面、结合生活实际想象、理解关键词句及人物描写方法在表情达意方面的作用等多种教学方法，引导学生通过角色的互换、视角的转变自主感受小男孩的自尊、自强、自立的品质，更深入地学习文本，感知人物内心。用圆圈图引导学生对"残疾"这个词在第一课时展开头脑风暴，在第二课时文末再次对"残疾"这个词谈新感受，进而加深学生对本篇课文主人公优秀品质的理解，关注并尊重生活中的残疾人。

自然界之道

北京市通州区永顺小学　赵红梅

教学基本信息					
选择策略	连贯一致策略 情境递进策略	学　段	第二学段	年　级	4年级

指导思想与理论依据

　　《义务教育语文课程标准（2011年版）》提出：工具性与人文性的统一是语文课程的基本特点。语文的工具性与人文性是相互依存、不可分割的统一体，它们相得益彰，使语文课堂教学充满着永久的活力与生机。阅读是学生的个性化行为，不应以教师的分析来代替学生的阅读实践。应让学生在主动积极地思考和感悟中加深理解和体验，受到情感熏陶，获得思想启迪，享受审美乐趣。语文教学过程既是学生与作者情感的神交过程，也是其自我情感孕育和升华的过程。因此，在阅读教学中，必须挖掘和体会课文的情感因素，关注学生的情感生活，为他们创设主动积极的情感空间，使学生在和谐的教学过程中感受、理解语言文字，在获得情感熏陶的同时发展语言，从而实现知识与能力、过程与方法、情感态度与价值观的统一生成，达到工具性与人文性的和谐统一。

教学背景分析

　　教材分析：

　　北京版语文第七册《自然界之道》课文用实实在在的语言讲述了一个打动人的故事。讲述了"我"和几个旅伴来到南太平洋的加拉巴哥岛，想观察幼龟是怎样离巢入海的。"我们"出于好心救了一只幼龟，结果却给成千上万只幼龟带来伤害，使不少幼龟成了食肉鸟的口中之物。《自然界之道》以作者的所见、所闻、所感为线索，阐述所有事物都有各自的规律，我们要遵循不可违背。

　　学情分析：

　　就本文来说，学生们对于自然界的弱肉强食、食物链以及自然界动物的生存规律了解得不是很多，在理解向导的心理时会有一定的难度，对于自然界的动物，学生们只知道要保护弱小，而像这样坦然处之、若无其事学生很难理解，所以体会向导的悲叹有一定难度。因此，课上要让学生全面思考，教师作适当引导，帮助学生理解课文内容。

教学方式：

"要重视重点词语、语句的教学，要关注结果的正确性，更重要的是注重引领学生体会词语、句子的过程，使学生从中感悟理解句子的方法。"以此为突破口，确定以"指导学生抓重点句由浅入深地理解课文"为主要教学方法，设计教学过程，落实单元训练目标，完成教学任务。同时我们的语文课堂也应遵循"课堂之道"，即：以学生为本——学语文，从学生的需求出发——品语文，聚焦学生的实际获得——练语文。因此我采取在连贯一致策略的基础上，以情境递进策略依学而教、顺学而导。

教学手段：

以多媒体视频辅助教学。

技术准备：

音乐、演示文稿、视频。

教学目标

教学目标：

1. 理解课文内容，能联系上下文体会句子表达上的作用。

2. 懂得如果违背了自然的规律，有时好心也会办错事。

3. 有感情地朗读课文。

教学重点：

理解课文内容，能联系上下文体会句子表达上的作用。

教学难点：

通过理解课文内容，懂得如果违背了自然的规律，有时好心也会办错事。

教学过程

一、复习导入，初步感知"道"

1. 齐读课题《自然界之道》。

2. 查字典理解题目中这个"道"字是什么意思呢？从"道"的5个解释中选出一个适合"自然之道"的解释。

师：根据刚才所选的解释，自然之道，也就是自然的道理，那么生活在加拉巴哥岛上的小海龟又有怎样的生存之道呢？今天我们深入学习。

【设计意图】明确学习内容，直奔重点，通过对题目的理解把学生带到文本中去，激发学生探求新知识的兴趣。

二、品读课文，深入感悟"道"

（一）直奔主题，探究"道"

出示：课文最后一句写道：（齐读）终于，向导发出了他的悲叹："如果不是我们，这些海龟根本就不会受到伤害。"

1. 师：是什么让向导发出了这样的悲叹，谁还记得当时发生了一件什么事？（板书：救一只、害一群）

2. 师：是呀，"我们"救了一只幼龟，却给整个龟群带来了伤害，那么我们是怎样救这只幼龟的？又给龟群带来了怎样的伤害呢？

3. 侦察幼龟出巢场面的教学。

出示自学提示：自由读第三至第五段。

先独立完成学习单上的填空题，再和同桌交流一下所填写的内容。

4. 汇报。

（1）谁来说说我们看到的这是一只（　　　）的幼龟。学生自由说，教师则板书贴词语。

预设：率先探出、欲出而止、犹豫不决、弱小、善良、勇敢……

（2）导语：我们刚才说的顺序和作者书上写的一样吗？谁能按照书上的顺序，用先看到（　　　）再看到（　　　）又看到（　　　）最后看到（　　　）的顺序说一说。

（3）这是一幅怎样的画面呢？（看视频）

5. 现在我们自由读一读第三段，边读边体会作者的巧妙。（生读第三段）

6. 这么勇敢地侦察幼龟眼看就要被嘲鸫吃掉了，面对此情此景我们说了什么？（出示两句语言）

（1）追问：此时你什么心情？带着这种心情自由读一读这两句话。

（2）指导朗读：哎呀！这只小海龟就要被吃掉了，我们急呀！所以这两句话还可以再急一点、声高一点地喊出来。我们试试再现一下当时的情境。

（3）（我是向导）我刚才还说：叼就叼去吧！自然界之道就是这样的，但是听着你们的呼喊，在你们的强烈要求下，我怎么办呢？我不得不抱起小龟，把它引向大海。用文中的一个词语说：极不情愿。

（4）追问：为什么极不情愿，却又把幼龟引向大海呢？

【设计意图】首先，利用导学单了解学生的元认知。感悟第一只幼龟是怎样出巢的。其次，全班交流。无论是悟词，还是直接提取词语信息回答，教师都抓住词语进入情境中，在情境中运用递进策略、精细加工策略引导理解词语。多种方式帮助学生进入情境，在情境中有层次地递进学习，感受幼龟出巢时的状态。再次，词语调序。在运用组织策略引导学生调序的过程中，让学生口述出巢过程，从而情境递进地记住词语。最后，看定格视频。为加强学生感悟作者用词的准确，以及表达的顺序，仍用情境递进策略，看定格视频，这样眼看、耳听、心想、画面重现，来帮助学生在情境中深化理解。

（二）导读明理，领悟"道"

师：一只小绿龟在我们的呼喊声中得到了"保护"。此时的我们正在为自己的善举而庆幸，此时却听到有人发出这样的呼喊：

1. 出示："天啊！看我们做了些什么？"教师范读我们看到了什么才发出这样的感叹呢？

（续表）

2. 群龟出巢遇险场面教学。

出示：默读第六至第八自然段，同桌合作完成填写一张学习单上两道题。

3. 汇报。

（1）从第六段我们先看到龟群（　　）（　　）（　　）（　　）而出。

（2）通过我们的理解，龟群爬向哪里？

（3）看视频：看画面，用书上的词语形容这个场面。

（4）完成导学单。

①导学单第二题：第八段、第九段又看到了（　　）（　　）。

一切都过去之后，数十只食肉鸟吃得饱饱的，发出欢乐的笑声，响彻云霄。

②追问：用自己的话说说龟群受到了怎样的伤害？

③看图，教师口述试想：一群刚刚出生不久的小海龟，满怀着对生命的渴望、对大海的无限向往，离开巢穴爬向大海，但是却遭到食肉鸟的突袭，转眼间成了食肉鸟的口中之物。

④为了更清楚地看看小海龟被啄食的情景，老师在网上找了一段军舰鸟捕食小海龟的视频，放视频。

师小结：视频中再现的只是军舰鸟捕食小海龟的场面，课文中讲述的是多种食肉鸟捕食幼龟，现场一定比我们看到的画面更加惨烈。

4. 引读。

海龟倾巢而出，整群成了食肉鸟的口中之物，看到这震撼人心的悲惨场面我们不得不发出"天啊！看我们做了些什么？"的悲叹。

①我们好心、善良的做法给龟群带来了灭顶之灾，我们内疚地说……

②我们做了情理之中的事，却出现意料之外的悲惨结果，所以我们发自内心地、自责地高喊道……

追问这是为什么？（违背了自然界的生存之道）

【设计意图】先自学、合作完成：运用自主学习策略，引导学生进一步归纳且自主提取"看到怎样的龟群"进行汇报展示小组学习成果。这样结合文本理解后，再引导学生进一步归纳感悟，概括情境。此环节旨在三个层次：四字词语理解—深入想象场面—感悟群龟出巢，情境逐层递进且内容进行关联来教学，在学生心理需求下，继续情境递进看定格视频，从而扩大元认知。教学中抓词汇、语言进行揣摩推想，逐层递进情境，使精妙的语言在脑中留下印象。在品读中感悟，在情境中呈现，在揣摩中陶醉，在递进中再现。

三、拓展文本，深化"道"

导语：在我们的迅速补救之下，有一部分小海龟得救了。食肉鸟得到了美食，填饱了肚子这是自然之道，因为弱肉强食。一只小海龟被吃的同时送回危险信号使一群小海龟得到保护，这样的离巢入海是海龟生存的自然规律。这也是自然之道。然而我们人为的好心与无知给龟群带来的伤害违背了这个"道"，才引出了向导的悲叹。

（续表）

1. 出示。"如果不是我们，这些海龟根本就不会受到伤害。"

（1）结合全文谈一谈你对这句话的理解。

这句话中出现两个否定词："不是""不会"，说明这是一句什么句？（双重否定）

（2）不改变句意把它变成肯定句："是我们使这些海龟受到了伤害。"（肯定）

（3）对比着读一读这两句话，在语气上和表达情感上有什么不一样？

师：第一句加强了语气，更能表达出向导强烈的悔恨、痛心的情感。

2. 引读。

（1）一只海龟得救了，却伤害了一群海龟，向导不得不自责地悲叹道……

（2）虽然大家出于好心，却办成了错事，向导看到眼前的灭顶之灾痛苦万分地悲叹道……

师：是呀，好心办错事，人道违背了天道。

【设计意图】在两次场面的精细加工、多次情境递进策略的运用下，教师适时进行想象、表达训练，发展学生语言能力的同时，深化文本、领悟道理，从而品悟天道、人道、自然之道。

四、总结升华，感叹"道"

1. 课文记叙的是一个真实的故事，它成为作者永生难忘的惨痛教训。原作文中写道："我们很快明白，我们干了一件愚不可及的蠢事。"

追问：通过今天的学习你知道"愚"在哪里吗？

所以原作最后一句写出了作者当时真实的感受。（学生齐读）

所以向导前面就说："叫就叫去吧，自然之道就是这样的。"向导前面顺应游者之心，迫不得已救幼龟，所以他为这一群龟而悲，为"我们"刚才要求的做法而叹。（再读）

2. 拓展训练。

（1）练口头表达。

（2）练习写话。

（3）交流评价。

全文小结：自然界存在着许多固有的规律，这些规律一定是有它的道理的，我们不可以违背，否则，将会好心办坏事，只有遵循自然之道，才能适应生存。

【设计意图】创造性说话、写话，写出内心独白。使学生亲历从揣摩文字到品味语言，再到体验情感，突出教学的实效性。本课多次采用情境递进策略教学，不是原有水平的简单重复，而是在递进中见证学生对文本的深入剖析。情境递进策略的使用让学生说起来，侃侃而谈；读起来，口诵心为；写起来，笔耕不辍；活起来，课堂高效。

板书设计

（续表）

教学流程
复习导入，初步感知"道" ↓ 品读课文，深入感悟"道" ↓ 拓展文本，深化"道" ↓ 总结升华，感叹"道"
设计说明
我们的语文课堂应遵循"课堂之道"，即：以学生为本——学语文，从学生的需求出发——品语文，聚焦学生的实际获得——练语文，因此我采取在连贯一致策略的基础上，情境递进策略依学而教、顺学而导。 　　环环相扣且情境递进的设计，引导学生沉浸语言之中，品味语言进入情境。在填空中捕捉信息，在头脑中概括提炼加工，递进式学习让"语文味"弥漫于课堂。教师在递进情境中引导读文品词、调序概括。再顺势过渡——"看似做了情理之中的事，却出现意料外的结果"。从而再次为教学后文的群龟出巢遇险作好了情境递进发展的铺垫。 　　两次场面的精细加工、多次情境递进策略的运用，教师适时进行想象、表达训练，发展学生语言能力的同时，深化文本，领悟道理，从而品悟天道、人道、自然之道。

第三部分

小学语文阅读教学策略之教学案例篇

母亲的纯净水

北京市通州区马驹桥镇中心小学　潘高爽

师：同学们，上节课我们学习了课文——（齐读课题）

生：母亲的纯净水。

师：母亲的纯净水如缓缓流淌的溪水，滋润着、温暖着、感动着我们的内心。现在请同学们快速浏览课文，回忆课文的主要内容。

生：知道真相后，女儿去质问母亲，母亲对她进行了教育，使她明白了"穷并不可怕，是她需要认识和改变的现状"。母亲的纯净水让她受益终生。

师：一瓶普通的又不太名贵的纯净水使女孩的心理发生了一系列的变化，谁来说一说？

生：刚开始她的心里是"不安""高兴的"；同学们嘲笑她，她的心里是"委屈和酸楚的"；在母亲的教育下，她明白了这其中的道理，所以同学再嘲笑她时，她的心里是"沉静的"；后来，她"喜欢"母亲的纯净水。

师：从"不安、高兴"到最后的"喜欢"，为什么会有这样的变化？

生：母亲的教育使女孩认识到穷没什么可怕。

师：是啊，这节课让我们继续走进文中，去感受一位母亲是如何用她那细致入微的爱教育女儿的。

课件：默读课文第十一至第十七自然段，说一说母亲是怎样教育女儿的，让你感受到这是一位怎样的母亲？

生："是。"母亲说，"外面的假纯净水太多，我怕你喝坏肚子，就给你灌进了凉白开。"母亲看了她一眼，"有人说什么了吗？"我觉得妈妈还是首先考虑到了女儿的健康。

师：你真体谅母亲的心啊。

生：我觉得妈妈很了解女儿。

师：那你再读读，把你脑海中浮现出来的母亲的形象读出来。（学生读）

师：谁愿意继续谈谈？

生："当然，这么做也能省钱。"母亲仿佛看透了她的心思，又说，"你知道吗？要是给你买纯净水，一星期两次体育课，就得花四块钱，够我们家一个月的水费了，一年就是一百多块钱。"我觉得妈妈很节约。

师：母亲语重心长，女儿仿佛想起了生活中的许多画面。我们去想象这一幅幅画面。听着母亲就这样一笔笔、一点点地精打细算，女儿仿佛想起了什么？

生：女儿仿佛想起了母亲生活的节俭和困难。

生：女儿仿佛想起了母亲为生活中的每一件事精打细算，省下来的每一笔钱。

师：看着母亲就这样一毛两毛、一块两块地数着卖零布挣来的钱时，女儿仿佛又想起了什么？

生：女儿仿佛又想起了母亲起早贪黑地去卖零布。

生：女儿仿佛想起了母亲起早贪黑去卖零布，用那嘶哑的声音去吆喝，中午却连个馒头都舍不得吃。

师：老师也被你描述的画面所感动。

师：望着母亲那穿了又穿、洗了又洗，已经颜色泛白的红毛衣时，女儿仿佛又想起了什么？

生：女儿仿佛又想起了母亲舍不得给自己买衣服。

生：女儿仿佛又想起了自己穿上那一件件新衣时，母亲那满是皱纹的脸上露出开心的笑容。

师：此时，女儿似乎也明白了什么，但是，为什么想到同学们那一张张嘲笑的脸，她还是觉得委屈和酸楚呢？

生：女孩因为穷而觉得自卑。

师：是啊，对于这个女孩而言，穷不仅是一件丢脸的事，更是一种耻辱。

师：此时，你仿佛又看到了一位怎样的母亲？

生：这位母亲是伟大的，自己的衣服都已经洗得泛白了，还为女儿买纯净水。

师：是啊，接下来，母亲又是怎么教育女儿的，让你感受到这是一位怎样的母亲？

生："我们是穷。但是穷有什么错？富也罢，穷也罢，都是日子的一种过法。穷人不见得可怜，富人也不一定高贵。再穷，也得看得起自己。要是看不起自己，心就穷了，那可就真穷了。"

师：说说你对母亲的话的理解。

生：穷并不可怕，但是不能听天由命，要去改变它。

师：结合以前学过的课文或者你的生活说说你对"穷人不见得可怜，富人也不一定高贵"的理解。

生：我们学过的课文《穷人》，里面的渔夫和渔夫的妻子，他们虽然非常贫穷，但是他们的内心世界非常的丰富。

师：看来"穷人不见得可怜"正是他们精神世界的富有。

师：你能不能结合生活去谈谈对这句话的理解呢？

生：有一个穷人养了很多流浪猫和流浪狗，但是富人很嫌弃他们，我从中看出了穷人很穷，但是心很善良，而富人的心就不一定是富裕的。

师：你再读一读。（学生读）

师评：非常好，老师听出了你的理解。

师：谁还愿意继续再结合生活去谈一谈呢？

生：这是一个真实的故事，有一个老爷爷每天扛花生去十公里远的地方卖，一个富人经过，他在那里尝了足足五分钟，却没有买一斤花生，但是老爷爷还是把一地的花生皮捡起来，说不想影响市容。

师：多么感人的故事，你快读读，把你的感受读出来。

（学生读）

师：看来我们结合生活也能理解句子。

（板书：结合生活）

师：通过刚才的理解，我们可以感受到，在母亲看来，"穷"包括哪两方面的意思？

生：物质和精神两方面。

师：那谁愿意理解这三个"穷"字的意思？

"再穷，也得看得起自己。要是看不起自己，心就穷了，那可就真穷了。"

生：第一个"穷"指的是物质上的，第二个"穷"指的是精神上的，"心穷"了那生活就没有希望了。

师：你再读读，读出你的理解。

（学生读）

师：这是母亲对于"穷"的理解，生活中，她真的是这样做的吗？

生：是。

师：同学们不要着急，我们去推想这一幅幅画面，再去理解母亲的话的含义。

（板书：推想画面）

师：此时，你仿佛想起了那一个个日夜，母亲在做着什么？

生：母亲都在借着微弱的灯光，为我和父亲修补衣衫，自己却舍不得花钱。

师：老师也情不自禁被你的画面感动着。

生：母亲在摆摊的时候用嘶哑的声音吆喝。

师：你仿佛还想起了那无数个寒冷的清晨，母亲又在做着什么？

生：母亲早早起来准备卖零布，而女儿还在熟睡。

生：母亲早上起来，连饭都没有吃就收拾好零布准备去卖。

师：你仿佛听到了在那喧闹的集市中，母亲还在做着什么？

生：母亲在喧闹的集市中卖着零布。

生：母亲在喧闹的集市中用力吆喝着，想卖出她的每一寸零布。

师：刚才我们用推想画面的方法，再次理解了母亲的话。

师：此时，你的耳边响起了母亲对于"穷"的认识和理解。

（学生读第十七自然段）

师：你的眼前仿佛又浮现了母亲对于"穷"的认识和践行。

（学生读第十七自然段）

师：如你们一样，女儿也明白了母亲的良苦用心，她是怎么想的？

（学生读第十八自然段）

师：你如何理解女儿的所思所想呢？

生：穷不可怕，要敢于面对。

师：在这段话中，你发现了什么？

生：三个比喻句。

师：你再读一读。

师：你能对照着这三个比喻句来填一填吗？

师出示 PPT 课件。

师：体育课上，当她为母亲的纯净水而委屈酸楚时，贫穷于她而言就是什么？

生：贫穷于她而言就是一件丑陋的衣衫，因为她把穷当成了耻辱。

生：贫穷于她而言就是一件丑陋的衣衫，因为她觉得贫穷是耻辱的，大家都看不起她。

师：后来，当她依然拿着母亲的纯净水沉静地回答同学的提问时，贫穷于她而言就是什么？

生：贫穷于她而言就是一件宽大的布料，因为她觉得贫穷是她需要认识和改变的现状。

生：贫穷于她而言就是一件宽大的布料，因为她认识到穷没什么，是她需要认识和改变的物质现状。只要精神是富有的，就可以改变它。

师：再后来当她考上了大学，毕业后找了一份不错的工作，拿着不菲的薪水时，贫穷于她而言就是什么？

生：贫穷于她而言就是魔术师手中的魔法布，因为母亲的纯净水给了她鼓励。

生：贫穷于她而言就是魔术师手中的魔法布，因为可以让她创造出绚丽的未来，让她有了不错的业绩。

师：看来，联系上下文也能帮助我们理解这三个比喻句。

（板书：联系上下文）

师：在母亲的教育下，女儿终于明白了这片良苦用心，让我们再次用朗读去体会这其中的意义。女生读第十七自然段，男生读第十八自然段。

（学生读）

师：此时，你对女儿又有了怎样的认识和评价？

生：我觉得女儿知错就改。

师：在母亲的教育下，女儿的认识发生改变，所以我们对她的评价也应该体现出这一变化，还想补充吗？

生：女儿开始时有点虚荣，在母亲的教育下知错就改。

师：评价得客观而全面。

师：是啊，甚至多年后，女儿拿着不菲的薪水，可以随心所欲地买各种名贵的饮料时，女儿还是喜欢喝凉白开，她认为没有任何一种饮料比得上母亲的纯净水。

师：哪位同学再读读最后一句话。这个结尾有点特别，你发现了什么？

生：点题。

师：真好，我们写作文常用的一种方法。还有什么发现？

生："纯净水"加了双引号。

师：为什么？

生：凉白开。

师：还有什么特殊含义吗？

生：妈妈告诉我的道理。

师：是啊，一句话中有这样的双重意义，这样的修辞手法就是"一语双关"。我们再读一读这句话。

（学生读）

师：结尾真好，耐人寻味，引人思考，希望我们在写作的时候不妨也动动脑筋试试。

师：通过学习，我们对女儿和母亲又有了怎样的评价和认识？

（学生练笔）

师：我们再回顾这篇课文，你喜欢这个小故事吗，为什么？

生：喜欢这篇课文用一个小故事说一个道理。

师：这类文章的写法就是"以小见大"。看来生活中我们要留心从小事中发现美。

师：通过这节课的学习，我们回忆在理解这几个难句的时候，我们用了哪些方法？

生：联系上下文，推想画面，结合生活。

师：课下老师希望你们能用这些方法走进《零点降生的女孩》，去体会文中主人公最后的省悟。

教学点评：

《母亲的纯净水》一课，依据学情确定本课的重难点是"结合课文内容，体会重点语句的意思；懂得穷并不可怕，它也许是促进人们奋斗进取的动力，使之产生改变自己生存环境的勇气，去创造自己的未来"。

课上，教师有效运用结合生活推想画面这一阅读策略，引领学生一点点走进画面，在一幅幅画面的推想中，学生对于母亲的认识立体起来，丰满起来。他们感受到母亲的不容易，感受到母亲的爱，更理解了这一切其实都源于生活的艰辛。又如，在理解"我们是穷。但是穷有什么错？富也罢，穷也罢，都是日子的一种过法。穷人不见得可怜，富人也不一定高贵。再穷，也得看得起自己。要是看不起自己，心就穷了，那可就真穷了"时，学生不仅不容易理解，更难于表达。教师进而引导学生，"能不能结合生活谈一谈"。这样，学生语言表达的大门仿佛被打开，他们想到了生活中的所见所闻，再去理解这句话就更加深刻准确。

课上，教师更恰当地运用了联系上下文这一阅读策略。文中在描述"我"的所思所想时，语言比较晦涩难懂，给学生理解带来了极大的挑战。教师运用联系上下文的阅读策略有效引领学生突破重难点，最终理解了"我"的所思所想。

义犬复仇

北京育才学校通州分校 荀文娟

师：今天，让我们继续来学习《义犬复仇》。首先，让我们一起回顾一下这篇课文的主要内容是什么？

生：苏联卫国战争前夕，军犬文尔内为主人复仇未果，八年后舍生复仇成功。

师：读完课文，大家有哪些疑问呢？

生：文尔内为什么要复仇？

生：题目为什么是《义犬复仇》，不是《军犬复仇》或者《文尔内复仇》？

师：看来，大部分同学都很关注"为什么称文尔内为义犬"。想一想，寻找这个问题的答案，我们应该重点阅读文中的什么信息？

生：对文尔内的描写。

【课件出示】默读画批，找出描写文尔内的语句，哪些场景和细节让你印象深刻？将感受批注在旁边。

（学生自学，老师巡视指导）

现在请同学们来分享一下。

生："他引导的那条名叫文尔内的狗，年轻健壮，训练有素，对主人依恋而忠心。"从这里我能知道文尔内的特点，这为下文埋下了伏笔。

（板书：对主人依恋而忠心）

生：我能从"发疯似的"体会到当时文尔内是十分愤怒的，当它看到自己的主人被敌人的枪弹击中，壮烈牺牲，它情绪非常激动。还有它"咬住了那只开枪的手"，在它主人倒下的那一刻，它没有选择去咬其他部位，而是选择了它最痛恨敌人的部位——那只开枪的手，这样说明它对主人依恋而忠心。

185

师：你能读一读吗？读出文尔内的依恋和忠心。（生读）

师：谁还能读一读？（指名读）

生：当时文尔内已经受了重伤，但是"仍"咬着说明它忍受疼痛咬的时间之长，可见它当时对敌人的仇恨之深。这里的"手指"是"罪恶"的，一方面，这个人杀了它最亲密的人，所以是充满罪恶的；另一方面，这个杀害自己主人的德国军官，在第二次世界大战中杀害了很多无辜的人，文尔内都看在眼里，所以非常痛恨这个罪恶的人。

师：你走进了文尔内的内心，抓住了"仍"，体会到了文尔内对敌人的仇恨之深。

（板书：对敌人的刻骨仇恨）

师：你能读出这份刻骨的仇恨吗？（生读）

师：你还抓住了"罪恶"这个词，联系课文战争背景，体会主人的仇恨。此时，你觉得这是一只怎样的义犬？

生：有正义感。

师：还有吗？还有哪些地方让你印象深刻？

生：失去主人的文尔内非常思念自己的主人，很没有安全感，所以总是"焦躁不安"。我们知道一般拴狗的链子都是铁做的，"总是"说明是常常，文尔内忍受着疼痛，经常挣脱链子，可以看出文尔内对主人非常地想念。

生：它总是跑到斯达罗被打死的地方哀鸣，之所以选这个地方，一方面是因为这里有斯达罗的影子，另一方面这里有敌人的罪恶的气味，它要记住这个气味。"哀鸣不止"表现了文尔内的伤心。

师：让我们想象一下，当寂静的夜晚来临，文尔内终于挣脱链子，来到山顶，望着远处哀鸣不止，文尔内，你在哀鸣什么啊？

生：主人，我好想你！

生：主人，我一定要为你复仇！

生：主人，那个德国军官到底在哪里？

生：主人，我每天都在找寻那个敌人的气味。

生：主人，你还好吗？

师：此时，你觉得文尔内是一只怎样的军犬？

生：有情义，斯达罗像它的亲人一样。

（板书：有情义）

（师生共读）

过渡语：让我们带着自己的感受读一读。

（播放音乐）**师引读**：德军罪恶的魔掌入侵了苏联，在苏联边境文尔内的主人斯达罗突然被敌人的枪射中了。（学生齐读）

师引读：文尔内就是不撒嘴，狠狠地咬住了敌人的手，当我们发现它时。

师引读：文尔内与杀害自己主人的德国军官结下了刻骨深仇，它深深记住了这份仇恨，记住了"罪恶"的气味。孤独的文尔内深深地思念着自己的主人。

师引导：苏联卫国战争胜利，德国投降之后，作者被任命为柏林某镇的卫戍司令，文尔内也有机会从苏联来到了千里之外的柏林，这已经是8年后了，此时的文尔内又是怎样的呢？谁来说一说？

生：文尔内为了复仇等了整整8年，那天它突然闻到了一股气味，觉得是敌人的气味，所以它才会情绪很激动，全身不断地颤抖，也有可能它的身体已经很老了，遇到刺激就会颤抖。

生：我们都知道，"柏油路面"的味道是很大的，此时他们在柏林，离主人被杀的地方有千里之遥。在这样的情况之下，它依然闻到敌人的气味，而且一个人的气味在狗的记忆中能保存8年，它的嗅觉是如此惊人！我能够体会到它对敌人的仇恨和对主人的忠心，非常有情义。

师：你能带着这份内心的紧张和激动读一读吗？

（教师指名读）

师：让我们带着那份紧张读一读。

（学生齐读）

师：紧接着，出现了惊人的一幕。同学们，说说从这些行为中你们的感受是什么？

生：我从"径直""猛扑"和"咬断喉管"体会到当文尔内发现自己等了8年的仇人时，没有丝毫的犹豫，不顾一切地冲上去，拼尽全力将仇人置于死地。

师：你抓住了动作描写。此时，你觉得这是一只怎样的军犬？

生：有情有义。

师：还有谁来说说自己的感受？

生：我能从"死死地盯着"体会到文尔内已经奄奄一息，但它依然不忘记自己对敌人的仇恨，它此时可能会想，主人，我终于为你报仇了，我马上就来找你了，此生无憾！

生：我能从"深仇大恨"看出来文尔内杀死的这个人不仅是杀害自己主人的人，还是曾经杀死400条狗的人，是一个罪恶的德国盖世太保！它杀的人是法西斯分子，所以是深仇大恨！我体会到文尔内是一只"义犬"！

师：同学们，通过刚才的分析，此时，在你的面前出现了一幅怎样的动作大片呢？请你写一写。注意运用动作、语言、神态等描写，写得生动形象。

（师板书：语言描写、动作描写、神态描写……）

（教师巡视）

生：八年前，斯达罗倒下后，复仇的火花顿时熊熊燃烧起来。现在文尔内看到了德国军官，在它的心里又开始爆发，文尔内狂哮："我今天一定要报仇雪恨！"它并没有犹豫，在一片夺命的枪林弹雨的偷袭后，文尔内中枪倒了下去，可是它对自己说："文尔内，你一定要为主人报仇啊！"文尔内跌跌撞撞地挣扎了好一会儿，才站了起来，它没有犹豫直接扑了上去，撕咬着德国军官的喉管。"砰"，世界安静了下来，一人一狗倒在了血泊之中，文尔内死前还在心中说："主人，我来见你啦，你一定要等着我啊！愿战火不要再蔓延下去。"

教师点评：你抓住语言、神态、动作描写，让我们仿佛来到了柏林街头！

生：在这个月黑风高的夜晚，柏油路面上空无一人。文尔内嗅着柏油路面，在寻找自己要找的人。"是不是他早已离开了呢？"文尔内心想。突然，闪过一个熟悉又陌生的身影，那个味道已经确定了，没错，是他！文尔内飞奔过去，看清了杀死了自己主人的德国军官。德国军官也发现了异常，他掏出手枪，也看清了文尔内。"这该死的狗！"德国军官说着，开了几枪"砰、砰、砰"，打在文尔内的身上，文尔内不顾疼痛，又扑了上去。刚好德国军官的手枪还剩一颗子弹，它咬住德国军官，德国军官开了枪，打中文尔内的要害，同时，德国军官也被文尔内咬断了喉咙。文尔内在心里说："主人，我为你报仇了，我马上就能见到你了。"说完，文尔内没了气息。

教师点评：你的描写让老师仿佛看到了那只英勇无畏的军犬文尔内！

师引读：8年了，有一天，那个敌人的气味似乎出现了！（生读课文）

师：突然间，文尔内冲了出去！（生读课文）

师：文尔内倒在血泊里！（生读课文）

师：我们知道狗的寿命也就是十几年，8年啊，这相当于人类的五十多年啊！文尔内为了复仇，等了自己的大半生！请你想一想，文尔内这8年来可能做了什么呢？

生：文尔内在战争中受过重伤，已经失去了听力，它可能一次又一次忍受着伤病带来的疼痛。再加上它失去了自己最亲密的主人，忍受着思念之苦。

生：文尔内可能一次一次地在人群中寻找那个罪恶的气味，可能经常跑到斯达罗被打死的地方一直找那个德国军官的气味。

生：每当早起喝牛奶的时候，主人的身影可能浮现在它的眼前！每当在公园散步的时候，它可能看到一个很像主人的背影，追过去却发现不是，非常地失落！每到一个新地方，它都一直寻找敌人的气味，却常常失望地跑回家！

师：那么，8年来，魂牵梦绕着文尔内，在它心里反反复复出现，它最想说的一句话可能是什么呢？

生：主人，我一定会为你报仇的！

生：主人，我好思念你！

生：德国军官，我一定要杀了你，为主人报仇！

师引导深思：此时，你能说说文尔内为什么是一只义犬了吗？

生："义"在对主人的忠诚，"义"在为主人复仇的心。（情义的力量，正义的力量）

生："义"在情义，8年前为主人身负重伤，8年后舍生忘死咬死了仇人，对主人如亲人般依恋而忠心。"义"在正义，在苏联人民反抗德国法西斯侵略者的背景下，在主人为之奋斗的正义之战中，文尔内如战友般跟随着主人进行了正义的复仇，使残暴的纳粹分子得到了应有的惩罚。

师：说得真好！文尔内"义"在8年来的坚守，对主人依恋而忠心，有情有义；"义"在对敌人刻骨的仇恨，有正义感。描写狗的作品有很多，如《忠犬八公》《第七条猎狗》，它们像亲人、朋友一样守护人类，那么，此时，文尔内是怎样的一种形象？

生：战士。

师：所以我们更能体会这是一只义犬。

师：让我们回忆一下这节课，我们是如何找到"为什么称文尔内是一只义犬"的答案的？

生：抓住细节描写，走入了文尔内的内心，体会到了它的性格特点。

（板书：细节描写）

师：关于"动物是战士"这样的作品，今天老师推荐给大家的是沈石溪的《最后一头战象》。

回顾《最后一头战象》，说说和《义犬复仇》有什么相似之处？

生：请大家一起看第五自然段，"嘎唆摩挲着，泪光闪闪"，从这些动作和神态描写中，我体会到嘎唆一定在回忆当年战场上的自己杀敌的景象，它是很怀念过去的。《义犬复仇》里，通过文尔内的动作描写，我也能体会到它对主人的思念和对敌人的仇恨。

生：嘎唆经过了二十多年依然没有忘记自己是一名战士。文尔内过了 8 年，依然没有忘记复仇。它们都是很执着的。

生：它们一个走向百象冢，一个埋葬在主人斯达罗的身边，都把自己当作一位战士。

师总结：通过这样的关联阅读，我们发现，动物都是有情感的，情感体现在动物看似怪异的行为中；细节行为都能体现丰富的情感，丰富的情感藏在悠长的岁月里。今后我们在阅读动物小说时，要注意品读细节描写，走入它们的内心，体会它们的情感。

教学点评：

《义犬复仇》的教学设计以走入文尔内的内心，体会其对主人的无限思念、对敌人的刻骨仇恨为主要教学途径，能够给学生带来情感的熏陶。此设计从"义"入手，回归对"义"的深刻认识，通过关注文尔内的表现进行一系列的解释。义犬—义犬行为—义的含义，这样的整体构建，关注了从哪入手，走向哪里，首尾相呼应。

走入文尔内的内心，教师大胆运用转化策略。《义犬复仇》中对复仇场面的描绘是在充分阅读基础之上的语言表达，有利于学生深刻理解文本，同时增强表达能力。但"结合细节描写想象文尔内8年来的生活"以及"8年来，缠绕文尔内的那句心里话究竟是什么"这样的问题通过想象来入心，将细致的内心世界创造性加工，转化文本内容，为学生说出表象背后的心里话作铺垫，解释复仇的场面。

　　教学最后教师使用关联阅读策略，与《最后一头战象》形成整合，让学生明白动物是有感情的，动物的感情表现在看似怪异的行为中，细节行为传达丰富的情感，丰富的感情藏在岁月里。这样的教学设计一方面使主线清晰，另一方面可以有效探求写动物的方法。

总也倒不了的老屋

北京市通州区中山街小学　黄阳

一、指导思想与理论依据

《义务教育语文课程标准（2011年版）》提出了阅读教学中要培养学生"具有独立阅读的能力，学会运用多种阅读方法"。在语文学科核心素养中，提出要关注学生"思维的发展与提升"。

综上所述，我认为语言是思维的外壳，要想使学生的思维能力和思维品质得以提升，就要在阅读过程中习得有效的阅读方法。而"预测"正是一种积极阅读的有效方法。对于刚进入3年级的学生来说，形象思维仍然占主导地位，所以需要在教学中通过"多元"策略来不断地激发其预测兴趣和阅读兴趣，逐渐使学生从直觉思维、形象思维向逻辑思维、辩证思维、创造思维过渡，使其思维能力和思维品质得以提升。

二、教学背景分析

（一）教学内容

在本单元教材中，精读课文《总也倒不了的老屋》是一篇童话故事。课文旁边注有旁批，共7处，引导学生从题目就开始进行预测，激发预测的兴趣，感受预测的乐趣。

（二）学生情况

3年级的学生想象力丰富，基于其对第三单元"童话世界"的学习，基本具备了编童话、写童话的基础。在进入本节课之前，通过问卷对学生进行了前测。

表1　问卷前测

问　题	选　项		
1.你喜欢读童话故事吗？	A.喜欢	B.一般	C.不喜欢
2.你会编童话故事吗？	A.会	B.不会	C.不确定
3.你在读童话故事的时候，会一边读一边猜接下来会发生什么吗？	A.会	B.不会	C.不确定
4.你知道一边读一边猜的方法吗？	A.知道	B.不知道	C.不确定

　　通过前测得出以下结论：学生具有的优势是对童话具有极大的兴趣，大部分学生在第三单元的基础上学会了编童话、写童话；而不足是不了解预测方法，更没有在阅读中进行预测的意识。

（三）教学方式

　　心理学研究表明：学生的思维总是由问题开始的，并在解决问题中得到发展。因此，本教学设计着重于通过多种策略，为学生创设问题情境。教师利用PPT课件、图片、播放录音、阅读锦囊等多种方式激发学生预测兴趣和阅读兴趣，不断创设问题情境，引起学生认知冲突，使学生的思维在问题思考与探索中得到促进和发展。

三、教学目标分析

　　1. 能够在阅读过程中根据"一定的依据"猜测故事情节，掌握猜测与推想的一些基本方法。
　　2. 通过阅读，感受老屋帮助他人、无私奉献的精神。

四、教学过程

　　环节一：认识老屋，激趣导入。

　　1. 观察图片，情境导入
　　师： 同学们，在这三幅图中，你看到了什么？
　　生： 破旧的房子，门板掉了，墙皮脱落……

师：这样的屋子可真老啊！（板书：老屋）

课件出示：老屋已经活了一百多岁了。它的窗户变成了黑窟窿，门板也破了洞。它很久很久没人住了。

指导朗读，读出对"老"的理解。

2. 根据开头，预测结局

师：老屋实在是太老了，于是，它说："好了，我到了倒下的时候了！"它自言自语着，准备往旁边倒去。你猜猜，老屋倒了吗？

【设计意图】通过观察图片，引出故事题目，充分了解老屋的"老"，为体会老屋帮助他人、无私奉献的精神作铺垫。

环节二：题目入手，引发预测。

师：其实，老屋不仅没倒，而且它还总也倒不了。所以这个故事的题目就叫作——《总也倒不了的老屋》。（板书：总也倒不了的老屋）

师：这么破旧的老屋，到底在它身上发生了什么？为什么总也倒不了呢？

生交流分享。

【设计意图】"预测"从题目入手，激发学生的好奇心，从一开始就将阅读兴趣调到最高点，以便于在阅读过程中推进。

环节三：利用线索，经历预测。

1. 根据"插图"，预测发展

师：正当老屋要倒下的时候，一只小猫出现了，你们听——

课件出示（插图、文字），生听录音："等等，老屋！"一个小小的声音在它门前响起，"再过一个晚上，行吗？今天晚上有暴风雨，我找不到一个安心睡觉的地方。"

师：老屋会同意小猫的请求吗？为什么？

生：会。因为插图中老屋的神情非常慈祥、和蔼可亲。

师：原来你是根据插图来猜的。真的跟你想的一样吗？你们听——

播放录音：老屋低下头，把老花的眼睛使劲往前凑："哦，是小猫啊！好吧，我就再站一个晚上。"

师：当"老屋低下头，把老花的眼睛使劲往前凑"时，看到可怜的小猫，它会想些什么呢？

生分享。

师：真是一座善良、乐于助人的老屋啊！所以老屋这样对小猫说："哦，是小猫啊！好吧，我就再站一个晚上。"

师：就这样，老屋为小猫站了一个晚上。（板书：小猫、一晚上）此时的老屋如释重负，实在是支撑不下去了，于是……

生齐读，老屋说："再见！好了，我到了倒下的时候了！"

2. 根据"内容、经验"，预测发展

师：接下来，你觉得会发生什么呢？

课件出示："等等，老屋！"一个小小的声音在它门前响起，"再过二十一天，行吗？"

师：什么？同学们，当你特别想做一件事的时候，总有人去打扰你，你会怎么样？

生：我会觉得很烦，没有耐心，怎么总有人来打扰我呢……

师：老屋是不是也是这样的心情呢？老屋为大家准备了两个锦囊，它到底会怎样做呢？请你打开绿色的锦囊，自己读一读。（板书：老母鸡、二十一天）

师：在这二十一天里，老屋可能会倍受炎炎烈日的炙烤，也有可能头顶着电闪雷鸣，还有可能遭受到什么呢？

生：倾盆大雨、龙卷风、冰天雪地……

师：原来老屋可能会遭受这么多苦难啊！但是尽管这样，当一个小小的声音响起时，老屋毫不犹豫，它说：（齐读）"哦，是老母鸡啊。好吧，我就再站二十一天。"

课件出示：二十一天后，老母鸡从破窗户里走了出来，九只小鸡从门板下面叽叽叫着钻了出来："叽叽，谢谢！"

师：此时的老屋已经疲惫不堪，于是……

学生齐读，老屋说："再见！好了，我到了倒下的时候了！"

3. 根据"经验"，预测发展

师： 可是，这时……猜一猜接下来又发生什么了呢？

课件出示："_____。"一个小小的声音在它门前响起，"_____。"老屋低头看看，_____地说："_____。"

（发挥想象，练习填空，指名答）

师： 我们一起看看到底是谁来了？老屋让大家现在打开蓝色锦囊自己读一读。

师： 谁出现了呢？老屋为它站了多久？（板书：小蜘蛛、直到现在）你认为老屋最后倒下了吗？

生： 没有倒，因为它一直在听小蜘蛛讲故事。

4. 总结方法

师： 同学们，今天我们一边读故事一边猜后面将会发生什么，你们觉得这样的阅读有意思吗？

生： 有意思。

师总结： 那么今后我们在读故事的时候，可以一边读一边根据故事的题目、插图、内容以及你所积累的经验来猜一猜接下来会发生什么。（板书：题目、插图、内容、经验）

【设计意图】在这一环节，学生利用故事线索经历预测，有利于极大地调动学生积极性，激发学生继续读下去的愿望。一边阅读，一边发现，可以根据故事的插图、内容、经验来进行预测，只有在阅读时更加细心，才能预测得更加准确。

环节四：体悟精神，为屋命名。

师： 故事讲到这里，老屋还为大家准备了第三个锦囊，一起来回顾一下老屋帮助小猫、老母鸡和小蜘蛛的过程吧！

（学生回忆前文朗读）

师： 有一天，得到过老屋帮助的小动物们凑到一起，想给老屋取个名字。你能来帮帮它们吗？

课件出示：_____ 的老屋。

预设：乐于助人、无私奉献、友善……

师：这是一座"充满爱的老屋"。（板书：爱）

【设计意图】通过回顾全文，引导学生感悟文章寓意，体会老屋无私奉献的精神，向这座"充满爱的老屋"学习。

环节五：拓展延伸，运用方法。

师：在这几个童话故事的题目中，选择一个你喜欢的，猜一猜它会展开怎样的故事呢？课下一边读一边猜一猜后面会发生什么。

【设计意图】"授人以鱼不如授人以渔"，在学习猜测的基本方法之后，从新的故事题目入手进行猜测，利用课余时间一边阅读，一边练习猜测，以便更好地掌握方法，形成能力。

教学点评：

《总也倒不了的老屋》这篇课文的教学重点是使学生能够在阅读过程中根据"一定的依据"猜测故事情节，掌握猜测与推想的一些基本方法。那么，在何时何处利用何种方式引导学生进行预测就显得尤为重要。因此，在该教学设计中巧妙地设置了疑点，选择了那些既能有效地激发学生阅读兴趣，又能帮助他们感知文章内容的地方，通过 PPT 课件、图片、播放录音、阅读锦囊等多种方式，激发了学生的预测兴趣，进而引导学生进行大胆合理的预测，使阅读期待最大化。同时，语文教学的最终目的，是让学生能自主读书学习。正如叶圣陶老先生说："教是为了不教。""预测"对于刚刚升入 3 年级的学生来说有一定难度，学生很难自主习得。因此，通过这篇课文带领学生"经历阅读，学习预测"，为这一单元后两篇略读课文《胡萝卜先生的长胡子》和《不会叫的狗》练习、运用预测方法打下了坚实的基础，使这一单元的教学由浅入深，层层相扣，做到了知识的连贯，符合学生思维发展规律。

走近诸葛亮

北京市通州区中山街小学　鹿洁琼

师：同学们一定读过不少的书，在书中认识了许许多多的人物，今天我们就来走近一位鼎鼎大名的历史人物。他是谁呀？（出示诸葛亮图片）

生：诸葛亮。

师：没错，他就是诸葛亮。今天通过这节课我们来一起走近诸葛亮。

（板书：走近诸葛亮）

师：先来说说你对诸葛亮的印象。

生：我对诸葛亮的印象就是：他神机妙算。

生：我心中的诸葛亮是有勇有谋的。

生：他发明了很多东西。

师：没错，他还是一个发明家。苏轼曾经这样评价他——（出示文字）

生齐读：人也？神也？仙也？吾不知之，真卧龙也！

师：明末清初著名学者屈大均这样说——（出示文字）

生齐读：其出奇制胜如风雨之飘忽，如鬼神之变怪。

师：就连嫉妒他才干的周瑜都这样感叹道——（出示文字）

生齐读：诸葛亮神机妙算，吾不如也！

师：同学们，你们发现了吗？这些人在评价诸葛亮时不约而同都用了一个字。

生：神。（板书：神）

师：对于这个字，你们有什么理解？怎么理解"神"这个字？

生：我认为是神机妙算。

生：我觉得"神"就是特别厉害，干什么事都能成功。

师：这是你们心中理解的"神"，但是诸葛亮究竟"神"在哪儿呢？今天我们就通过《草船借箭》和《空城计》两篇课文来了解他。首先请大家迅速浏览课文，看看课文分别讲了两件什么事？让我们能感受到诸葛亮怎么"神"？

（生浏览课文，思考回忆。）

生：我觉得《草船借箭》讲了周瑜故意为难诸葛亮，让他在 10 日之内造 10 万支箭，诸葛亮却说只要 3 天并立下军令状。诸葛亮找鲁肃帮忙，在第三天四更趁大雾向曹军借来十万多支箭，周瑜自叹不如。

师：她总结得很全面，而且简洁。谁来说说《空城计》？

生：司马懿率领 15 万大军向诸葛亮所属的西城进攻，而诸葛亮身边并没有可以打仗的将士。在这种情况下，他打开城门，让老兵扮成百姓，而自己在城楼上喝酒弹琴，司马懿见这种情况以为有埋伏，迅速撤兵。部下都很佩服诸葛亮。

师：谁来评价评价他概括的这件事？

生：我觉得他概括得很简洁也很全面。

师：我们先来关注一下，这两件事发生的时候，诸葛亮面临着什么样的情境呢？

（生默读思考。）

生：诸葛亮面临着如果这件事不干好，他就会送掉自己性命的情况。

师：你说的是哪个故事？

生：我说的是《草船借箭》。

师：具体给大家讲讲。

生：请大家看第二自然段倒数第三行，周瑜很高兴，让诸葛亮当面立下军令状。军令状是在古代如果你干不好这件事，你就有可能会被杀头。（出示周瑜、诸葛亮对话文字）

师：所以情况很危急。他说的这段话正好是诸葛亮和周瑜的对话。我们从他们的语言中可以了解到周瑜一步一步把诸葛亮逼入了绝境之中。现在诸葛亮情况很危急。那《空城计》中诸葛亮又面临着怎样的处境呢？

生：诸葛亮身边已经没有什么将士了，他身边只有一些运粮的兵和老兵，如果这个计策不能实施好，他会死的。对方是来杀他们的。

师： 司马懿率重兵来势汹汹，诸葛亮可能有生命危险。老师在文中找到这样一段话，（出示文字）大家看最后一句："诸葛亮到城头一看，果然尘土飞扬，魏兵分两路向西城杀来。"这个描写的是什么呀？

生： 这个描写的是司马懿的 15 万大军声势浩大，来势汹汹。

师： 它描写的是整个战争的场面。通过这个场面告诉我们，情况十分的危险、紧急。（出示文字）这两个都说的是情况很危急。你能用语言让我们感受到吗？

（指名两学生读课文）

师： 情况十分紧急。虽然都是描写情况紧急，我们却发现作者的表达方式是不一样的。你发现什么了？

生：《草船借箭》是通过语言描写说明当时情况紧急。《空城计》是通过司马懿带领军队的场面说明情况紧急。

师： 你说得特别到位，一边是语言描写，间接说明情况紧急，一边是直接的战争场面。虽然表达的方式不一样，但表达的效果却是相同的。

师： 情况如此危急，那诸葛亮做了什么呢？请大家以小组为单位完成这张学习单。（出示学习单）学生小组合作填写学习单。

师： 先来说《草船借箭》这个故事中诸葛亮做了什么？（小组汇报）

生： 诸葛亮做的第一件事是找鲁肃借了 20 只船，第二件事是预测天气，然后他在第三天四更趁着大雾去曹营借箭。借完箭后他还派士兵去气曹丞相。曹操知道上当后，追也来不及了，因为他们顺风顺水地回去了。大家有什么意见或者补充吗？

生： 中间还缺一个细节，诸葛亮还让兵士们擂鼓呐喊。而且他知道曹操多疑，不敢派兵出来，会派弓弩手射箭。

师： 哪个组来汇报一下《空城计》？

生：《空城计》中诸葛亮先是把所有旗子藏了起来，然后他让城里人不能随便出入，城门全都打开，让老兵扮成老百姓出去扫地，他自己在城楼上和两个书童喝酒弹琴。大家有什么补充或者建议吗？

师： 他总结得很全面。老师也总结了诸葛亮做了什么，看看和你们的一样吗？我们刚才梳理了诸葛亮在这两件事里的做法。接下来我们再来看看，他到底"神"在哪儿？这里的"神"应该是指别人做不到，而他做得到。接下来请同学们以关键词的形式，把他"神"在什么地方写在纸上。以小组为单位，一会儿咱们一起来交流汇报。

（学生小组讨论）

师：接下来我们交流一下你所写的关键词，看看诸葛亮到底"神"在哪儿？

（学生小组汇报）

生：我觉得诸葛亮能准确算出第三天四更是大雾天，所以他是知天文的。

师：诸葛亮借箭成功，他"神"在知天文。（"知天文"贴在黑板上）

生：大家知道我们中国大陆地形是西高东低，他们从江东跑到曹操的水寨，应该是从东往西，等借箭完毕回营时，就是顺风顺水。

师：顺水是西高东低，怎么就顺风了呢？

生：草船借箭发生在冬天，冬天一般都刮西北风，是从西北往东南刮，回来的路是顺着风向的。所以形成了顺风顺水，所以说诸葛亮是晓地理的。

师：诸葛亮借箭成功，他还"神"在晓地理。（"晓地理"贴在黑板上）

生：接下来是懂人心。他知道曹操生性多疑，不敢在大雾天出兵，这也让他的草船借箭一计得逞。

师：他说懂人心是懂得曹操的心，其他人有没有补充的。

生：在《空城计》中诸葛亮也是知道司马懿是很多疑的，利用司马懿多疑的心理，吓退了司马懿的 15 万大军。

师：他还懂谁的心？谁来补充？

生：他还懂得鲁肃的忠厚。因为第五自然段中鲁肃虽然不知道借船有什么用，但他见到周瑜时却不提借船的事。诸葛亮找他借船，他不告诉周瑜说明他很忠厚。

师：他还懂谁的心？

生：周瑜。

师：谁来解释解释？

生：我觉得他还懂得周瑜的心。他知道周瑜想要陷害他，他就将计就计，最后让周瑜自叹不如。

师：大家看，他在这两个故事里，懂周瑜、懂鲁肃、懂曹操、懂司马懿，真

是懂人心。就是因为他利用了这些人的心理，这些人的性格，最后才取得了成功。诸葛亮"神"在懂人心。（懂人心贴在黑板上）

生：还有"神"机妙算，因为一般人可能不会想到这种计谋，诸葛亮想到这种计谋可谓是神机妙算。请大家看《草船借箭》，诸葛亮说要借20条船，每条船上有几千支箭。他早已经算好了，20条船刚好可以借到10万支箭。他心思缜密，所以我们写了"考虑周全"。

生：我来补充。《空城计》中把旗子藏起来，让老兵扮成老百姓，自己带着两个书童在城楼上弹琴，这个安排可以看出他考虑周全。

生：我来补充。在《草船借箭》里，船头朝西，船尾朝东，一字摆开，这样可以让船更均匀、更多地受箭。他还能算准时间，这边箭插不下了，再调转船头，再来一次。（"考虑周全"贴在黑板上）

生：我们觉得诸葛亮比较聪明，可以根据地理一步三算。周瑜一说让他造10万支箭，他直接就说用3天。他们对话时诸葛亮应该没时间去想，应该是在他来吴营之前就已经想好了。

师：在周瑜请他来之前，他就知道周瑜要做什么，而且已经算好了天气。这一点和神机妙算放在一起。（"一步三算"贴在黑板上）

生：我们组还写了"沉着冷静"这个词语，这个词语主要是在《空城计》里体现的。在第二自然段里，他听到司马懿率15万大军来攻打西城的时候，其他士兵都已经十分慌张了，士兵可以代表普通人，这是普通人的表现。诸葛亮却沉着冷静，他先是观察了司马懿军队的位置，他考虑周全，所以才沉着冷静地喝酒弹琴来应对。

生：我认为士兵不能代表普通人，他们经历过战争，接受战争的心智应该比普通人更强一些，士兵都比较惊恐了，诸葛亮却不怎么惊恐，所以说诸葛亮是超出常人的沉着冷静。

生：我觉得喝酒弹琴也可以说明诸葛亮沉着冷静，如果诸葛亮慌张，司马懿是能看出来的，因为司马懿也是很狡猾的，所以我觉得诸葛亮喝酒弹琴能够让司马懿不发现破绽，也能看出他沉着冷静。

师：诸葛亮在城楼上肯定是谈笑风生的，而且在《草船借箭》中也有能体现他沉着冷静的地方。你们回想一下。

生：周瑜要求诸葛亮 10 天之内造好 10 万支箭，如果是普通人，10 天之内应该造不出 10 万支箭，应该比较慌张，会把时间延长一点儿。诸葛亮却说只要 3 天就可以，他十分沉着冷静。（"沉着冷静"贴在黑板上）

师：他沉着冷静地和周瑜对答，说明他心中早已有数。我们把这些关键词放在一起来看一看，正是因为诸葛亮考虑周全、沉着冷静，再加上他知天文、晓地理、懂人心这些神机妙算，所以才造就了这两个事件的成功。正是因为诸葛亮的"神"，所以他在 3 天之内借到了 10 万多支箭，周瑜感叹道——（出示文字）

生齐读：诸葛亮神机妙算，我真比不上他！

师：因为诸葛亮的"神"，一座空城居然吓跑了名将司马懿，所以——（出示文字）

生齐读：部下都很佩服他，说他无论什么时候都能想出办法来。

师：了解了诸葛亮的"神"，我们回过头再来看看这两个故事，它们有什么相似之处呀？

生：我觉得诸葛亮都是身处困境，以自己的智慧来克服了这些困难。都是想出了常人不能想出的办法，最后都取得了成功。

师：这就是两件事的相似之处，诸葛亮总能在危急时刻化险为夷，创造奇迹，因为他有这些过人之处。（板书：过人之处）这其实也是我们觉得他"神"的地方。你还知道诸葛亮的什么故事能体现他的"神"呢？

生：我知道诸葛亮的一个故事是借东风，这个故事能体现出他知天文，神机妙算。这个故事发生在草船借箭之后，赤壁之战之前，冬天应该刮西北风，他却算准了哪一天刮东南风，才能成功实施了火战。

师：诸葛亮鞠躬尽瘁辅佐刘备、刘禅父子二人，他晚年时 5 次北伐魏国，结果却都以失败而告终，最终，他病逝在最后一次北伐途中。在《三国志·蜀书·诸葛亮传》中有这样一段描述（出示文字）。大家来读一读。

（学生自由读）

师：这段话其实是陈寿对诸葛亮的评价，其中前两句概括地总结了诸葛亮的才干。谁来读读前两句？

生：诸葛亮的才干，长于整治训练军队，奇谋制敌方面却有所短缺。治理百姓之才干，强于他为将的谋略。

师：这两句话什么意思呀？

生：这两句话的意思是诸葛亮的长处是整治训练军队，能够很好地控制住手底下的这帮人。但是他在奇谋制敌，就是打仗方面会有一些短缺。治理百姓之才干，强于他为将的谋略，也是跟前面治理军队比较相似，他能懂得民心，知道人民的向往，他是一个谋略家却不是一个武将，所以说他在战略上会有所缺失。

师：其实就是告诉我们诸葛亮有长处也有不足之处。（板书：不足之处、人）所以他和我们普通人是一样的。其实《三国志》这本书更能客观地评价诸葛亮（出示图片），更真实地记录了当时的历史事件。刚才我们所学的《草船借箭》和《空城计》两篇文章都出自《三国演义》（出示图片）。大家来看看这两本书的名字，一本叫《三国演义》，一本叫《三国志》，你能发现其中的联系和区别吗？

生：这两本书讲的都是东汉末年三国时期的故事。《三国演义》中有一些故事是假的，《三国志》是根据真实事件写的。

师：《三国演义》是章回体历史演义小说，它夸大、神化了一些人物和事件。《三国志》是纪传体国别史，它真实地记录了当时魏、蜀、吴三国的历史，更加尊重当时的历史事实。所以同学们不光要读《三国演义》，了解一个被神化了的诸葛亮，还应该读读《三国志》，去了解一个更为真实的诸葛亮。

教学点评：

本教学设计突破以往单篇授课的模式，将两篇文章并重、并行讲授。在学习、研读的过程中不但引领学生深入地理解文本，完成了对人物的认识，而且在比较与联系的过程中，从写作内容到表达方式都有了更为清楚的认知。相较于传统的单篇教学而言，多篇更注重对于规律的把握，将学生的知识体系引向多元。

本教学设计中选取的两篇课文分别是人教版《草船借箭》和苏教版《空城计》，都是小学高年级段阅读教学中与诸葛亮有关的故事。教师在此整合两篇课文，让学生更好地触摸到《三国演义》中神一般的诸葛亮的形象，并让学生自己讲讲有关诸葛亮的故事，拓展了教学材料。

　　本教学设计不仅形成了两篇文章的比较，还加入了《三国志》中有关诸葛亮的片段，将《三国演义》和《三国志》两本书进行了比较，在比较中让学生知道《三国志》中的诸葛亮更加真实，让学生学会用辩证的思维去理解人物，让学生了解我们应该用批判性的思维来阅读《三国演义》等演义类的书籍。

《草房子》阅读分享课

北京市潞河中学附属学校　吕宝珠

师：《草房子》这本书是咱们年级的必读书目，同学们读完之后有什么感受？请你们读读这段让人印象深刻的话。

生：这种草房子实际上是很贵重的。它不是用一般稻草或麦秸盖成的，而是用从三百里外的海滩上打来的茅草盖成的。那茅草旺盛地长在海滩上，受着海风的吹拂与毫无遮挡的阳光的暴晒，一根一根地都长得很有韧性，阳光一照，闪闪亮如铜丝，海风一吹，竟然能发出金属般的声响。

师：现在读这段话，你对草房子有什么了解？

生：我知道了做草房的材料很贵重。因为书里面提到：海风一吹，发出金属般的声响，显得很结实、很贵重。

师：很结实，很贵重，是吧？好的，那咱俩可以说真的是很有默契。我最开始想的草房子，风一吹就倒了。今天读完这本书的时候，尤其感觉草房子很贵重。

师：桑桑在油麻地小学经历了六年的生活，所有的生活仍历历在目。明天桑桑就要离开这里了。他坐在油麻地小学这金色的草房子的顶上，突然间他想哭，于是就呜咽起来，回想起在这里的每一段生活，回想起了生活当中出现的一个又一个人物。

师：看着文章的目录，还能把这些人想起来吗？他会想起谁呢？

生：会想起……陆鹤。

师：好，还有谁？

生：纸月。

师：还有……

生：白雀、秦大奶奶。

师：还有吗？

生：杜小康、细马、白雀。

师：是的，这些人物都在我们的眼前重新浮现了。上课之前，我们各组选取了一个比较喜欢的人物，这节课，老师先给大家五分钟的时间，请各小组梳理一下小说当中的大致情节，初步评价一下这个人物。

（学生分组讨论，准备汇报）

生：好，下面请听我们组的汇报。我们觉得秃鹤的性格转变是非常大的。一开始，别人叫他"秃鹤"，他会很高兴地答应；别人也可以随便摸他的头，觉得很快活；后来不知道为什么，只能用物品来换摸光头；再后来谁都不能摸他的头了。

生：我觉得有几个事件比较重要。第一个是他的帽子被桑桑抢走，开始有了报复心理。

生：后来，他在油麻地小学会操高潮的时候，扔掉了帽子，露出了自己的光头。

生：我补充一点，不仅露出光头，还向油麻地小学的同学们发出一阵尖叫。

生：就因为他让学校丢掉了一份很大的荣誉，大家都开始讨厌他，开始排斥他。他反而开始讨好同学们，比如说有人的纸飞机掉远处了，他下去拣，他尽力去帮别人。然后呢，有一个戏叫《屠桥》，秃鹤就自告奋勇去试演"秃子"这个角色，他特别努力去演这个角色，就好像把这个角色当成他自己一样。甚至冬天特别冷，他穿着单衣都能出汗，然后，他参加了汇演，为学校赢得荣誉，也获得了大家的原谅和尊重。

生：我们组的汇报完毕。大家还有什么补充和意见？

生：他是一个自尊心特别强的人，他恨别人叫他秃头，所以他听信了偏方，在自己的头上擦生姜。同学闻见生姜味的时候，他害怕丢人，所以他装着去了厕所。

师：好，感谢这组同学。在刚才大家的发言当中，我发现你们对文本读得很深入、很细致。其实读完了秃鹤的故事，这个场景一直留在我的脑海里。我们发现尤其是在文末的时候，作者写道：纯净的月光照着大河，照着油麻地小学的师生们，也照着世界上……

生：一个最英俊的少年——

生：秃鹤。

师：秃鹤，一个秃子，好看吗？"最英俊的少年"，作者为什么要给他这样一个评价？

生沉默。

师：好，我们不妨再来看看，这里我们看到的是秃鹤的第二次大哭。这一次哭得比较厉害。这次是在什么时候？

生：演完了《屠桥》之后。

师：《屠桥》演出获得成功之后是吧？好，现在很多很多的孩子都和秃鹤一起怎么样？

生：哭了。

师：这时候秃鹤成了最英俊的少年。孩子们，你们不妨翻开书找一找，前面还有一次秃鹤的大哭。什么时候？往前找，找到了吗？

师：第十三页。秃鹤发现了自己的帽子，他推开人群走到旗杆下，想爬上去将帽子摘下。可是连着试了几次，他都只爬了两三米就滑跌到地上，倒引得许多人大笑。秃鹤倚着旗杆，瘫坐着不动，他脑袋歪着，咬着牙，噙着泪。

师：秃鹤哭了。再接着看第十五页，秃鹤不肯起来，泪水分别从两边的眼角流下来，流到耳根，一滴、一滴落到泥土上，把泥土打湿了一片。

师：刚才我们看他在月光下哭，一大堆人陪着他一起哭；现在我们看他这次大哭，他在哪儿哭？

生：旗杆下。

师：几个人哭？

生：一个人哭。

师：谁理解秃鹤？知道他为什么哭吗？

生：秃鹤他哭，是因为所有人都欺负他。所有人都在一旁看热闹，没有人同情他。

师：没有人同情他，没有人理解他，没有人帮助他，那么多的人都在抢他的白色的帽子，甚至扔到了旗杆上。

师：还有要补充的吗？

生：还有一点，他的帽子挂在旗杆上，他自己却够不下来，然后其他人更加笑话他。这时他觉得自己就是大家取笑的对象。

师：这也是后来他为什么要在会操表演的时候报复油麻地小学的原因。是不是？

生：是。

师：好，我们看看这两次哭，不单是一个人哭和那么多的人哭，我们感受一下这个时候，秃鹤和当时同学们之间的心理距离如何？在旗杆下，他和大家的心理距离非常非常的……

生：远。

师：而在月光下，大家把秃鹤给包围起来，他和同学们的关系是那样的近。在旗杆下的时候，他因为自己的秃头，那样的耿耿于怀，那样的介意。而在月光下呢？秃头变成了他的光荣的什么？

生：标志。

师：噢，可以这样说。演出就是因为这个才获得了成功的。所以在这时候我们发现秃头这件事情在秃鹤的心里仿佛已经……

生：忘却了。

师：是的，他战胜了自己，他克服了这一心结，他变成了世界上最英俊的少年。

师：那这么说，秃鹤最大的一个心结，最大的问题在于是他的秃头。

（板书：心结）

师：当我们合上这本书的时候，有没有想过，假如换位思考，你是曹文轩，你是作者，为什么要写这样一个人物？他这样写秃鹤的目的是什么？对于我们来讲，可能需要进行一些生活当中的思考。

师：如果秃鹤出现在我们教室里，他就坐在你的座位旁，你该如何跟他去相处？

生：我们应该对他很友好，不应该像书里的人那样笑话他。

师：对，你要考虑你行为的后果，不要对别人造成伤害。我们在与同学相处的时候，一定要学会互相理解。

生：理解、尊重。

生：我们汇报的是细马。

生：细马是邱二爷过继的儿子，他是江南的孩子。初来油麻地的时候，他没有朋友，邱二妈认为细马是来夺家产的。他语言不通，成绩也不好，被称为"江南小蛮子"。放羊时，他学会了油麻地的方言，他一直攒钱准备回家，把羊放在学生上学的必经之路上，还和别人打架。

生：邱二爷家的房子被淹了，雨后房子被泡烂了，家产尽失。邱二爷也病倒了，细马就挖柳树须给养父治病。邱二爷去世了，邱二妈疯了。

生：细马卖了所有的羊，将养母送进县城医院，邱二妈的病治好了。最后，细马用卖羊的钱买了出窑的新砖，发誓要为自己的养母盖一座新房子。

生：细马有些倔强，还很贪玩，却又很能干、很精明，也很孝顺。大家有什么看法吗？

生：我有一点补充。我觉得他是一个持之以恒的孩子。他给养父挖柳树须，是很难挖的，但他觉得怎么挖也挖不够。他发誓要为自己的养母盖一座房子，所以说他还是一个很孝顺的孩子。

生：谢谢你的发言。大家还有补充吗？

生：我觉得你应该说说他在学校里，他的心情是怎么样的？还有他当时挣扎着不去学校的原因。

生：谢谢，我们接受你的建议。我们组汇报完毕，谢谢大家。

师：那么，细马在大雨前后，家境发生了那么大的变化。我注意到了他刚才的发言，说到一件事情：他说印象当中最深刻的是细马这个孩子特别孝顺。

师：孝顺。是吧！孩子们。有多少人有这种同感？请把你的手举起来。（生举手）这么多人都有同感，请放下手。

师：我在读这本书的时候，我的感觉很纠结。例如，细马这个人一上来给我的感觉，我看到在之前很多很多的事情上，在这次变故来临之前，细马来到这个家，一直一直都在想逃走。是吗？孩子们？

生：是。

师：他在想走的时候，我也去了解了他的内心。例如说，在第171页写道：他想走，为什么想走？一来这儿，邱二妈对他的态度你们看到了吧？

师：邱二妈喜欢他吗？

生：不喜欢。

师：不喜欢他，家里人不待见他。第 173 页我们再来看他在学校里生活顺利吗？

生：不顺利。

师：怎么不顺利？

生：同学嘲笑他"小蛮子"。

师：小蛮子，说话听不懂。第 175 页，老师喜欢他吗？蒋一轮喜欢他吗？

生：老师也不喜欢他。

师：是吧？我们再看第 176 页。他有朋友吗？

生：没有。

师：他学习成绩如何呀？

生：成绩不好。

师：后来呀，他就干脆怎么样？

生：他不上学了，去放羊。

师：在放羊的时候，有一段印象给我特别深刻。他专门挑什么地方去放羊？

生：同学们上学的必经之路上。

师：成心给人添堵，对吧？还找各种各样的理由要跟油麻地小学的小学生干什么？

生：打架。

师：他前面干了这么多事啊，可是刚刚同学们说的话给我的印象却是他是一个非常非常孝顺的人。

生：是的。

师：为什么呢？他去把邱二妈找回来。当时有这样一段细节描写："细马满身尘埃。脚上的鞋已被踏坏，露着脚趾头。眼睛因为瘦弱而显得更眍，几颗大门牙，显得更大。令人惊奇的是，邱二妈却仍然是一番干干净净的样子，头发竟一丝不乱。人们看到，那枚簪子上的绿玉，在霞光里变成了一星闪闪亮的，让人觉得温暖的桔红色。"孩子们，从这可以看出来，细马是一个特别孝顺的人。

师：哪怕细马这个人曾经有许多的不是，可今天在我们的脑海当中，他是一个孝顺的人。

师：孩子们，我们要明白怎么样去看待周围的人，十全十美的人是不存在的。有很多人虽然有些小毛病，但他们身上总有那么一点，闪着耀眼的光芒。

师：孩子们，读完这本书之后，你还觉得这只是一根一根的茅草吗？似乎不是了。回到这本书，让我们看到了一个又一个鲜活的人物形象。孩子们，在这里让我们看到了他们在面对问题的时候，那种前后的变化。让我们真真正正地知道了：在这本书当中，实际上真正体现的是一个永恒的"成长"主题。

教学点评：

这节课是"指导性""交流生成式"阅读课。首先老师利用描写草房子的语句，学生交流阅读后的感悟；然后以小组为单位，选取一个人物评价。教师抓住学生生成中的价值点，关联小说中的典型细节描写，从而提升学生阅读的思维认知。

比如有同学说到"孝顺"。老师出示："细马满身尘埃。脚上的鞋已被踏坏，露着脚趾头。眼睛因为瘦弱而显得更眍，几颗大门牙，显得更大。令人惊奇的是，邱二妈却仍然是一番干干净净的样子，头发竟一丝不乱。人们看到，那枚簪子上的绿玉，在霞光里变成了一星闪闪亮的，让人觉得温暖的桔红色。"通过关联这样典型的细节描写，细马"至善至孝"的形象就得到了定格。

老师引导学生关联前面情节："邱二妈不喜欢他""同学嘲笑他""老师不喜欢他""学习成绩很差""放羊、和油麻地小学作对""细马一直攒钱想走"……

通过情节的关联，学生认识到细马这个人曾经有太多的不好，但最后只体现了一个"孝"字。教师从而引导学生应该怎样看待我们周围的人，懂得全面看待一个人的重要性；一个人哪怕有一些小缺点，也不能抹杀他的长处。从而对评价别人、自己做人发挥一定启示和指导意义。

不同人物面对困境，有不同的抉择，不同的担当。学生渐渐发现："成长"是一辈子的事，我们时刻处在"终生成长"的处境。

《让我陪你重返狼群》阅读分享课

北京市史家小学通州分校　陈迎

师：孩子们，咱们前段时间阅读了这本书，书名是《让我陪你重返狼群》，那这里面的"我"是谁啊？

生：李微漪。

师："你"呢？

生：格林。

师：围绕着他们俩究竟发生了一个怎样感人至深的故事呢？想一想，谁能给大家讲一讲？

生：几年前，李微漪去草原写生的时候偶遇了一条刚刚失去父母兄弟，出生还没睁开双眼就命悬一线的小狼，李微漪一声悲鸣长嚎，小狼动了动耳朵，奇迹般地活了过来。小狼求生的目光触动了姑娘心中最柔软的地方，李微漪提起孤狼，回到城里，从此视它为亲人，陪伴它、抚养它、训练它。但钢筋水泥的繁华城市，终究不是草原狼的真正家园，为了狼的自由、尊严和满心满眼对自由的向往，李微漪剑走偏锋，带着小狼重返荒原，一路上相守相依，历尽千辛万苦，九死一生，最终小狼格林重返狼群。

师：特别好，把掌声送给他。

师：特别动情的讲述，那么在阅读当中啊，咱们根据自己的特点，每个同学都做了相应的记录。我们来看：有的同学画了画，有的同学朗读特别出色，而有的同学完成了读书日记。那咱们就请这些同学来给大家分享和交流吧。咱们按顺序来吧。

师：拿出自己的画看看。

生：我画的这幅画的名字叫"超越种族的爱"，大家先来猜猜我画的是什么内容？想必大家都已经猜到了，我画的就是当李微漪得高原肺水肿的时候，格林把自己私藏的半只野兔给了她，这个情节很使我感动。因为食物对于一只狼来说就像救命稻草一样，它意味着狼的生死，并且我们大家平时看到狼都是比较凶残、冷血无情的，是不会轻易地把自己辛苦得来的食物拱手相让的。但是在这里，格林却毫不犹豫地把自己视若珍宝的野兔给了李微漪，没有表现出一种冷血，一种无情，而是表现出了一种人情味。这种人情味源自李微漪对它无微不至的爱与照料，现在格林又把这种爱回报给李微漪，他们二者之间的爱是相互的，他们之间的这种感情、亲情已经超越了种族。所以我这幅画的名字叫"超越种族的爱"。

师：来，阅读的同学来交流。

生：请大家随我翻开第 261 页的第四自然段。（随后朗读）

师：听了她的朗读，你有什么想说的？

生：我感受到了即使格林和一只狗发生过一些冲突，但是当格林看到它的妻子大着肚子来抢夺食物时，并没有阻止，这体现了格林的人情味。

师：请交流阅读日记的同学按顺序交流。

生：第五章"无法绕开的离别"是我在 2019 年 4 月 15 日写下的感受：当李微漪治疗好肺水肿重返草原时，格林灵敏的嗅觉和李微漪相通的心意召唤它扑进李微漪怀中，是李微漪对它一路上的爱，是它对李微漪的思念，让它蹦过高墙、蹦过能要它命的玻璃碴子来到"母亲"身边。也许它在这一路上流了血、受了伤，但这些也无法阻挡它的情。我想，这就是狼对爱奋不顾身的表达，狼的人情味吧！

师：好，这是她的日记，我们再继续听。

生：请大家看读书日记第三十章"惊喜地发现"，在 2019 年的 4 月 20 日晚上，我看了第三十章以后写下了这样一段话：这一次李微漪和格林惊喜地发现格林幼时出生的狼洞。我当时心中很欣慰，为它欣喜，为它感动。格林又回到了家，它回忆起了儿时的庇护所，回忆起了爸爸妈妈为它的付出，回忆起了李微漪那天温暖的拥抱，对它温馨的抚慰。它的野性从未消失，在它还是一只未成年的小狼时，它的野性便与它的灵魂一起存在于身体之中，偶然的巡山激活了这野性。格林舒适地躺进了狼洞。我想：这是它一生中最幸福最美好的时刻。

　　生：请大家打开读书日记第三十六章。在 2019 年 4 月 25 日晚我阅读了第三十六章"与狼抢食"。当我读到：我们在饥饿的摧残下偷吃了格林的兔子，而格林回来后虽然发现了我们偷吃，但并没有在意时，我被深深地感动了。此时格林一定明白自己的"妈妈"也很饿。"妈妈"带它重返狼群是多么的不易，它可以深切地感受到妈妈对它的爱。格林真是一匹有情有义的狼。

　　师：听了她们的分享，你有什么想说的？

　　生：我从她们三个的分享中知道了格林是一只懂得感恩的小狼。因为是李微漪从草原上把它救回来的，所以它感恩李微漪的付出。

　　师：嗯，其实它的关键词就是"知恩图报"。

　　生：从她们的分享中我也能体会出格林是特别懂感情的。它知道"妈妈"从小把它抚养大，然后带回草原。格林的确是很感谢她。所以在第三十七章的时候，格林发现自己的食物被"妈妈"拿走了，也没有在意。

　　师：他不仅给我们诠释了他听后的感受，而且他还给我们继续讲了第三十七章中那个最有趣的"兔子饼干"的故事。记得吗？从这些故事当中我们可以感受到格林就是一匹有情有义、有人情味的狼。这就是格林。（出示图片）

　　师：它是迄今为止世界上唯一一条由人养大后成功放回荒野的野性狼，在阅读过程中，我们一直在探讨一个问题：是什么原因，让格林重返狼群？读完这本书后，你有没有答案？

　　生：我觉得是善良、尊重、野性。（板书：善良、尊重、野性）

　　师：谁的善良？

　　生：李微漪的善良。

　　师：谁的尊重？

　　生：李微漪对格林的尊重。

　　师：我们可以把它们放在一起，还有吗？

　　生：不仅有李微漪，还有格林自己，天生的野性以及它的聪明。

　　师：这是从狼自身来说的，还有吗？

　　生：我觉得还有小狼的努力和坚持，还有他们共同的坚持。（板书：坚持）

　　生：还有李微漪给了格林一个自由的空间。（板书：自由）

师：还有很多很多原因，对吗？今天我们就围绕着自己的观点和小组同学进行交流，课前老师根据大家的观点，已经给你们分好了组，咱们先交流后分享，可以吗？

生：可以。

师：咱们开始交流。（学生之间进行交流，教师巡视）

师：好了，一会儿咱们选取各组的代表来前面，和大家进行分享交流，其他同学认真倾听，可以补充，可以提出你认为重要的意见，请许相涵同学分享。

生：读了《让我陪你重返狼群》这本书以后，我心中浮现了和大家一样的问题，为什么格林可以重返狼群？我思考再三，想到了两个字：尊重。因为李微漪对格林的尊重，才让格林重返狼群。对于"尊重"这一话题，我从三个方面为大家进行讲解。第一，在城市中，李微漪为格林做了两件事。第一件事，换新居，使格林的天性和好奇心得以保存，我想这是对格林天性的尊重，正是这种天性，才使它跟野生狼一样，是它重返狼群的第一点。第二件事，李微漪没有送它去动物园，我想这是对格林自由的尊重。因为一匹狼如果没有狼应有的自由，那它跟狗又有什么区别呢？如果没有自由又怎能重返狼群呢？所以对自由的尊重也是很重要的。接着是在草原，李微漪为格林做了两件事。第三件事，与獒同居，我想李微漪是想到了一匹狼的生活是坎坷的，不像城市中那么安逸，而在獒场中时刻与獒争食争斗，这会使格林的智力和体力都能得到提升，这是对格林习性的尊重。后来，李微漪带格林到草原流浪，我想这是李微漪对格林捕猎能力的一种尊重，这同时也说明了一匹狼如果丧失了捕猎能力，那一辈子也别想重返狼群。所以说，这是对格林天性的尊重。在狼山，李微漪做出了一件不知道是不是会令她后悔的事情，她放逐了格林，那时，格林已经找到了自己的族群，并且作出了选择，想要重返狼群，而李微漪与格林此时已经是情深似海，但李微漪看到格林的选择时，她释然了，让格林回归自己真正的家，回归狼群，所以她放逐了格林，这是对格林选择的尊重。最后，在尊重的前提下，格林的习性、天性、自由、选择得以保存，这才使它重返狼群。

师：听了他的诠释，你有什么想说的？

生：如果李微漪没有选择尊重狼性，也许格林就会被养成一只狗，但李微漪这样尊重狼性，任由格林玩耍去放纵自己的天性，这也让格林在以后的草原生活中能得以保存狼性，而不会磨灭。李微漪这一点做得非常正确，能让格林是狼，不会变成狗，成为一条真正的草原狼、野性狼。

师：特别好，特别精彩，还有吗？

生：听了许相涵的这段话，我体会到李微漪对格林的尊重是它回到草原的重要因素。尊重，无论是人对动物、动物对人、人对人，都是很重要的。看到李微漪对格林的尊重，我觉得人与人之间也要有一种尊重。

师：他不仅从这本书中读到了尊重这个词，而且想到了在我们人际关系中也要有尊重。所以我们把这个思维导图贴到黑板上好吗？我们继续分享，请交流"野性"的组。

生：不知道大家是否认为格林会重返狼群与他的狼性有没有部分的关系？我认为这其中是有很大的关联的。在"三狗战格林"这一章中，格林为了救"我"不顾自身的安全。因为它完全可以躲起来，然后一声不发。它却救了"我"。当它在逃跑的时候，它也是逃向了山坡，才摆脱了三只猎狗。其实当时并没有人教它，它可以通过自身的优势来克服这些困难，这是格林的本能，它的聪明机智救了它。然后在"獠牙之下出政权"里，格林好几次向"我"宣战，展露出了它好斗的本性。它在打斗中假装向"我"臣服，然后再偷袭"我"，跟"我"玩套路。这说明了它非常的机智。当"我"打败了它之后，它也是很平静地接受了事实。然后继续磨炼自己，之后继续向"我"挑战。这正是它不屈精神的体现，而我认为这种不屈的精神值得我们大家学习。在"破解生存密码"这一章里，格林面对玩偶置之不理，面对鸡却懂得偷肉吃，面对死老鼠更是不顾一切地想得到它，甚至被吊在了半空中，这足以说明格林对猎物充满了渴望，充满了追捕的欲望。在"狼王传说"这一章里，格林被小不点儿攻击追赶，但它在被攻击之后也并没有反击，这些并不是命令，而是它的本能，是它刻在骨子里的一种规矩：雄性是不能攻击雌性的，不能欺负它们。而当它被小不点儿追赶，即使被撕咬也始终没躲到"我"的身后。是因为它有着自己的狼性自尊，它已经长大了，有了自己的自尊。相信这种狼性自尊也是能够帮助它重新回到狼群的。最后就是在"狼獒血战"里，格林在笼子里，被"我"关起来，然后拼命地反抗。"我"想它当时肯定特别的生气。因为它认为自己既然不能和同伴一块分担胜利的果实，也需要和同伴一块分担痛苦啊。它却眼睁睁地看到同伴受伤，

217

自己却无能为力。而当黑虎受伤的时候，格林也一直伴在黑虎的身边，一刻不离，为它舔伤口，呵护、照料它。这两点也能说明格林讲义气，重感情。进一步讲述了格林特别有人情味儿。我们从格林机智、勇敢、不屈，有追捕欲望，有狼性自尊，有人情味这几点来看，认为格林之所以能重返狼群，跟狼性有非常大的关系。

师：好，精彩的发言（掌声），想和他们交流的请举手。

生：什么是狼性，就是狼的本性。如果没有狼的本性，格林就是一只家养的狗，狼性是非常重要的。因为如果没有狼性的话，一只狼在狼群里是根本无法立足的；没有狼性的话，它也无法捕食养活自己；如果没有狼性，狼和狗没有太大的区别。

师：而这狼性既来自狼的本身，也来自李微漪一直以来对它的尊重。

师：下面有请表达"坚持"观点的同学发言。

生：我觉得自己读完这本书以后，有这样一个问题：是什么因素让格林成功回到家园？我觉得是李微漪对格林的种种坚持，而这种种坚持体现在三个地方：第一个地方是城市，第二个地方是草原，第三个地方是狼群。在城市李微漪把格林救回来的时候，亦风就跟她说："这可不是狗而是一只狼，你打算在城市怎么养它呢？"李微漪对亦风说："那咱们先养着它吧。"我觉得是李微漪坚持把它留了下来。今天我们都在城市中生活，我们一定知道生活环境决不允许一只狼的存在，而李微漪却坚持养着格林，她对格林不离不弃，我觉得李微漪想的就是："我既然能把格林救了回来，就不能再抛弃它。"后来亦风又提议："能不能把格林送到动物园去呢？"因为私人养狼不合理、不合法。格林被亦风和李微漪带到动物园。李微漪和亦风去动物园查看狼笼的情况。但当李微漪看到狼笼中老狼的处境，她特别不忍，然后她回到车上对格林说："孩子咱们回家。"我觉得这体现了李微漪特别爱格林，因为当时李微漪对亦风说："我把格林救了回来，并不是要把它关在笼子里。"正是因为李微漪对格林的爱和坚持，接下来他们就去了草原。当在獒场的时候，李微漪没有坚持把格林留在獒场，因为獒场的生活特别安逸，格林有食物、有狗粮。后来李微漪带它去草原流浪的时候，即使身上背着羊腿和羊肉也坚决不让格林碰一口，等它饿得不行了才给它吃。因为如果有了羊肉它就不会自力更生，这样李微漪教格林的本领它就不会用了，会变得越来越笨，它就不会自己去捕猎了，正是因为李微漪对格林的这份坚持让格林学会自力更生，而后拥有了自由。在草原上的时候，李微漪遇到了很多困难，但她没有放弃，坚持陪伴格林面对所有的艰难。接下来，体现了坚持的就是寻找狼群，在草原上寻找狼群的时候，有一章叫作"空前的食物危机"。当时他们的食物十分稀缺，在我们城市中都不喜欢吃的食物，甚至是看都不看的食物，在那里都成了救命稻草，但是李微漪一直陪着格林。书中没有看到李微漪想自己为什么不放弃。为什么陪格林冒险。为什么不把格林送回城市的情节，所以她的坚持体现在寻找狼群的过程中。也正是因为这种坚持，李微漪陪伴格林再闯狼山，李微漪看到格林回来的时候，想用铁链把它拴住，亦风的想法与李微漪差不多，都想把格林送回城市里，不想把格林还给狼群，因为养了一年，有感情了。但后来李微漪忍住了那种想法，我觉得李微漪在放走格林的事上做到了：放手就是爱它，坚持就是自由。

师：她给我们讲述了格林这一路以来的磨难，并讲述了李微漪在这其中的种种坚持，使我们看到一个奇女子的形象，那接下来我们请关于"自由"一组的同学交流。

生：格林是迄今为止世界上唯一被人类救助之后又放归草原的野性狼。但是是什么力量使格林能够重返狼群呢？我认为是自由。围绕着自由这一观点我分了四个地方，第一个地方是在城市里。在城市里我又具体地分了三个小区域，第一个区域是在家。李微漪开始把格林安顿在自己的画室，但那里毕竟不安全，同时这么淘气的格林在那里待不住，所以一狼一人搬进了一个空旷的单身公寓，足够格林玩耍、活动。第二个区域是在一千多平方米的天台，在这个天台上李微漪陪着格林玩耍、奔跑，让格林更好地训练它的敏捷性，训练它的动作协调性。第三个区域就是户外，李微漪带着格林去公园、去街道，到小河边让格林去接触大自然。在城市里李微漪虽然给了格林很多的自由，但是格林毕竟是狼，它不属于这里，它不属于城市，它属于草原，它应该拥有自由。第二个地方就是在动物园的狼笼里，但是在动物园这个安全又舒适的空间里，那匹老狼又是怎样的呢？请大家翻开《让我陪你重返狼群》第79页，浏览一下这匹老狼在狼笼中究竟是怎样的。在动物园中，许多的食肉动物都失去了自己的天性，只知道睡大觉，而唯独狼不同，它整天都在奔跑，它相信总有一天它会跑出去，总有一天自己会拥有自由。最终为什么李微漪没有把格林放到动物园里生存，就是因为动物园的牢笼中没有自由，如果一匹狼失去了自由，那和死又有什么区别呢？ 第三个地方是在獒场。在獒场里格林学会了鼓励，学会了斗争，虽然格林在和藏獒的一次次斗争中屡战屡败，屡战屡伤，但李微漪丝毫没有拘束格林，只让它自由地成长，让它拥有野性，让它在以后的草原生活中立足。第四个地方就是在草原上。草原上，格林自己独立地去捕食，独立地去生存。而李微漪丝毫没有干涉它的生活，只是远远地注视着格林，让它在草原中自强自立。最后，我认为是一路上李微漪给了格林很大的自由空间，最终使格林成功地重返狼群，谢谢大家。

师：那么关于"自由"这个话题呢，老师想给大家看这样一段视频。（师生一起看视频）

师：看到这里，你有什么想说的？

生：我觉得自由应该是狼的权利。如果狼失去自由，就没有灵魂，只是行尸走肉了。这样和家养的犬就没有什么区别了。

师：他的观点是，自由是每一个生命的灵魂。人没有了灵魂，动物没有了灵魂，生物没有了灵魂，那就如同一具行尸走肉。

生：我认为自由很重要，如果没了自由，就像人失去了双手一样，就像小鸟失去了翅膀一样。自由是格林应该有的，如果失去了自由，就像家里养的狗一样，和行尸走肉没有什么区别了。

师：人和动物都应该是自由的，都应该拥有享受自由的权利。

生：看完这个视频以后，我对自由有了深深的感受。格林的自由，就是可以在草原上自由地奔跑，和狼群一起觅食。我们人类也有自由，但有的人过于自由了，为了自己的利益，不顾他人。他们去猎杀动物，让生物链变得十分的脆弱。难道这就是我们人类想要的自由吗？这就是我们社会想要的自由吗？我想答案就在大家的心中。

师：你说出了你内心最想说的话。

生：刚才我看这一段的时候有很多的感触，书中也有这一段的描述。我想李微漪送走格林的时候，肯定是不舍得。因为从出生几天开始李微漪就把它养到身边，看着它从一只小奶狼一点一点地长成了这么一只有独立思想的狼。但是李微漪最终还是放手了，在书中，她说了一句："走吧，妈妈看着你走。"这里面包含了很多的不舍、欣慰和她心中的感动。因为她明白，格林是草原的造物，狼本应该自由。于是她放开了手，她给了格林足够的自由。没有由于自己的私心而放弃了格林应该拥有的权利。这种爱其实要比她一辈子养着格林伟大得多。尊重它，尊重它想要的生活，这才是尊重狼的本性，尊重自然的本真。

师：李微漪有这样一句话："你若爱它，就给它自由。"一匹狼，它应该在大自然的狂风暴雨中接受磨砺。应该在食物链中去追逐，去嬉戏，去寻找它的生存法则。这才是对生命的尊重，对生命的自由的一种尊重。所以，李微漪的放手，正是对格林的尊重，正是给格林的自由。读了这篇文章以后，你们心里一定有很多很多的想法。想说给李微漪，想说给格林，想说给自己，想说给很多很多的人。读完这篇文章以后，很多的作家、名人都写了自己的感受。今天我们也拿起笔，把你自己的感受写下来。

师：咱们写到哪儿就说到哪儿，请同学们来读一读。

生：一只狼，一个人，带着满满的善良、温暖闯入了若尔盖草原。欢乐、残酷、感动、无奈……这里有对狼的误解，这里有对善良的诠释，这里有对生命的审视与意义。狼与人永远说不完的故事……

生："没有买卖，就没有杀害"，我一直以为这只是一句标语，并没有什么用。可直到看完这本书，我才真正了解了它的意思。你们知道这个世界上每天会有多少只狼死去，而这之中又有多少只狼的死亡是人为造成的吗？你知道有多少猎人打着复仇的名号去射杀一只又一只无辜的狼吗？你听到过它们的呼喊吗？你见过它们的挣扎吗？

师：他是写给那些过于自由的人生。还有……

生：我是写给黑虎的。你好，黑虎！在此，我向你表示深深的敬意与悲哀。有一个叫李微漪的女子，那个小狼的主人，把你作为一个神圣的生命，你仍旧在她的书中。我们能看出你对自由有多么地渴望，却生就一只獒的身体。你是最重情义的沉默者，你又是健壮的豹，疾驰在草场上，它是你的归宿。来生，祝你自由地奔向远方……

师：其实她不仅表达的是对黑虎，更是对更多生命的一种理解。所有的生命都希望得到尊重，得到自由，那就让我们一起随着李微漪的脚步继续我们的《重返狼群》之旅。格林的回归只是它新生活的开始，在草场、草原中它又会如何呢？让我们继续阅读《重返狼群2》。这节课我们就上到这里，下课！

教学点评：

在陈老师的阅读指导中，我们能够看出层级非常清晰，而且对学生的指导层层拨开，从最开始的文章内容的导入分享，是对这本书整体的梳理与整理，调动了每个学生对这本书的感知。然后让孩子以日记、绘画、朗读等方式来自由阐发自己的观点，表达自己的想法，是在阅读的过程中，尊重学生的多元化理解。正所谓"一千个人眼中有一千个哈姆雷特"，教师让学生充分以自己的爱好调动对这本书的理解，是将未知和已知的有机结合，是对知识的系统梳理。接着教师又让学生以小组为单位充分讨论交流，如以"坚持"为主题，这样不同的学生就能以这样的主题充分地交流，从而更好地对文本解读，最后以全班交流的形式让孩子更好地理解这本书，从而挖掘出这本书的精髓，其实也是让更多的孩子再读文本，从文本中来，到生活中去，再回到文本，领悟情感精髓。陈老师通过多种方式的阅读，充分调动了学生的学习热情，而且在这个过程中我们能够看出教师自始至终都是个引导者，学生是课堂中的主体，陈老师鼓励学生，在阅读的过程中充分给孩子自由，在课堂中孩子也充分阅读，自由交流，学生的思维就被充分发挥出来，陈老师不仅"授人鱼"，更"授人渔"，所以学生阅读的深度和广度就被调动起来，从而更热爱阅读，打开了"大语文"的大门。